Evaluation in Kultur und Kulturpolitik

Sozialwissenschaftliche Evaluationsforschung

Herausgegeben von
Reinhard Stockmann

Band 11

Waxmann 2013
Münster / New York / München / Berlin

Vera Hennefeld
Reinhard Stockmann (Hrsg.)

Evaluation in Kultur und Kulturpolitik

Eine Bestandsaufnahme

Waxmann 2013
Münster / New York / München / Berlin

Bibliografische Informationen der Deutschen Nationalbibliothek
Die Deutsche Nationalbibliothek verzeichnet diese Publikation in der
Deutschen Nationalbibliografie; detaillierte bibliografische Daten sind
im Internet über http://dnb.d-nb.de abrufbar.

Sozialwissenschaftliche Evaluationsforschung, Bd. 11

ISSN 1861-244X
ISBN 978-3-8309-2819-5

© Waxmann Verlag GmbH, 2013
Postfach 8603, 48046 Münster

www.waxmann.com
info@waxmann.com

Umschlaggestaltung: Pleßmann Kommunikationsdesign, Ascheberg
Umschlagabbildung: Ulrich Thul, Ludwigshafen
Druck: Hubert & Co., Göttingen
Gedruckt auf alterungsbeständigem Papier, säurefrei gemäß ISO 9706

Printed in Germany

Alle Rechte vorbehalten. Nachdruck, auch auszugsweise, verboten. Kein Teil dieses
Werkes darf ohne schriftliche Genehmigung des Verlages in irgendeiner Form reproduziert oder unter Verwendung elektronischer Systeme verarbeitet, vervielfältigt oder
verbreitet werden.

Inhalt

Vorwort 7

I. Gegenstandsbereich

Armin Klein
Rolle und Bedeutung von Evaluation in der Kultur und Kulturpolitik
in Deutschland 9

Kurt-Jürgen Maaß
Rolle und Bedeutung von Evaluation in der Auswärtigen Kulturpolitik
Deutschlands 35

Reinhard Stockmann
Zur Methodik von Evaluationen in der Kultur und Kulturpolitik 53

II. Evaluationspraxis in Deutschland

Gesa Birnkraut
Einflüsse der föderalen Struktur der Kulturförderung in Deutschland
auf die Bedeutung von Evaluation und die Evaluationspraxis
im Politikfeld Kultur 87

Vanessa-Isabelle Reinwand
Wirkungsforschung in der Kulturellen Bildung 111

Vera Hennefeld
Zielvereinbarungen und Evaluation als Instrumente zur
strategischen Steuerung der Mittlerorganisationen in der Auswärtigen
Kultur- und Bildungspolitik Deutschlands 137

Inhalt

III. Best-Practice-Studien

Volker Kirchberg, Robin Kuchar
A Survey of Surveys: Eine international vergleichende Metastudie
repräsentativer Bevölkerungsstudien zur Kulturnutzung 163

Hansjörg Gaus, Christoph Müller
Wirkungsevaluation von Veranstaltungen zur themenspezifischen
Sensibilisierung 193

Ute Marie Metje, Peter Jablonka
Entwicklung eines kulturraumsensiblen Monitoringinstruments –
Möglichkeiten und Grenzen!? 221

Autorinnen und Autoren 243

Vorwort

In der deutschen Kultur und Kulturpolitik sowie in der Auswärtigen Kultur- und Bildungspolitik Deutschlands sind seit einigen Jahren ein zunehmendes Interesse und ein wachsender Bedarf an Evaluationen zu beobachten. In Zeiten verstärkter Sparzwänge sieht sich auch dieses Politikfeld einem steigenden Legitimationsdruck ausgesetzt. Evaluationen werden jedoch nicht nur zu dem Zweck der Rechenschaftslegung durchgeführt, sondern vor allem auch um Managemententscheidungen auf eine sichere Datenbasis zu stellen und um Lern- und Entwicklungspotenziale zu erschließen. Die zunehmende Bedeutung der Evaluation im Kulturbereich äußert sich nicht zuletzt in der Gründung des Arbeitskreises ‚Evaluation von Kultur und Kulturpolitik' (2006) in der Gesellschaft für Evaluation (DeGEval) und in einer Reihe von in der Regel leider nicht publizierten Studien.

Während in der Auswärtigen Kulturpolitik Evaluationen bereits seit Jahren eine ‚evidence based policy' unterstützen sollen, tut sich die deutsche Kulturpolitik deutlich schwerer mit diesem Instrument: Obwohl es im Bereich von Ausstellungen und in der Besucherforschung schon eine Reihe von Evaluationen gibt und viele vereinzelte Evaluationen zu spezifischen Fragestellungen durchgeführt wurden, kann aber auch hier keinesfalls von einer übergreifenden Evaluationskultur gesprochen werden. Die Tatsache, dass bislang keine Publikationen existieren, die sich übergreifend mit diesen Themenstellungen auseinandersetzen, ist ebenfalls Ausdruck dieser Problematik.

Ziel dieses Buches ist es daher, das in der Evaluation im Kulturbereich vorhandene Know-how im Sinne einer Bestandsaufnahme zu bündeln und zu systematisieren – und zwar sowohl auf theoretischer Ebene als auch in der praktischen Anwendung. Hierzu erfolgt in einem ersten Schritt eine Bestimmung des Gegenstandsbereichs, indem Rolle und Bedeutung von Evaluation in der deutschen Kultur und Kulturpolitik (*Armin Klein*) sowie in der Auswärtigen Kultur- und Bildungspolitik Deutschlands (*Kurt-Jürgen Maaß*) reflektiert und diskutiert werden. Dieser Abschnitt schließt mit einem Beitrag zur Methodik von Evaluationen in diesem Politikfeld (*Reinhard Stockmann*). Teil zwei des Buches widmet sich ausgewählten Bereichen der Evaluationspraxis in Deutschland: Hierzu erfolgen eine Analyse des Einflusses der föderalen Struktur der deutschen Kulturförderung auf die Bedeutung von Evaluation und die Evaluationspraxis in diesem Sektor (*Gesa Birnkraut*), eine Bestandsaufnahme der Wirkungsforschung zur kulturellen Bildung (*Vanessa-Isabelle*

Vorwort

Reinwand) sowie eine Einführung in und systematische Betrachtung von Zielvereinbarungen und Evaluation als Instrumente zur strategischen Steuerung der Mittlerorganisationen in der Auswärtigen Kultur- und Bildungspolitik Deutschlands (*Vera Hennefeld*). Das Buch schließt im dritten Teil mit Best-Practice-Studien und damit mit einem Blick in die Praxis der Evaluation im Kulturbereich: Es werden die Ergebnisse einer international vergleichenden Metastudie repräsentativer Bevölkerungsstudien zur Kulturnutzung präsentiert (*Volker Kirchberg und Robin Kuchar*), ein Ansatz zur Wirkungsevaluation von Veranstaltungen zur themenspezifischen Sensibilisierung vorgestellt (*Hansjörg Gaus und Christoph Müller*) sowie ein kulturraumsensibles Monitoringinstrument beschrieben und dessen Möglichkeiten und Grenzen diskutiert (*Ute M. Metje und Peter Jablonka*).

Wir hoffen, mit dieser Publikation den Grundstein für die weitere Verbreitung und Akzeptanz von Evaluation in der Kultur und Kulturpolitik sowie für fruchtbare Diskussionen zu legen, und danken allen Autorinnen und Autoren, die uns mit ihren Beiträgen in diesem Anliegen unterstützt haben. Unser besonderer Dank gilt Sarah Stolze, die das Vorhaben bis zur Druckreife durch Korrekturlesen und Formatierung der Texte sehr geduldig und ausdauernd begleitet hat.

Vera Hennefeld und Reinhard Stockmann
Saarbrücken und Bürstadt im November 2012

Allein aus Gründen der Lesbarkeit wird im Folgenden bei gemischtgeschlechtlichen Personengruppen auf die Nennung der weiblichen Form verzichtet. Wir bitten um Verständnis.

Rolle und Bedeutung von Evaluation in der Kultur und Kulturpolitik in Deutschland

Armin Klein

Zusammenfassung

Stand bisherige Kulturpolitik unter dem Programm, dass gefördert wird, was immer schon gefördert wurde, und definierte sich zukünftige Kulturpolitik als Fortsetzung der vergangenen, so steht angesichts tiefgreifender Herausforderungen (wie Globalisierung, demografischen Verwerfungen, Digitalisierung, Finanzkrise, Schuldenbremse usw.) der öffentlich getragene bzw. subventionierte Kulturbetrieb vor einer dringend notwendigen ordnungspolitischen Diskussion. Zu fragen ist: Welche kulturellen Leistungen muss, soll, will und kann die öffentliche Hand erbringen und welche erbringen sinnvollerweise privatwirtschaftlich-kommerzielle bzw. privatrechtlich-gemeinnützige Anbieter? Und was soll mit welchem Ziel und wie lange subventioniert werden? Insbesondere hinsichtlich der sog. ‚meritorischen Güter' wird in Zukunft verstärkt die Frage gestellt werden, mit welcher Wirkungsabsicht die öffentliche Hand welche Einrichtungen und Veranstaltungen fördert. Eng verbunden hiermit ist die Frage, wie gemessen werden kann, ob die angestrebten Ziele tatsächlich erreicht werden, das heißt wie die Zielerreichung adäquat evaluiert werden kann.

1. Kunst und Kultur als meritorische Güter

Im April 2011 titelte die Zeitschrift *brandeins* „Wir haben das Geld – 163 Milliarden Euro Subventionen" und stellte gleichzeitig die Frage: „Wie fördern wir das Richtige?" Kunst und Kultur haben immerhin einen Anteil von fast sechs Prozent an diesem Milliarden-Subventionstopf, so dass diese Frage durchaus auch auf den Kulturbetrieb zu beziehen ist. Man könnte sie noch erweitern: „Wie fördern wir *richtig*?" Beides sind zentrale Fragen der Evaluation von Kultur und Kulturpolitik.

Analytisch lässt sich der Kulturbetrieb in Deutschland in drei große Sektoren unterteilen: (1) den *öffentlich-rechtlichen* Kulturbetrieb (hierzu zählen beispielsweise die Staats- und Stadttheater, die Landes- und Stadtmuseen, die

Öffentlichen Bibliotheken usw.), den *privatrechtlich-kommerziellen* (z.B. Kunsthandel, Galerien, Tonträger- und Filmindustrie, Buchhandel, Musical-Theater usw.) und schließlich den *privatrechtlich-gemeinnützigen* (Musik- und Gesangsvereine, Literatur- und Kunstvereine, Stiftungen usw.). In allen drei Sektoren werden sowohl *Sachgüter* (z.b. Bücher, Filme, Gemälde usw.) als auch *Dienstleistungen* (Theateraufführungen, Volkshochschulstunden, Ausstellungen usw.) produziert.

Dabei lassen sich grundsätzlich drei Arten von Gütern unterscheiden: (1) *Private* bzw. *Wirtschaftsgüter*, (2) *Öffentliche* Güter und (3) *Meritorische* Güter. Wirtschaftliche bzw. private Güter werden auf Märkten gehandelt, sie unterliegen daher dem Gesetz von Angebot und Nachfrage. Ziel des Wirtschaftens ist hier die Gewinnmaximierung, zumindest aber die Existenzsicherung des wirtschaftenden Betriebes. Ist die Nachfrage nach einem künstlerischen oder kulturellen Gut hoch, das Angebot jedoch knapp, so werden die Preise in die Höhe schnellen (wie etwa auf dem Kunstmarkt oder bei einem Popkonzert zu beobachten). Umgekehrt: Ist das Angebot höher als die Nachfrage, kommt es zu Marktbereinigungen, d.h. einige Anbieter werden über kurz oder lang vom Markt verschwinden, weil sie die Nachfrage nicht finden, die sie zur Deckung ihrer Kosten brauchen. Die Evaluation ‚richtigen' Wirtschaftens fällt hier vergleichsweise leicht: Werden die gesetzten ökonomischen Ziele erreicht?

Davon zu unterscheiden sind zweitens *Öffentliche Güter und Dienstleistungen*, die von den wirtschaftlichen bzw. privaten Gütern und Dienstleistungen gänzlich verschieden sind. An deren Herstellung hat der Staat ein primäres Interesse, er entzieht sie durch sein Handeln deshalb explizit dem Marktmechanismus. Typische Öffentliche Güter sind beispielsweise die Sicherung des inneren und äußeren Friedens, Deiche, Leuchttürme, das Passwesen usw. Sie verfügen über zwei Kernmerkmale: erstens das Kriterium der *Nicht-Ausschließbarkeit* (keiner kann beispielsweise vom Konsum des öffentlichen Gutes ‚saubere Umwelt' ausgeschlossen werden) und zweitens das Merkmal *Nicht-Rivalität im Konsum*, d.h. sie können zur gleichen Zeit von verschiedensten Individuen konsumiert werden (eine saubere Umwelt kann von vielen gleichzeitig konsumiert werden).

Daneben – oder besser gesagt ‚dazwischen' – gibt es noch eine dritte Güterklasse, die sog. *Meritorischen Güter*. Ein Großteil der kulturellen Förderfälle gehört hierzu. Schon der ‚Klassiker' des Wirtschaftsliberalismus Adam Smith hatte in seinem grundlegenden, erstmals 1776 erschienen Werk über den *Wohlstand der Nationen* festgestellt, dass neben der „unsichtbaren Hand" des Marktes eine wichtige „Aufgabe des Staates darin besteht, solche öffentlichen Anlagen und Einrichtungen aufzubauen und zu unterhalten, die, obwohl sie für ein großes Gemeinwesen höchst nützlich sind, ihrer ganzen Natur nach niemals einen Ertrag abwerfen, der hoch genug für eine oder mehrere Privatpersonen sein könnte, um die anfallenden Kosten zu decken, weshalb man von ihnen nicht erwarten kann, dass sie diese Aufgabe übernehmen" (Smith, 1978, S. 612).

Im Klartext: Würden öffentliche Kulturangebote – wie Theater, Ausstellungen, Musikschulunterricht etc. – zu Selbstkostenpreisen angeboten (wie etwa private Kulturgüter, z.b. Musical-Aufführungen oder Bücher), so würden nur sehr wenige sie nachfragen können und wollen. Kaum jemand würde für eine Schauspielaufführung im Stadttheater, für die er an der Kasse 15 € entrichtet, den tatsächlichen Vollkostenpreis von rund 125 € bezahlen.

Gablers Online-Wirtschaftslexikon definiert meritorische Güter als „grundsätzlich private Güter, deren Bereitstellung durch den Staat damit gerechtfertigt wird, dass aufgrund verzerrter Präferenzen der Bürger/Konsumenten deren am Markt geäußerte Nachfragewünsche zu einer nach Art und Umfang – gemessen am gesellschaftlich wünschenswerten Versorgungsgrad (Merit Wants) – suboptimalen Allokation dieser Güter führen" (Gablers Wirtschaftslexikon Online. Stichwort: „Meritorische Güter"). Als typische Beispiele werden hier genannt: Ausbildung, Gesundheits- und Kulturwesen. Allerdings heißt es weiter: „Derart legitimierte Eingriffe des Staates in die individuellen Präferenzen sind umstritten (Legitimationsproblematik), verletzen sie doch den Grundsatz des methodologischen Individualismus. Häufig werden Eingriffe dieser Art auch mit externen Effekten, also einer Abweichung zwischen privaten und gesellschaftlichen Nutzen bzw. Kosten begründet" (a.a.O.).

Ein Staat, der sich wie Deutschland explizit als ‚Kulturstaat' definiert, hat aus diesem Selbstverständnis heraus ein genuines Interesse daran, dass diese kulturellen und künstlerischen Güter von weiten Bevölkerungskreisen nachgefragt werden (vgl. programmatisch das Schlagwort „Kultur für alle") – daher subventioniert er ihre Produktion massiv in der unausgesprochenen Hoffnung, dass möglichst auch ‚alle' diese Güter und Dienstleistungen dann auch nachfragen, was allerdings eine Illusion ist, wie die Publikumsforschung gezeigt hat. Auf der Grundlage kultureller, bildungsbezogener, geschichtlicher, sozialpolitischer und staatlich-repräsentativer Erwägungen wird die Herstellung meritorischer Güter mit öffentlichen Mitteln so günstig gehalten, dass die Nachfrage stimuliert und möglichst gesichert wird. Die Subventionierung öffentlicher Theater soll also dazu dienen, möglichst viele Menschen kostengünstig ins Theater zu bringen, und damit ein bildungspolitisches Ziel realisieren.

Die Nachfrage ist hier – anders als bei den öffentlichen Gütern – allerdings eine durchaus relevante Größe, denn meritorische Güter erscheinen – ebenso wie andere Wirtschaftsgüter – auf Märkten. Die Dauer- oder Sonderausstellung des Museums, die Premiere im Staatstheater, die Musikschulstunde – sie sind erst dann sinnvoll, wenn sie auch tatsächlich eine Nachfrage finden, genauer gesagt: Sie existieren eigentlich nur dann wirklich, wenn es eine entsprechende Nachfrage gibt. Oder um es mit den Worten Umberto Ecos zu sagen: „Jede Rezeption ist so eine Interpretation und eine *Realisation*, da bei jeder Rezeption das Werk in einer originellen Perspektive neu auflebt" (Eco, 1977, S. 30).

Obwohl man sich im Falle der meritorischen Güter also auf einem Markt bewegt (schließlich geht es hier um Nachfrage, also eine gewisse „Ökonomie der Aufmerksamkeit" (Franck, 1998), ist die oben skizzierte Wirtschaftslogik der knappen Güter hier weitgehend außer Kraft gesetzt, da es ja nicht um ökonomischen Profit, sondern um eine andere Art von ‚Gewinn' geht: Sind beispielsweise die kulturpolitischen Vorstellungen, die musisch-ästhetischen Absichten usw. erfolgreich umgesetzt? Da hier ein anderes Erfolgskriterium als bei privaten bzw. Wirtschaftsgütern gilt (Gewinnmaximierung oder zumindest Existenzsicherung), müssen hier andere Formen der Evaluation gefunden werden (vgl. hierzu auch Heinrichs, 1997a).

Brisant wird die Sache dann, wenn der öffentlich-rechtliche Sektor Güter und Dienstleistungen produziert *und* subventioniert, die prinzipiell ebenso von einem privatrechtlich-kommerziellen Anbieter produziert werden – nur dass diese nicht subventioniert werden. Dieser Kritik sehen sich die öffentlich-rechtlichen Rundfunkanstalten schon seit langem ausgesetzt; verschärft hat sich der Streit mit den privatrechtlich-kommerziellen Zeitungsverlegern in den letzten Jahren angesichts konkurrierender Internetangebote etwa der Fernsehsender.

Dass diese ordnungspolitischen Überlegungen keineswegs nur eine akademische Übung oder theoretische Spielerei sind, sondern eine hohe kulturpolitische Relevanz haben (und zunehmend an Bedeutung gewinnen werden) kann folgendes Beispiel verdeutlichen: Am 16. Februar 2011 reichte der *Verband der Deutschen Konzertdirektionen* (*VDKD*) eine Klage gegen das Land Hamburg und die *HamburgerMusik gGmbH* („Elbphilharmonie Konzerte") beim Hamburger Landgericht ein. Der Verband will durch sie klären lassen, inwieweit die öffentliche Hand, hier das Land Hamburg, berechtigt ist, mittels massiver öffentlicher Subventionierung den Wettbewerb so zu beeinflussen, dass private Konzertveranstalter aus dem Markt gedrängt werden. Der VDKD verfolgt damit das Ziel, zu einem fairen Wettbewerb und einem kooperativen Verhältnis zwischen privaten und öffentlich subventionierten Veranstaltern zurückzukehren, um gemeinsam ein breit gestreutes, vielfältiges und hochwertiges Musikangebot gewährleisten und lebendig halten zu können.

Der Prozessbevollmächtigte und geschäftsführende Justitiar des VDKD, Prof. Dr. Johannes Kreile, erläutert die Klage wie folgt: „Das Land Hamburg und die *HamburgMusik gGmbH* bieten die Konzerte mit vergleichbaren Orchestern wie die privaten Veranstalter in der Spitzenpreislage zu Kosten an, die bis zu 50 Prozent unter den Marktpreisen liegen. Damit werden aber keine neuen Schichten für den Konzertbesuch erschlossen und auch Schüler und Studenten profitieren davon nicht. In deren Preissegment sind die Angebote der privaten Veranstalter nahezu identisch. Das Preisdumping führt auf Dauer zur Ausschaltung von Marktmechanismen und damit zur Reduzierung der Angebotsvielfalt. Dies kann und darf nicht als Interesse einer mit Steuermitteln finanzierten Kulturpolitik angesehen werden" (Pressemitteilung des Verbandes Deutscher Konzert Direktionen vom 14.02.2011).

So sinnvoll die oben skizzierte Trennung der Sektoren aus *analytischen* Gründen zunächst auch sein mag, umso problematischer wird diese Differenzierung allerdings in der kulturpolitischen Realität. Ein einfaches Beispiel mag dies verdeutlichen: Das meritorisch zu begründende kulturpolitische Ziel, möglichst vielen Kindern aus allen sozialen Milieus in einer Stadt oder Gemeinde einen qualitätsvollen Musikschulunterricht zukommen zu lassen, lässt sich in allen drei kulturbetrieblichen Sektoren realisieren. Der Musikschulunterricht kann etwa von einer Musikschule in kommunaler Trägerschaft (z.B. als Abteilung des Kulturamtes, also *öffentlich-rechtlich* organisiert) angeboten werden; die öffentliche Hand steht in diesem Falle komplett für das finanzielle Risiko ein. Auf der anderen Seite kann das Musikschulangebot *privatwirtschaftlich-kommerziell* ausschließlich durch entsprechende Gebühren finanziert werden, d.h. die öffentliche Hand hält sich in diesem Falle völlig zurück. Als dritte Variante ist die *privatrechtlich-gemeinnützige* Einrichtung denkbar, d.h. der Träger der Musikschule ist ein privater Verein (z.B. in der Trägerschaft von interessierten Eltern) und die Kommune gibt aus bestimmten Gründen – etwa, um einen Zugang auch für sozial schwache Familien zu ermöglichen – einen zweckgebundenen Zuschuss.

In der kulturpolitischen Praxis gibt es hier durchaus heftige Auseinandersetzungen der entsprechenden Interessenvertreter und kulturpolitischen Lobbys: Auf der einen Seite stehen die im *Verband Deutscher Musikschulen* (VdM) organisierten kommunalen Musikschulen, auf der anderen die im *Bundesverband deutscher Privat-Musikschulen* (BdPM) zusammengeschlossenen privaten Anbieter. Interessant ist in diesen Verteilungskämpfen vor allem, dass seitens der öffentlich getragenen Musikschulen stets eine Vielzahl mehr oder minder *inhaltlich-qualitativer* bzw. *sozialpolitischer* Argumente bzw. Standards für ihren Monopolanspruch vorgebracht werden: die Qualität der ausgebildeten Lehrer, das (oft kostenfreie) Ensemblespiel, der breite Abdeckungsgrad hinsichtlich des angeboten Instrumentenunterrichts, die Mitwirkung am gemeindlichen Leben, die tarifliche Bezahlung der Lehrer und schließlich der offene soziale Zugang.

Es lassen sich also durchaus Kriterien und Standards formulieren, an denen man die Qualität des meritorischen Produktes messen kann und die Voraussetzung für die Entscheidung sind, wer welche Dienstleistung zu welchen Bedingungen erstellt – und alles dies sind Fragen einer entsprechenden Evaluation. Der oft vorgebrachte Einwand, Kunst und Kultur ließen sich nicht „messen" entpuppt sich bei näherem Hinsehen als Verteidigung lieb gewonnener Pfründe und Lobbyismus – genau wie in der subventionsorientierten Wirtschaft auch!

Nicht nur angesichts knapper kommunaler Finanzen (auf andere Faktoren wird unten eingegangen) stellt sich in der Praxis seit geraumer Zeit immer häufiger die Frage, welches die effizienteste Form des kommunalen Kulturangebotes sein könnte, solange nur ganz bestimmte, *öffentlich gewollte Standards* eingehalten werden. Entscheidend ist in dieser Fragestellung also nicht länger die *Form der Trägerschaft*, sondern die möglichst *optimale und effiziente Erreichung klar formulierter* und *regelmäßig zu evaluierender kulturpolitischer Ziele*. An diesem einfachen Beispiel aus dem kommunalen Kulturmanagement kann man die zentrale kulturpolitische Frage festmachen: Was soll für die Kulturpolitik der Zukunft entscheidend sein: allein die Form der (Rechts-)Trägerschaft oder die möglichst effiziente Umsetzung klar formulierter kulturpolitischer Ziele?

2. Subventionen und Evaluationen

Oben wurde gesagt, dass die Subventionierung von öffentlich-rechtlichen bzw. privatrechtlich-gemeinnützigen Kulturbetrieben damit legitimiert wird, dass im Falle des Angebotes dieser Güter zu regulären Marktpreisen (also mindestens zum Selbstkostenpreis) zu wenige Menschen diese nachfragen würden, demnach in diesem Falle zentrale kulturpolitische Zielsetzungen des Kulturstaates Deutschland verfehlt würden. Mit dem Begriff der Subvention (bzw. des meritorischen Gutes) ist also immer untrennbar eine ganz bestimmte *Wirkungsabsicht* verbunden: Durch die Hergabe öffentlicher Mittel (bei gleichzeitigem Konsumverzicht der Bürger wegen der steuerlichen Belastung!) soll ein (kulturpolitisches) Ziel erreicht werden, dass ohne diese öffentlichen Mittel nicht erreicht würde. Dieser Logik folgend sind Evaluationen also zwingend geboten, um verlässlich sicherzustellen, dass diese Ziele auch tatsächlich erreicht werden (vgl. zum ganzen ausführlich auch Klein, 2011).

In den letzten Jahren war die Bundesrepublik Deutschland, einerseits der schieren finanziellen Not gehorchend, andererseits auf internationalen Druck (insbesondere der Europäischen Union) reagierend, zunehmend gezwungen, ihr großzügiges Subventionshandeln generell immer stärker zu überprüfen (siehe den oben zitierten Titel in *brandeins*). Überdies wurden und werden auf der kommunal- und landespolitischen Ebene kulturpolitische Divergenzen und schiere Ungerechtigkeiten immer stärker thematisiert: Wie ist es beispielsweise zu rechtfertigen, dass ein öffentlich-rechtliches Theater zu 82% subventioniert wird und nur 18% seiner Kosten einspielen muss, ein privatrechtlich-gemeinnütziger Veranstalter wie ein soziokulturelles Zentrum aber nur rund 30% öffentliche Mittel erhält und den Rest selbst erwirtschaften muss?

Im Jahr 2003 wäre es beinahe zum ersten Mal zu einem ersten diesbezüglichen Eklat auf Bundesebene gekommen, als die seinerzeitigen Ministerpräsidenten Roland Koch (Hessen/CDU) und Peer Steinbrück (Nordrhein-Westfalen/SPD) partei- und länderübergreifend ein Papier mit dem Titel „Subventionsabbau im Konsens" zur Rettung der Staatsfinanzen vorlegten. In ihren *Sieben Thesen zum Subventionsabbau* kritisierten sie, dass Subventionen trotz aller Anerkennung der grundsätzlichen Eignung dieses wirtschaftspolitischen Gestaltungsinstrumentes vielfach zu Fehlanreizen und zu Mitnahmeeffekten führten, dass sie ineffizient seien, den notwendigen Strukturwandel behinderten und darüber hinaus erheblichen Verwaltungsaufwand verursachten (vgl. Koch & Steinbrück, 2003).

Ausdrücklich rechneten sie die Kulturförderung dem Bereich der zu kürzenden Subventionen zu, heißt sie setzten sie gleich mit Zuwendungen (und deren in ihren Augen notwendigen Kürzungen) in anderen Bereichen. Eine Weile sah es so aus, als ob besonders die Goethe-Institute (da diese ausschließlich vom Bund gefördert werden, um dessen Subventionsabbau es vorrangig ging) massiv in ihrer Arbeit betroffen worden wären, aber in letzter Sekunde wurde die Kultur, wieder einmal, „durch ein politisches Dekret von der Subvention freigesprochen", wie Thomas Steinfeld ironisch in der *Süddeutschen Zeitung* anmerkte (Steinfeld, 2005). Der notwendige kultur-, aber auch ordnungspolitische Diskurs wurde dadurch (wieder einmal) vertagt.

Subvention ist der „Begriff für Transferzahlungen an Unternehmen, heißt Geldzahlungen oder geldwerte Leistungen der öffentlichen Hand, *denen keine marktwirtschaftliche Gegenleistung entspricht*". Weiter heißt es im Gabler-Wirtschaftslexikon: „Gefördert oder erwartet werden bestimmte Verhaltensweisen der Empfänger, die dazu führen sollen, die marktwirtschaftlichen Allokations- und/oder Distributionsergebnisse *nach politischen Zielen zu korrigieren*" (Gabler-Wirtschaftslexikon, 1993).

Im *19. Subventionsbericht der Bundesregierung* aus dem Jahr 2003 heißt es dazu u.a.: „In der Sozialen Marktwirtschaft können Subventionen und Steuervergünstigen, unter bestimmten Bedingungen als *Hilfe zur Selbsthilfe* ein legitimes Instrument der Finanzpolitik sein. Als *zeitlich befristete* und *degressiv ausgestaltete* Hilfen können sie dazu beitragen, notwendigen Strukturwandel zu erleichtern" (Bericht der Bundesregierung, 2003, S. 11). Im Vordergrund steht also stets ein notwendiger Strukturwandel und Anpassungsprozess.

Dabei legen – so der Bericht – die Bundesregierung bzw. die Fachressorts strenge Prüfmaßstäbe an; u.a. wird gefragt:

- Ist das Subventionsziel definiert und gerechtfertigt?
- Ist die Finanzhilfe (in der gewählten Form) das geeignete Instrument zur Zielerreichung oder gibt es bessere?
- Ist die Finanzhilfe effektiv, das heißt wird das Subventionsziel tatsächlich erreicht?
- Ist die Finanzhilfe effizient, das heißt stehen Kosten und Nutzen in einem angemessenen Verhältnis?
- Was spricht gegen eine degressive Ausgestaltung und Befristung der Finanzhilfe? (vgl. Bericht der Bundesregierung, 2003, S. 12)

Erstens stellen Subventionen einen grundlegend problematischen Eingriff in das Marktgeschehen mit der Gefahr der Wettbewerbsverzerrung dar (vgl. oben die Klage der Konzertveranstalter). Zweitens besteht die Gefahr, dass durch Subventionen Unternehmen am Leben gehalten werden, deren Produkte nicht mehr in ausreichendem Maße nachgefragt werden. Diese Fragestellung betrifft also in ganz besonderem Maße die Nachfrage nach öffentlich produzierter Kultur. Die „Nachfrage" ist konstitutiv, „überlebensnotwendig" für den kommerziellen Kulturbetrieb: Werden dessen kulturelle Güter und Dienstleistungen nicht in ausreichendem Maße nachgefragt, geht er pleite; im öffentlichen Kulturbetrieb ist dieser Konnex weitgehend außer Kraft gesetzt.

Gerhard Schulze konstatierte schon vor fast zwanzig Jahren gnadenlos den Gegensatz von privatwirtschaftlichem und öffentlichem Kulturbetrieb, wenn er schreibt: „Während aber eine Korporation, die ihr Überlebensproblem nicht zu lösen vermag, unbeschadet der Qualität ihrer Angebote verschwinden muss, kann eine Korporation ohne kulturpolitischen Wert sehr wohl jahrzehntelang weiterexistieren, wenn sie mit guten Überlebensstrategien agiert" (Schulze, 1993, S. 504). Deren Mechanismen beschreibt er so: „Im Laufe der Jahre werden Etatzuweisungen, Stellenkontingente, Gebäude und langfristig tätiges Personal allmählich zu *politischen Selbstverständlichkeiten* mit einer *Eigendynamik des Fortbestehens*. Wenn eine öffentliche Institution längere Zeit existiert hat, ist die zukünftige Existenz oft ausreichend durch die vergangene legitimiert (a.a.O.)." Evaluation scheint aus dieser Sicht also überflüssig, Wirkungsmessung ebenso – die Vergangenheit legitimiert die Zukunft.

Subventionen hemmen allerdings drittens notwendige Innovationen bzw. Modernisierungen, heißt sie verhindern beispielsweise, dass veraltete Industrien absterben und sich neue entwickeln können. Die völlig überdimensionierte und antiquierte Agrarförderung der Europäischen Union ist hierfür sicherlich das eklatanteste Beispiel. Gefördert werden im Kulturbetrieb vor allem diejenigen, die einmal ‚drin sind im System' der Förderung – Neues, Innovatives hat kaum eine Chance bzw. wird auf Projektförderung und Sponsoren verwiesen. Viertens besteht die Gefahr der Fehlsteuerung, das heißt oftmals werden Subventionen weiter gezahlt, auch wenn der ursprüngliche politische Zweck längst erreicht ist (z.B. Subventionen für Wohnungsbau bei gleichzeitigem Leerstand und Subventionen für den ‚Rückbau' des Leerstandes).

Alle diese Überlegungen spielten indes in der Konzeption einer ‚Neuen Kulturpolitik', die erstmals Mitte der siebziger Jahre formuliert wurde, keine Rolle. Ein erfrischend selbstkritisches „Bekenntnis" (wie er selbst schreibt) über das damalige Denken legte Dieter Kramer, der in den siebziger und achtziger Jahren maßgeblich mit Hilmar Hoffmann in Frankfurt die kommunale Kulturpolitik mitgestaltet hatte, ab, wenn er schreibt: „In den 14 Jahren, in denen ich aktiv an der Frankfurter Kulturpolitik beteiligt war, haben wir nie ernsthaft Wirkungsforschung betrieben – nicht nur, weil wir keine Zeit oder kein Geld gehabt hätten, sondern auch weil es ein so brennendes Interesse daran nicht gab. Kulturpolitik hatte ihr Programm und war von dessen Qualität und Bedeutung so überzeugt, dass eine empirische Nachfrage nicht notwendig schien. Pragmatische Kulturpolitik mit programmatischen Elementen, wie sie ‚Kultur für alle' war, interessierte sich wenig für Wirkungsforschung, weil sie sich auf die Botschaft der Künste verließ, und weil sie, positiv gewendet, an die Mündigkeit der Nutzer appellierte, die allmählich ihre ‚wahren Bedürfnisse' entdecken würden. Beziehungen zwischen Künsten und Nutzern herzustellen, das war die Aufgabe, deren Gelingen nicht gemessen werden konnte." (Kramer,1995, S. 162) Kannte man nur die „wahren" Bedürfnisse des Publikums, so kam es auf die „wirklichen", die die Menschen tatsächlich bewegen, weniger an!

Pius Knüsel, Direktor der Schweizerischen Kulturstiftung *Pro Helvetia*, kritisierte schon vor fast zehn Jahren diese Entwicklung, die auch in der Schweiz zu höchst problematischen Tendenzen in der Kulturförderung geführt hatte, mit harschen Worten:

- Kulturförderung vertritt in wachsendem Maße die Sicht der Kulturschaffenden statt jene des Gemeinwesens und seiner übergeordneten Bedürfnisse.
- In der Kulturförderung pflanzen sich Traditionen fort, in denen viele Profiteure sich bestens eingerichtet haben, deren Tun jedoch weitgehend bedeutungslos ist.
- Die öffentliche Kulturförderung privilegiert die Produktion statt der gesellschaftlich relevanten Distribution. Gefördert wird also vorrangig das Angebot, nicht aber die Nachfrage.
- Kulturförderung könnte staatspolitische Ziele wesentlich effizienter erreichen, wenn sie sich mehr mit Wirkungsfragen beschäftigen würde und all dies käme mit einer verstärkten Wirkungsanalyse ans Licht (vgl. Knüsel, 2003).

Jahrzehntelang gelang es Kunst und Kultur nicht nur in Deutschland in erstaunlicher Weise höchst wirkungsvoll, sich jedweder Wirkungsmessung zu entziehen. „Wage es, ruft es einem entgegen", beschreibt Knüsel die entsprechende Haltung der Kultureinrichtungen, „wage es, dich mit Metermaß und Taschenrechner an der Kultur zu vergreifen. Von allen Seiten spritzt das Weihwasser auf den Teufel der Wirkungsmessung, eifrig werden die Gebete des reinen Geistes aufgesagt, werden die Psalmen des Abwegigen, deshalb

Unfassbaren, die Litaneien der nicht greifbaren Einflüsse hoher Kunst angestimmt" (a.a.O.).
Bislang konnte man sich auch in Deutschland auf diese Weise erfolgreich einer effektiven Wirkungsmessung entziehen. Knüsel kommt daher zu dem Ergebnis: „Offensichtlich muss in der Kultur, wer Wirkungen messen und daraus Schlüsse für das eigene Tun ableiten will, erst eine Reihe von mentalen Mauern einreißen – Mauern, hinter denen künstlerische Misserfolge, falsch verstandenes Künstlertum oder eine falsch geleitete Förderpolitik nicht vorstellbar sind, umso mehr aber das fehlende Kulturbewusstsein der Massen und deren Mangel an Bildung alles erklärt" (Knüsel, 2003).

3. The Wind of Change

Doch wenn nicht alles täuscht, geht diese Ära der Kulturpolitik ihrem Ende entgegen. Die Finanzknappheit von Bund, Ländern und Kommunen ist hierfür das äußere Zeichen, allerdings nicht der ausschlaggebende Grund. Die siebziger und achtziger Jahre des letzten Jahrhunderts waren unter der Programmatik einer explizit Neuen Kulturpolitik vor allem Jahre enormen Wachstums gewesen: Auf der Basis teilweise zweistelliger Zuwachsraten in den Kulturhaushalten wurde der Kulturbegriff enorm erweitert und auch die Zahl der Kultureinrichtungen und -veranstaltungen permanent gesteigert.

Wie stark das Angebot in den letzten fünfunddreißig Jahren ausgeweitet wurde, zeigt ein Blick in die Statistik einzelner Einrichtungen. 1977, also zu Beginn der Ära der Neuen Kulturpolitik, erhob der *Deutsche Städtetag* in seiner Bestandsaufnahme Kultur in Deutschland (Kreißig, Tressler & von Uslar, 1977) die Zahl verschiedener Kultureinrichtungen:

- 1977 zählte er 1.244 Öffentliche Bibliotheken; 2009 waren es laut *Statistischem Bundesamt* bereits 8405 (Zahlen auch zum Folgenden, basierend auf den Angaben der Bundesverbände);
- 1977 gab es 116 öffentliche Musikschulen; 2007 waren es 920;
- 1977 gab es 149 Volkshochschulen, 2011 rund 940.

Diese Verbesserung der kulturellen Infrastruktur war und ist sicherlich zu begrüßen, erfüllte sie doch einen gewissen Nachholbedarf. Diese Entwicklung hatte unter anderem aber auch eine immer weiter reichende „Diversifizierung des Angebots" (Heinrichs, 2001, S. 23) zur Folge.

„Das Ergebnis war ein in seiner Quantität und Vielfalt geradezu traumhaftes Angebot für den Bürger, das aber als Kulturbetrieb – durchaus im betriebswirtschaftlichen Verständnis – immer weniger überzeugen konnte", schrieb Werner Heinrichs bereits 1997. Und weiter: „Die *Nachfrage* der Bürger nach Kultur wurde bald überlagert durch das *Angebot* der Kulturpolitiker und Kulturmacher. Statt *nachfrage*orientiert angelegt zu sein, wie dies beispielsweise noch im 19. Jahrhundert der Fall war, zeigte sich der öffentliche Kulturbetrieb nun *angebots*orientiert. Nicht die Frage ‚Welche Kultur wollen unsere Bürger?' stand im Mittelpunkt, sondern allein das Ziel ‚Welches Angebot ist für die Bürger die richtige Kultur?' Die Folge waren hervorragend und überzeugend begründete Angebote, über deren Nutzung durch die Bürger man sich aber nur wenig Rechenschaft ablegte" (Heinrichs, 1997b, S. 32, vgl. hierzu aktuell, bewusst kritisch-polemisch Haselbach, 2012). Diese fünfzehn Jahre alte Diagnose hat sich durch die Entwicklungen der letzten eineinhalb Jahrzehnte weiter verschärft und stellt die Kulturpolitik schon seit längerem vor völlig neue Herausforderungen. Vor allem die folgenden Faktoren werden die Kulturpolitik in naher Zukunft ganz erheblich beeinflussen.

- Der *demografische Wandel* (nach dem Motto: Deutschland wird weniger, älter und bunter) wird ganz erhebliche Konsequenzen für eine kulturelle Infrastruktur haben, die in siebziger und achtziger Jahren des letzten Jahrhunderts für sehr viel mehr Menschen aufgebaut wurde. Es ist auch durchaus fraglich, ob beispielsweise Migranten in gleichem Maße die Hochkultureinrichtungen nutzen werden oder ob sie in Zukunft verstärkt nach Angeboten der eigenen Kulturen suchen werden.
- Das in den letzten Jahrzehnten entstandene Kulturangebot wird zunehmend zum *Überangebot*, dem die entsprechende Nachfrage fehlt. Alle kämpfen um die Aufmerksamkeit eines immer weiter schrumpfenden Publikums.
- Der rasant voranschreitende *technologische Wandel* hat sehr starke Rückwirkungen auf die herkömmlichen Kultureinrichtungen und Veranstaltungen. Längst entwickelt sich eine ganz eigene Kunst und Kultur im Internet, auf die die traditionellen Kulturbetriebe häufig völlig unzureichend reagieren.
- Die *öffentlichen Aufwendungen* für Kultur stagnieren seit der Jahrtausendwende weitgehend; geringe Erhöhungen in den Haushalten der Länder und Kommunen können kaum die Tarifsteigerungen ausgleichen – für Neues, für Innovatives ist immer weniger öffentliches Geld da.

4. Folgerungen für die Kulturpolitik

Angesichts aller dieser Veränderungen, angesichts des Überangebotes und der Begrenzung bzw. Verlagerung der Nachfrage und auch der Begrenztheit der öffentlichen Ressourcen steht die Kulturpolitik schon seit einiger Zeit unter Handlungszwang. Erstens müssen die Ziele der Kulturpolitik konkretisiert und „verknappt" und durch diese Verknappung wieder „in Wert gesetzt" werden: Denn nur ein knappes Gut wird begehrt. Der Staat kann nicht mehr – wie noch zu den Hochzeiten der Neuen Kulturpolitik – alles und jedes fördern, sondern er muss auswählen und begründen, warum er *was* und auch *wie lange* zu *welchem Zweck* fördert. Allerdings tut sich die Kulturpolitik, die jahrzehntelang an Wachstum und Ausweitung gewöhnt war, ausgesprochen schwer mit diesem notwendigen „Rückbau", da hier ganz direkt Interessen und auch Arbeitsplätze betroffen sind.

Zweitens muss gewährleistet sein, dass diese Förderung *effizient* ist, heißt, dass die eingesetzten Ressourcen so wirtschaftlich wie möglich verwandt werden. Hierfür stehen seit mehr als zwei Jahrzehnten die entsprechenden Instrumente des Kulturmanagements zur Verfügung – sie müssen allerdings auch genutzt werden, insbesondere von den öffentlichen Kultureinrichtungen.

Und drittens muss sichergestellt werden, dass der zielgerichtete und effiziente Mitteleinsatz in der Praxis tatsächlich überprüft wird. Es geht dabei zum einen um die *intendierte Wirkung* von Kulturpolitik und Kulturförderung durch klar formulierte Zielsetzungen und -vereinbarungen, zum anderen um die entsprechende *Wirkungsmessung*, heißt die Evaluation der Kulturförderung. Gesteuert werden soll in Zukunft also nicht mehr – wie bisher – über die bürokratische Aufbauorganisation, weil die bürokratische Organisationsform, die in vielen Kulturbetrieben noch vorherrscht (Ministerium, Amt, Abteilung, Regiebetrieb usw.), den Anforderungen der Gegenwart und vor allem der Zukunft nicht mehr gerecht wird.

Gesteuert werden soll auch nicht länger über die jährlichen finanziellen, kameralistisch verorteten Zuwendungen (und ggf. unreflektierte Kürzungen derselben nach dem sog. „Rasenmäherprinzip" = „alle trifft es prozentual gleichermaßen") sowie über eine Vielzahl administrativer Eingriffe durch den oder die Träger. Gesteuert werden soll vielmehr über Ziele, über Wirkungsintentionen, über die Bereitstellung entsprechender Ressourcen und durch die Überprüfung der Zielerreichung. Dies geschieht auf zwei Ebenen: erstens durch ein steuerndes, prozessbegleitendes *Controlling* und zweitens über *Evaluationen* der durchgeführten Maßnahmen.

Ein der Kultureinrichtung angemessenes Controlling und ein den spezifischen Zwecken angepasstes Berichtswesen sollen sicherstellen, dass die *laufende* Steuerung des Kulturbetriebs gemäß der vereinbarten Ziele erfolgt. Damit soll erreicht werden, dass die Arbeit der Kultureinrichtung möglichst effektiv und effizient im Sinne der Zielerreichung erfolgt. Ein so verstandenes Controlling ist aber auch die informationelle Grundlage für entsprechende Evaluationen hinsichtlich der tatsächlichen Wirkungen des Handelns einer Kultureinrichtung. Mit Hilfe begleitender und/oder abschließender Evaluationen soll fest- und sichergestellt werden, dass eine Kultureinrichtung tatsächlich das erreicht hat, was sie intendiert hat und für was sie öffentliche Mittel erhalten hat. Kultureinrichtungen bekommen also keine Mittel mehr dafür, dass sie einfach ‚irgendwie weitermachen', sondern nur noch dafür, dass sie gemeinsam vereinbarte Ziele erreichen.

Im Unterschied zum allgemeinen wissenschaftlichen Forschungsinteresse, insbesondere dem der Grundlagenforschung, stellen Evaluationen in der Kulturpolitik keinen Selbstzweck dar. Sie sind zwar den wissenschaftlichen Standards, nicht aber einem ‚reinen' Erkenntnisinteresse verpflichtet, sondern sollen einen mehr oder weniger direkten ‚Nutzen' stiften. Sie sollen z. B. dazu beitragen, Prozesse transparenter zu machen, bestimmte Wirkungen zu dokumentieren, Zusammenhänge aufzuzeigen und Grundlagen zu schaffen, um möglichst rationale Entscheidungen treffen zu können. Sie können dazu dienen, bestimmte Ablaufprozesse effektiver zu gestalten, den Output zu erhöhen bzw. den Input effizienter einzusetzen, den Wirkungsgrad zu verbessern, das Qualitätsmanagement zu steigern, die Nachhaltigkeit zu sichern, eine Dienstleistung zu verbessern usw. (Stockmann, 2002, S. 2).

Die ehemalige Präsidentin der American Evaluation Association, Donna M. Mertens, definiert unter diesem vorrangigen Nutzenaspekt Evaluation als „the systematic investigation of the merit or worth of an object (program) for the purpose of reducing uncertainty in decision making" (Mertens, 1998, S. 219).

Durch diesen „Investigationsvorgang" zur Ausschaltung von Unsicherheit sind allerdings – ebenfalls anders als in der rein wissenschaftlichen Forschung – oftmals ganz direkt Interessen beteiligter Personen berührt, die im Evaluationsprozess gerade bei Kultureinrichtungen ausgesprochen sensibel erkannt und berücksichtigt werden müssen.

So weist Max Fuchs sicherlich zu Recht darauf hin, dass es bei Evaluationsprozessen „einen großen Unterschied macht, ob das Evaluationsziel in der Sicherung der inhaltlichen Arbeitsqualität besteht oder ob es eher in disziplinarischer und kontrollierender Hinsicht, etwa von einem Zuwendungsgeber, durchgeführt wird." Er berichtet, dass seine „Erfahrung mit dem Staat bei Prozessen der Evaluation" darauf hinausliefen, „dass dieser sehr stark die Kontroll- und Disziplinierungsfunktion in den Vordergrund rückt, auch: aus der Sicht des Bundesrechnungshofes oder vergleichbarer Kontrollinstanzen rücken muss" (Fuchs, 2004, S. 5). So wichtig dieser Aspekt ist – da mit Steuergeldern prinzipiell wirtschaftlich umzugehen ist – sollte er nicht im Vordergrund von Evaluationen stehen.

5. Wirkungsforschung und Evaluationen im Kulturbetrieb

Wird im Kunst- und Kulturbetrieb über Evaluationen gesprochen, so landet die Diskussion meist sehr schnell an dem Punkt, an dem behauptet wird, Kunst und Kultur ließen sich nicht messen oder gar quantifizieren. Dies ist natürlich eine reine Schutzbehauptung, denn jeden Abend schreiben Journalisten ihre Kritiken über Theaterstücke und Musikaufführungen und jedes Kunstwerk hat seinen taxierbaren Marktwert. Zahllose Kinder nehmen jedes Jahr teil an den vielen Wettbewerben „Jugend musiziert" und stellen sich deren Bewertungen. Selbstverständlich lassen sich in diesem Sinne Kunst und Kultur also „bewerten" und „beurteilen", auch wenn dies zugegebenermaßen vielleicht ein wenig schwieriger ist als in anderen Bereichen gesellschaftlichen Handelns.

Obige Behauptung ist allerdings insofern richtig, als man sich davor hüten sollte, bei der Bewertung künstlerischer und kultureller Produkte und Dienstleistungen nur auf quantitative Kriterien zurückzugreifen, wie Besucherzahlen, Einnahmen, Auslastungsziffern etc. Zahlen ohne Erklärungen für das, wofür sie stehen, sind sinnlos. Deshalb gilt es gemeinsam mit den Kultureinrichtungen Beurteilungskriterien sowohl für den inhaltlichen wie den ökonomischen Erfolg zu formulieren.

Evaluationen sind daher auch in der Kulturpolitik nicht unbekannt. So evaluiert der Europarat (*Conseil de l'Europe*/*Council of Europe*) seit 1986 die nationalen Kulturpolitiken seiner einzelnen Mitgliedsländer und legt nicht nur entsprechende Ergebnisberichte, sondern auch weiter reichende kulturpolitische Empfehlungen für die jeweiligen Länder vor. 1999 veröffentlichten Mario d'Angelo und Paul Vespérini das über die Jahre hinaus fortentwickelte Evaluationskonzept *Politique culturelles en Europe: méthode et pratique de l'evaluation*. (d'Angelo/Vespérini, 1999) Mittlerweile liegen für eine ganze Reihe von Staaten ausführliche Evaluationen vor, die in der Regel zwei Bände umfassen: zunächst die Selbstdarstellung eines Landes, meistens von Fachleuten des jeweiligen Standes im Auftrag des jeweiligen Kulturministeriums erstellt („National Report") und zweitens eine Außensicht von Experten des Europarates, die somit einen Selbstbild/Fremdbild-Vergleich ermöglichen.

Auch wenn Evaluierungen, also Wirkungsforschungen und -beurteilungen, im Kulturbetrieb in Deutschland noch keineswegs die Regel, sondern vielmehr die Ausnahme sind, so sind sie gleichwohl nicht völlig unbekannt, wie die folgenden Beispiele zeigen.

So stellt etwa das in den neunziger Jahren durchgeführte Bertelsmann-Projekt zu *Wirkungsvollen Strukturen im Kulturbetrieb* erstmals eine Evaluation in größerem Maßstab dar. Ausgangspunkt dieses Projektes war das Konzept der sog. Dezentralen Ressourcenverantwortung. Das Projekt der *Bertelsmann Stiftung* zielte vor allem auf die ‚Behördenhaftigkeit' vieler Kultureinrichtungen. Allerdings ging man hier ausdrücklich davon aus, dass „Privatisierungen, wie sie in vielen Bereichen der Verwaltungen sinnvoll erscheinen, in den Aufgabenbereichen der kommunalen Kulturarbeit wegen des hohen Zuschussbedarfs nicht ratsam" seien. Vielmehr wollte das Projekt „durch die Einführung moderner Management- und Controllingmethoden die Grundlage für die Transparenz, erhöhte Eigenverantwortlichkeit der Ämter sowie für die effiziente Nutzung knapper Ressourcen schaffen." Dieser Reformansatz verblieb also ausdrücklich im Rahmen staatlicher bzw. kommunaler Trägerschaft. Explizit ging es um den Zusammenhang von „Kulturmanagement und neuen Organisationsstrukturen" (Pröhl, 1996, S. 1).

Dementsprechend setzte sich das Projekt der *Bertelsmann Stiftung* vier Hauptziele:

- die Verbesserung der Zusammenarbeit zwischen Verwaltung und Politik im Sinne einer Trennung zwischen strategischer (das „Was") und operativer Ebene (das „Wie");
- die Verbesserung der internen Steuerung der Fachämter durch den Einsatz kulturmanagerialer Instrumente,
- die Erhöhung der Zufriedenheit der Mitarbeiter sowie schließlich
- die Erhöhung der Zufriedenheit der Bürger mit den Kultureinrichtungen (Pröhl, 1993, S. 29).

Hinzu kam die Idee des „Städtevergleichs", ein Instrument, das in der Managementlehre als *Benchmarking* weit verbreitet ist. Hierzu wurden jeweils auf der Ebene einzelner Kultursparten (z.b. der Theater, der Naturkunde- und Kunstmuseen, der Musikschulen und der Stadtbibliotheken) in vier bzw. fünf Städten Leistungsvergleiche (sog. „Vergleichsringe") durchgeführt. Im ersten Vergleichsring fanden sich die Städte Bielefeld, Dortmund, Mannheim, Münster und Wuppertal, im zweiten Düsseldorf, Frankfurt am Main, Leipzig und Nürnberg.

Leitend war dabei folgende Zielsetzung: „Durch den Vergleich der Leistungs- und Finanzdaten mit denen ähnlich strukturierter Institute anderer Kommunen soll ein Lernprozess unter den Vergleichsstädten angeregt, Verbesserungsmaßnahmen entwickelt und der Prozess der Organisationsentwicklung eingeleitet werden [...]. Der Städtevergleich ist von der Idee geprägt, den Dialog zwischen mehreren Kultureinrichtungen über strategische und operative Ziele sowie Maßnahmen zur Zielerreichung anzuregen [...]. Interkommunale Lernprozesse beschleunigen die prozesshafte Evolution der Verwaltungsstrukturen [...]. Am Ende des Städtevergleiches steht ein Berichtswesen, das in standardisierter Form Aufschluss über die vergleichbaren Kosten und Leistungen der Kulturinstitutionen der beteiligten Städte gibt" (Pröhl, 1996, S. 11).

Zu den einzelnen Kultursparten wurden Mitte der neunziger Jahre sog. „Zwischenberichte" vorgelegt. 1998 veröffentlichte die Bertelsmann Stiftung unter dem Titel *Mit Phantasie und Effizienz gegen die Finanzmisere* die Ergebnisse der Leistungsvergleiche Kultur (vgl. Schmidt, 1998, S. 11). Nicht nur der Titel dieses Quasi-Schlussberichtes, auch das einleitende Statement der beteiligten Kulturdezernenten machen zunächst deutlich, dass die Krise der öffentlichen Kulturbetriebe vor allem als Finanzierungskrise wahrgenommen wird. Im Zentrum stünden der „steigende Finanzdruck in Städten und Gemeinden", dem bereits viele „bewährte Kulturangebote zum Opfer gefallen" seien; er stelle „viele Kultureinrichtungen somit direkt vor die Überlebensfrage" (Statement der Kulturdezernenten in Schmidt, 1998, S. 7).

Allerdings machen die in dem Bericht aufgeführten „Trendbeispiele" deutlich, dass es zwar auch, aber nicht nur um eine Verbesserung der Finanzsituation ging und geht. Verbesserungen werden beispielhaft in folgenden Bereichen skizziert: Steigerung der internen Effizienz in den Kultureinrichtungen unter Beibehaltung der Qualität; Verbesserung des Services für die Bürger; Erschließung zusätzlicher Nutzergruppen; Verstärkung des unternehmerischen Handelns zwischen „Markt und Muse"; Intensivierung der Kooperation zwischen Kultureinrichtungen und freien Trägern; neue Formen der Zusammenarbeit zwischen Politik und Verwaltung usw.

Die damalige Projektleiterin Marga Pröhl kommt in ihrem Abschlussstatement zu dem Ergebnis, dass einerseits „sehr viel gelernt" wurde, andererseits „immer noch viel zu tun" sei; sie nennt dabei vor allem folgende Bereiche: die *internen Abläufe* könnten verbessert werden; der *Kunden- und Bürgerservice* könnte noch weiter ausgebaut werden; die zur Verfügung stehenden *Ressourcen könnten noch zielgerechter eingesetzt* werden; die *Kreativität der Mitarbeiter* ließe sich noch besser für den Reformprozess nutzen, unterstützt durch praxisorientierte Qualifizierungen. Als grundlegende Entwicklungsperspektive sieht auch sie die Forderung: „Keine Verwaltungsreform ohne Politikreform" (Statement Pröhl. In: Schmidt, 1998, S. 27).

Insbesondere diese Forderung markiert noch einmal in aller Deutlichkeit die immer wieder angesprochene Krise der Kulturpolitik. Pröhl konstatiert: „Es gibt noch immer sehr viele Städte, in denen viele Millionen [...] in die Kulturförderung gesteckt werden, und nur wenige wissen, welche Ergebnisse damit erzielt werden". Zentraler Kritikpunkt ist also auch hier die Frage nach den Zielen und der Wirkung (oder deren Ausbleiben!). Demgegenüber fordert Pröhl: „Um die Kulturarbeit in unseren Städten zu sichern, müssen klare Prioritäten gesetzt werden [...]. Die Kulturpolitiker unserer Städte müssen definieren, welche Ziele mit dem Kulturangebot verfolgt werden. Es sind Antworten auf die Fragen zu finden: Welche Kultur wollen wir in unseren Städten haben und welche können wir uns leisten?" (Pröhl, 1998, S. 27).

In Deutschland wurde das Instrument der Evaluation bereits auf Länderebene erfolgreich eingesetzt. In Schleswig-Holstein gründete das dortige *Ministerium für Bildung, Wissenschaft und Forschung* eine Arbeitsgruppe zur *Evaluation der Kulturförderung*, die Mitte des Jahres 2000 ihre Arbeit aufnahm und 2003 einen ersten Bericht vorlegte. Die Fragestellungen dieser Arbeitsgruppe betrafen vor allem den Abgleich inhaltlicher Angebote und Ziele, der zu ihrer Durchführung benötigten Struktur und Finanzierung sowie schließlich der individuellen oder kollektiven Nutzung sowie der Möglichkeiten einer Effizienzsteigerung öffentlicher Kulturförderung. Im Wesentlichen ging es dabei um (1) die Neuformulierung von Begründungszusammenhängen für die öffentliche Kulturförderung, (2) die mögliche Effizienzsteigerung vorhandener öffentlicher Förderungen und schließlich (3) Ansatzpunkte für die weitere Fortentwicklung der staatlichen Kulturförderung in Schleswig-Holstein (vgl. Bericht der Landesregierung, 2002).

Im Mittelpunkt stand dabei die Frage, wie, das heißt anhand welcher Maßstäbe kulturelle Zwecke in Zukunft gefördert werden sollen. Daraus resultierte dann die spezifischere Frage: „Welchen neuen Anforderungen muss sich die Begründung für die öffentliche Kulturförderung stellen, wie kann die Effizienz des Mitteleinsatzes dargestellt und ggf. verbessert werden. Hierzu zählt vor allem: Welche Ziele sind mit der Förderung verbunden und sind diese Ziele erreicht worden?" (Bericht der Arbeitsgruppe, 2003, S. 3).

Diese Evaluationen richteten sich (1) auf die Finanzierung von *Behörden*, die z.T. auf gesetzlicher Grundlage unmittelbar kulturelle Leistungen erbringen (also Museen, Landesarchive, Landesbibliotheken usw.), (2) auf *institutionelle Zuwendungen* an überwiegend gemeinnützige, jedoch auch öffentlich-rechtliche Träger (z.B. Staats- und Landestheater, Stiftungen, Verbände usw.) sowie (3) auf *Projektförderungen* in allen ästhetischen Sparten, da diese drei Finanzierungsformen vom Bundesland selbst gesteuert werden können.

In allen drei Finanzierungsformen kann jeweils gezielt gefragt werden, ob mit den gewährten Mitteln die proklamierten Zwecke tatsächlich erreicht wurden. Es geht bei der Evaluation also darum, „die Strukturen und Wirkungen, mithin auch die Effizienz der Förderung zu beleuchten, ihre – auch verborgenen – steuernden Effekte zu erfassen und die Verteilung entlang der erwünschten oder eben auch historisch gewachsenen kulturpolitischen Schwerpunkte zu ermitteln, um auf dieser Grundlage Entwicklungsperspektiven zu eröffnen, die sowohl dem kulturellen ‚Eigenwert' als auch spezifischen kulturpolitischen Interessen des Landes entsprechen" (Bericht der Arbeitsgruppe, 2003, S. 5).

Untersuchungsgegenstand der Studie innerhalb dieses Projektes waren zunächst die Heimvolkshochschulen und Bildungsstätten des Landes, die Museen, die privaten und freien Theater sowie schließlich die Förderung von kulturellen Verbänden. Da ein nicht unwesentlicher Teil der Kulturförderung des Landes in den letztgenannten Sektor fließt, also in die *Förderung von Verbänden einschließlich der Minderheiten- und Grenzverbände*, sollen die kulturpolitisch relevanten Ergebnisse dieses Bereiches beispielhaft kurz skizziert werden. Im Rahmen der Evaluation ging es zunächst um vier Fragen:

- Entsprechen die Ziele und Aufgaben des Verbandes öffentlichen Interessen, Landesinteressen (insbesondere hinsichtlich Gleichmäßigkeit, herausgehobener Bedeutung und Flächendeckung) und kommunalen Interessen?

- Unterhält die Organisation eine aus ihrer Verfasstheit abgeleitete Institution mit komplexer, vielfältiger und stetiger Aufgabenstellung gemäß o. a. Zielen?
- Unterstützt die Organisation kulturelle Angebote in quantitativer und qualitativer, für das Land exemplarischer Hinsicht?
- Übernimmt die Organisation Aufgaben im Auftrag des Landes Schleswig-Holstein?

Das ausdrückliche Ziel der Untersuchung war die Entwicklung eines „Vorschlags zur Aktualisierung der Landesförderung unter dem Gesichtspunkt, was als besonders wichtige Leistung aus Sicht des jeweiligen Verbandes oder des Landes angesehen und zur Förderung vorgeschlagen wird" (Bericht der Arbeitsgruppe, 2003, S. 7). Die darin enthaltene Absicht war, „die bisherige, tradierte Begründung der Förderung als ‚in der Vergangenheit bereits geförderter Verband'" abzulösen „durch eine Präzisierung der als besonders wichtig angesehenen eigenen Leistung und den Bezug hierauf durch die Förderung" (a.a.O.). Im Klartext heißt dies, dass durch den Evaluationsprozess die (möglicher Weise bloße) Behauptung der eigenen kulturellen Bedeutung und Wichtigkeit nachdrücklich auf den Prüfstand gehoben werden sollte.

Nach einer eingehenden Evaluation kam die Arbeitsgruppe zu neuen Vorschlägen für die kulturpolitische Steuerung der Mittelvergabe. Generell wurde vorgeschlagen, eine Präzisierung der jeweiligen Aufgabenstellung in Form von *Zielvereinbarungen* vorzunehmen, in denen die Beiträge zur kulturellen Infrastruktur beschrieben und festgeschrieben werden. Diese Aufgabenstellungen können dann mit unterschiedlichen *Finanzierungsmodellen* unterstützt werden:

- Einmal können für das Land wichtige Verbände definiert werden, deren Infrastrukturleistungen in ihrer Gesamtheit auch in der Zukunft für ein breites und vielfältiges kulturelles Leben in Schleswig-Holstein als unverzichtbar angesehen werden; diese sollen *institutionell* gefördert werden.
- Aufgaben und Leistungen derjenigen Verbände, die in die *Projektförderung* überführt werden sollten, sind keineswegs zweitrangig, allerdings rückt eine Projektförderung den Bezug auf für das Land besonders wichtige Maßnahmen oder Strukturen stärker hervor (vgl. Bericht der Arbeitsgruppe, 2003, S. 22).

Oberstes Ziel bei einem solchen Vorgehen ist es, gesetzte Ziele, tatsächlich erreichte Wirkungen und gewährte Zuwendungen des Staates in einem Zusammenhang zu betrachten und in regelmäßigen Abständen zu überprüfen, um daraus entsprechende kulturpolitische Konsequenzen ziehen zu können. Der *Verband deutscher Musikschulen* erstellte in einem mehrjährigen Prozess auf der Basis des *Excellence-Model* der *European Foundation für Quality Management* sein spezifisches *Qualitätssystem Musikschule (QsM)* (VdM, 2000; vgl. hierzu auch: Scheytt/Zimmermann, 2006).

In diesem Modell gibt es insgesamt neun Kriterienfelder, die ihrerseits wiederum in verschiedene Subkriterien unterteilt sind; diese *Kriterienfelder* sind:

- Führung und Leitung
- Politik und Strategie
- Mitarbeiterorientierung
- Ressourcen
- Prozesse
- Zufriedenheit der Adressaten
- Mitarbeiterzufriedenheit
- Auswirkungen auf die Gesellschaft
- Leistungsbilanz.

Auch die öffentlichen Bibliotheken haben – wiederum in Zusammenarbeit mit der *Bertelsmann Stiftung* – seit einiger Zeit Evaluationskriterien entwickelt, den sog. *Bibliotheksindex BIX*. Er ist im Jahre 1999 gestartet worden und seither ein kontinuierlicher, bundesweiter Jahresvergleich. Er umfasst vier *Zieldimensionen*, die wiederum in *Indikatoren* unterteilt sind.

- Auftragserfüllung
- Kundenorientierung
- Wirtschaftlichkeit
- Mitarbeiterorientierung

Sicherlich kann über die Aussagekraft der gewählten Indikatoren diskutiert werden. Gleichwohl bietet der *BIX* den teilnehmenden Einrichtungen im Sinne eines Benchmarking die gezielte Orientierung an den Besten und somit die Chance, permanente Innovationsprozesse vor Ort, heißt in der eigenen Bibliothek einzuleiten.

6. Fazit

Alle genannten Beispiele machen zum einen deutlich, dass Evaluationen auch im Kulturbereich in Deutschland bereits erfolgreich durchgeführt wurden und werden – also anders als oftmals behauptet, durchaus möglich und auch sinnvoll sind. Zum anderen wird ebenso klar, dass im Sektor von Kunst und Kultur ganz spezifische Sensibilitäten zu berücksichtigen sind. Denn wie geschickt die „Herstellung und Nutzung des Prüfstandes als transparente und sozialwissenschaftlichem Handwerkszeug wie kulturgeschichtlichem Wissen gleichermaßen verpflichtete Evaluation angelegt sein mögen – mit der Maßnahme wird erhebliche, allerdings zunächst sehr interne Unruhe verbunden sein", schreiben Opitz und Thomas vor dem Hintergrund ihrer einschlägigen Erfahrungen in Schleswig-Holstein.

Und weiter: „Ursache dieser Unruhe ist zum einen die Erschütterung beruflicher Sozialisationen, welche mit dem Argument kulturgeschichtlich gewachsener Begründungszusammenhänge Klientelinteressen über Jahrzehnte hinweg bedienen sollten und wollten. Eine weitere Ursache ist der vorwiegend extrinsisch motivierte (schlicht: auch notgedrungene) Paradigmenwechsel der Kulturförderung, welcher durch die Exekutive den Destinateuren der Mittel möglichst ohne Ansehensverlust für die politische Klasse vermittelt werden soll" (Opitz & Thomas, 2003, S. 108).

Im Klartext: Hier geht es um Arbeitsplätze, hier geht es um menschliche Schicksale und hier geht es natürlich auch um Macht. Deshalb ist mit Evaluationen auch immer eine hohe menschliche Verantwortung verbunden – die umgekehrt allerdings auch nicht der Sicherung von Erbhöfen und der Fortführung lieb gewordener, aber völlig ineffizienter Arbeits- und Verhaltensweisen dienen darf.

Um dies zu gewährleisten, sollen Evaluationen vier grundlegende Eigenschaften aufweisen: (1) *Nützlichkeit*, (2) *Durchführbarkeit*, (3) *Fairness* und (4) *Genauigkeit*. Diese Standards werden von der *DeGEval* ausdrücklich als „Dialoginstrument und fachlicher Bezugspunkt für einen Austausch über die Qualität von professionellen Evaluationen" begriffen. Die Standards sollen „bei der Kommunikation von Evaluatoren mit ihren Auftraggebern, Adressaten sowie einem weiteren Kreis von Beteiligten und Betroffenen nützlich sein" und „Orientierung geben bei der Evaluation von Evaluationen (Meta-Evaluationen) sowie Transparenz von Evaluation als professionelle Praxis gegenüber einer breiteren Öffentlichkeit schaffen" (DeGEval, 2004).

Bei aller Klarheit und vorausgesetzter Akzeptanz der grundsätzlichen Rollenverteilung – die öffentliche Hand ist der Auftraggeber und (zumindest bislang) *ein* ganz wesentlicher Finanzier, die jeweilige Kultureinrichtung dagegen ist Auftragnehmerin – macht es gerade im Kulturbetrieb nur Sinn, Evaluationen *partizipativ* durchzuführen, das heißt unter maßgeblicher Beteiligung der Betroffenen. Stockmann schreibt hierzu: „Die Validität von Evaluationsergebnissen lässt sich wesentlich dadurch verbessern, wenn Evaluationen partizipativ angelegt werden. Denn zum einen ist eine valide Bewertung von Maßnahmen und Ergebnissen nur auf der Grundlage der freiwilligen und proaktiven Beteiligung aller Beteiligten möglich. Und zum anderen können Evaluationsergebnisse nur dann erfolgreich in Entwicklungsprozesse eingespeist werden, wenn die Beteiligten die Evaluatoren nicht als externe ‚Kontrolleure', sondern als Partner mit komplementären Aufgaben wahrnehmen" (Stockmann, 2002, S. 13).

Ein gutes Beispiel für dieses partizipative Vorgehen stellt die bereits zitierte Evaluation der Kulturverbände in Schleswig-Holstein dar. Bei aller Klarheit der Rollenverteilung (hier fördernde Landesregierung, dort Kulturarbeit leistende und Zuwendungen empfangende Kulturverbände) konnte ein hohes Maß an Einigkeit erreicht werden. „Dabei war unumstritten, dass die Förderung von kulturellen Verbänden transparenten Kriterien folgen sollte und dass vor diesem Hintergrund Ziel- und Leistungsvereinbarungen den Begründungszusammenhang der Förderung verdeutlichen können. Mit anderen Worten: Dass Verbände eine Infrastruktur für kulturelle Projekte darstellen, mithin eine wichtige Voraussetzung für das kulturelle Leben in Schleswig-Holstein sind, wurde gemeinsam hervorgehoben. Zugleich wurden die Fragen: was wird mit dem Geld gemacht? welche Zwecke werden verfolgt? wie ist die Erfolgskontrolle ausgestaltet? als nicht nur legitim, sondern auch als Chance zur Reflexion der eigenen Arbeitsschwerpunkte angesehen" (Bericht der Arbeitsgruppe Evaluation, 2003, S. 23).

Von daher muss die partizipative Evaluation als ein *interaktiver Prozess* organisiert werden, der einen intensiven Dialog zwischen allen an ihm Beteiligten ermöglicht – ohne allerdings, es sei noch einmal betont – die grundsätzlichen Ziele und die Rollenverteilung außer Acht zu lassen. Nur eine enge Abstimmung mit diesen Akteuren ermöglicht es, die verschiedenen Interessenlagen, Werte und Bedürfnisse zu berücksichtigen und darüber hinaus die Akzeptanz für die Durchführung und die Ergebnisse der Evaluation zu sichern (Stockmann, 2002, S. 13). Allerdings muss dann das, was einmal festgelegt wurde, innerhalb des Evaluationsprozesses auch Geltung und Bestand haben.

Es wird nicht behauptet, dass die Verfahren der Evaluation einfach und ohne Schwierigkeiten sind. Wer sie ablehnt sollte sich indes vor Augen halten, wie bislang viele Kultureinrichtungen von außen – und auch intern – gesteuert werden und dann ehrlich die Frage beantworten, ob das bisherige Steuerungssystem über Kameralistik, über bürokratische Aufbauorganisation und Einzeleingriffe rationaler, transparenter, „gerechter" und effizienter ist. Im Sinne einer dauerhaften, nachhaltigen Fortentwicklung von Kultureinrichtungen sind Evaluationen, die sich mit dem „Wert" dieser Einrichtung befassen, sicherlich der erfolgversprechendere Weg.

Literatur

Bericht der Arbeitsgruppe Evaluation der Kulturförderung in Schleswig-Holstein des Ministeriums für Bildung, Wissenschaft, Forschung und Kultur vom September 2003, Kiel.
Bericht der Bundesregierung über die Entwicklung der Finanzhilfen des Bundes und der Steuervergünstigungen (19. Subventionsbericht) (2003). Deutscher Bundestag 15. Wahlperiode Drucksache 15/1635.
Bericht der Landesregierung. (2002). *Weiterentwicklung der Kulturpolitik des Landes Schleswig-Holstein*, Schleswig-Holsteinischer Landtag, 15. Wahlperiode. Drucksache 15/1712, Juli 2002.
d'Angelo, M. & Vespérini, P. (1999). *Politiques Culturelles En Europe: méthode et pratique de l'evaluation*. Strasbourg: Editions du conseil de l'Europe.
Gesellschaft für Evaluation. (Hrsg.). (2004). *Standards für Evaluation* (3. Auflage). Alfter.
Eco, U. (1977). *Das Offene Kunstwerk*. Frankfurt am Main: Suhrkamp.
Franck, G. (1998). *Ökonomie der Aufmerksamkeit. Ein Entwurf*. München: Hanser.
Fuchs, M. (2004). *Evaluation in der Kulturpolitik – Evaluation von Kulturpolitik*. Vortrag im Rahmen der Fachtagung „Evaluation in der Kulturförderung – Über Grundlagen kulturpolitischer Entscheidungen" am 16. Juni 2004 in der Bundesakademie für kulturelle Bildung in Wolfenbüttel.
Gabler-Wirtschafts-Lexikon. (1993). 16. Auflage. Wiesbaden: Gabler.
Gablers-Wirtschaftslexikon Online. Stichwort „Meritorische Güter". Verfügbar unter: http://wirtschaftslexikon.gabler.de/Definition/meritorische-gueter.htmal [12.9.2011].
Haselbach, D., Klein, A., Knüsel, P. & Opitz, S. (2012). *Der Kulturinfarkt. Von allem zu viel und immer das Gleiche*. München: Knaus
Heinrichs, W. (Hrsg.). (1997a). *Macht Kultur Gewinn? Kulturbetrieb zwischen Nutzen und Profit*. Baden-Baden: Nomos.
Heinrichs, W. (1997b). *Einführung in das Kulturmanagement*. Darmstadt: Wissenschaftliche Buchgesellschaft.

Heinrichs, W. (2001). Weniger wäre mehr! Strategische Anmerkungen zur Zukunft öffentlich finanzierter Kulturangebote. In: W. Heinrichs & A. Klein (Hrsg.), *Deutsches Jahrbuch für Kulturmanagement 2000* (S. 21–35). Baden-Baden: Nomos.
Klein, A. (2011). *Der exzellente Kulturbetrieb* (3. Auflage). Wiesbaden: VS.
Knüsel, P. (2003). Der Teufel der Evaluation. In: *Zeitschrift für Kulturaustausch, 4*.
Koch, R. & Steinbrück, P. (2003). *Subventionsabbau im Konsens*. Wiesbaden: Koch-Steinbrück-Liste.
Kramer, D. (1995). Wie wirkungsvoll ist die Wirkungsforschung in der Kulturpolitik? In: M. Fuchs & C. Liebald (Hrsg.), *Wozu Kulturarbeit? Wirkungen von Kunst und Kulturpolitik und ihre Evaluierung*. Remscheid: Schriftenreihe BKJ.
Kreißig, G., Tressler, H. & Uslar, J. von. (1977). *Kultur in den Städten. Eine Bestandsaufnahme*. Köln: Kohlhammer.
Mertens, D. M. (1998). *Research methods in education and psychology: Integrating diversity with quantitative and qualitative approaches*. Thousand Oaks: Sage.
Opitz, S. & Thomas, V. (2003). Die Evaluation der Kulturförderung eines Bundeslandes. Kulturpolitische Ausgangspunkte, Methodik und operative Maßnahmen am Beispiel der Förderung von Projekten und kulturellen Verbänden. In: A. Klein (Hrsg.), *Deutsches Jahrbuch für Kulturmanagement 2002* (S. 107–118). Baden-Baden: Nomos.
Pressemitteilung des Verbandes Deutscher Konzert Direktionen vom 14.02.2011. Verfügbar unter: http://www.vdkd.de/cms/front_content.php?client=1&lang=1&idcat=6&idart=507&m=&s= [30.03.2012].
Pröhl, M. (Hrsg.). (1996). *Wirkungsvolle Strukturen im Kulturbereich. Zwischenbericht zum Städtevergleich der Kunstmuseen*. Gütersloh: Bertelsmann.
Pröhl, M. (1993). Einführung in den Workshop: Kulturmanagement und neue Organisationsstrukturen. In: K. Siebenhaar, M. Pröhl & C. Pawlowsky-Flodell (Hrsg.), *Kulturmanagement: Wirkungsvolle Strukturen im kommunalen Kulturbereich*. Gütersloh: Bertelsmann.
Scheytt, O. & Zimmermann, M. (2006). Qualitätsmanagement in Kultureinrichtungen. In: F. Look & O. Scheytt (Hrsg.), *Handbuch KulturPolitikMangement*. Lieferung Oktober 2006: Raabe.
Schmidt, K. (1998). *Mit Phantasie und Effizienz gegen die Finanzmisere. Ergebnisse der Leistungsvergleiche Kultur*. Gütersloh: Bertelsmann.
Schulze, G. (1993). *Die Erlebnisgesellschaft. Kultursoziologie der Gegenwart*. Frankfurt/New York: Campus.
Smith, A. (1978). *Der Wohlstand der Nationen. Eine Untersuchung seiner Natur und seiner Ursachen*. München: Deutscher Taschenbuch Verlag.
Steinfeld, T. (2005). Die Feigen. Kultur braucht Subventionen. Was denn sonst? In: *Süddeutsche Zeitung* vom 20./21. August 2005.
Stockmann, R. (2002). *Was ist eine gute Evaluation? Einführung zu Funktionen und Methoden von Evaluationsforschungen*. Saarbrücken Centrum für Evaluation: (CEval): Arbeitspapier 9. Verfügbar unter: http://www.ceval.de/typo3/file admin/user_upload/PDFs/workpaper9.pdf [30.03.2012].
Verband deutscher Musikschulen. (2000). *QsM – Qualitätssystem Musikschule. Das EFQM Excellence Modell in der Spezifikation für Musikschulen im VdM*. Bonn.

Rolle und Bedeutung von Evaluation in der Auswärtigen Kulturpolitik Deutschlands

Kurt-Jürgen Maaß

Evaluation hat in der Außenkulturpolitik in den letzten zehn Jahren zunehmend an Bedeutung gewonnen. Vor allem der Bundestag fordert immer deutlicher und ungeduldiger einen offensiveren Ansatz des Auswärtigen Amtes. Der Bundesrechnungshof hat wiederholt mehr Evaluationen verlangt. Das Auswärtige Amt hat das Thema zögerlich aufgegriffen und gibt den Evaluationsdruck eher an die Mittlerorganisationen der Auswärtigen Kulturpolitik weiter als selbst auch aktiv zu werden. Die Mittlerorganisationen sehen Evaluation als eine Chance, Erfolge ihrer Arbeit quantitativ und qualitativ öffentlich zu machen, und stehen ihnen in der Regel positiv gegenüber. Früher vereinzelt geäußerte grundsätzliche Bedenken, dass eine Evaluation den besonderen Aufgaben der Außenkulturpolitik nicht gerecht werden könne, sind in der Zwischenzeit vollständig widerlegt. Alle Teile der Außenkulturpolitik sind evaluierbar.

Teil I: Politische Ansätze

Das Auswärtige Amt gibt für seine Außenkulturpolitik jährlich mehr als 1,5 Milliarden Euro aus.[1] Ist das Geld sinnvoll angelegt? Werden die Gestaltungsmöglichkeiten voll ausgenutzt? Unterstützt die Außenkulturpolitik nachweisbar die außenpolitischen Ziele der Bundesregierung? Es erstaunt, dass diese Fragen nur vom Auswärtigen Amt selbst (natürlich positiv) beantwortet werden, es aber keine unabhängige Überprüfung gibt. Warum nicht? Mit dieser Frage beschäftigt sich der folgende Beitrag.

Die (west-)deutsche Außenkulturpolitik konzentrierte sich in den ersten beiden Jahrzehnten nach Gründung der Bundesrepublik Deutschland im Wesentlichen auf zwei Aufgaben:

- Die Unterstützung einer Rückkehr Deutschlands nach den Barbareien der Nazi-Zeit in die internationale Gemeinschaft der Kulturvölker, in der

---

1 Vgl. Haushaltplan 2010. Verfügbar unter http://www.bundesfinanzministerium.de/bundeshaushalt2010/pdf/epl05.pdf [25.1.2012].

Formulierung der Enquete-Kommission von 1975: „Wiedereingliederung des Deutschen Volkes in die internationale Gemeinschaft".[2]

- Die Vermittlung vor allem in die vom Jahrhundertverbrechen an den europäischen Juden selbst betroffenen Ländern darüber, wie das neue demokratische Deutschland mit seiner Schuld und der Aufarbeitung der Gräueltaten umging.

Evaluiert wurde diese Phase zunächst fast gar nicht. Auch die wissenschaftliche Begleitforschung der Hochschulen interessierte sich nur rudimentär für die Außenkulturpolitik. Erst die Studentenunruhen in den Sechzigerjahren und der Reformdruck für die neue sozial-liberale Koalition unter Bundeskanzler Willy Brandt (ab 1969) führte auch für die Außenkulturpolitik zu einem Umdenken, aktiv eingeleitet unter anderem durch Ralf Dahrendorf als Staatssekretär des Auswärtigen Amtes. Der Bundestag setzte eine Enquete-Kommission ein mit dem Auftrag, „Empfehlungen für eine bessere kulturelle Repräsentation der Bundesrepublik Deutschland im Ausland zu erarbeiten und dem Deutschen Bundestag vorzulegen. Dabei sind vor allem Zielsetzung, Inhalt, Organisation und Finanzierung der bisherigen auswärtigen Kulturpolitik zu überprüfen und gegebenenfalls entsprechende Reformvorschläge vorzulegen."[3] Die Kommission sollte hierbei auch

- die kulturpolitische Effizienz der deutschen Auslandsschulen und des Goethe-Instituts überprüfen,
- Vorschläge zur Unterstützung der Bildungshilfe für Entwicklungsländer machen,
- Maßnahmen zur Förderung des internationalen Wissenschaftsaustausches vorschlagen,
- Vorschläge für eine bessere Koordinierung aller in der Auswärtigen Kulturpolitik tätigen Institutionen erarbeiten,
- die Höhe der künftig erforderlichen Finanzmittel für die Auswärtige Kulturpolitik ermitteln.

Die Enquete-Kommission legte ihren Bericht im September 1975 vor und man kann aus der Rückschau sagen, dass kein Beschluss des Deutschen Bundestages die Auswärtige Kulturpolitik stärker beeinflusst und verändert hat als dieser umfassende Bericht, der mit seinen 140 Seiten auch heute noch ein ungewöhnliches Dokument ist. Er erfüllt alle Ziele, die aus der Sicht der heu-

---

2 Bundestagsdrucksache 7/4121, S. 11.
3 Bundestagsdrucksache 7/4121, S. 5.

tigen Evaluationsforschung mit einer Evaluation verbunden werden (vgl. Stockmann, 2007, S. 36 ff.):

- Er lieferte *Erkenntnisse* über die Entwicklung von Strukturen und Prozessen, Programmen, Problemen und Lösungen,
- er ermöglichte eine *Kontrolle* über die Zielerreichung der mit der Außenkulturpolitik als eines Teils der deutschen Außenpolitik verfolgten Absichten,
- er lieferte Befunde für einen *Dialog* aller Beteiligen einschließlich vieler Lernprozesse zur Weiterentwicklung der Auswärtigen Kulturpolitik,
- er *legitimierte* mit Untersuchungen und Ergebnissen die Auswärtige Kulturpolitik des Auswärtigen Amtes einschließlich der dafür eingesetzten Mittel und trug zur Weiterentwicklung der Auswärtigen Kulturpolitik bei, zum Beispiel in der sehr grundsätzlichen Frage der Verstärkung der „Zweibahnstraße" (also nicht nur einseitig Kulturexport von Deutschland ins Ausland, sondern auch Import ausländischer Kulturen nach Deutschland).

Seit dem Enquete-Bericht hat es keine auch nur entfernt vergleichbare Evaluation der Auswärtigen Kulturpolitik gegeben, obwohl die Forderungen danach stetig zugenommen haben:

- Die Bundeshaushaltsordnung verlangt seit 1970 „angemessene Wirtschaftlichkeitsuntersuchungen" für alle „finanzwirksamen Maßnahmen" (§ 7 Abs. 2 BHO). Sie werden sowohl für die Planungsphase als auch als begleitende Erfolgskontrolle für die Durchführung und als abschließende Erfolgskontrolle nach Abschluss von Maßnahmen gefordert (1.2 VV-BHO). Die Erfolgskontrollen sollen dazu dienen, „ausgehend von der Planung festzustellen, ob und in welchem Ausmaß die angestrebten Ziele erreicht wurden, ob die Maßnahmen ursächlich für die Zielerreichung waren und ob die Maßnahme wirtschaftlich war" (2.2 VV-BHO). „Die Wirtschaftlichkeitsuntersuchungen sind grundsätzlich von der Organisationseinheit durchzuführen, die mit der Maßnahme befasst ist" (2.4.1 VV-BHO).
- In einem Gutachten von 1989 prüfte der Bundesrechnungshof, inwieweit diese Erfolgskontrollen umgesetzt worden sind. Das Ergebnis war „niederschmetternd",[4] ebenso wie bei einer Fortführung der Auswertung des

---

4 Zitiert nach Stockmann, 2004, S. 31.

Bundesrechnungshofes von 1998,[5] auch für das Auswärtige Amt: „von systematischen Evaluationen interner wie auch externer Art keine Spur."

Einen Anlauf für mehr Erfolgskontrollen und Evaluationen in der Außenkulturpolitik unternahm die rot-grüne Bundesregierung von 1998 unter Außenminister Joschka Fischer. Das Auswärtige Amt legte innerhalb von knapp zwei Jahren eine neue Konzeption für die Außenkulturpolitik vor, die sogenannte Konzeption 2000.[6] Die Konzeption stellt in Abschnitt III.8 die Forderung auf, sämtliche außenkulturpolitischen Programme nach den Prinzipien Qualität, Relevanz und Nachhaltigkeit zu überprüfen (vgl. dazu Bauer, 2010, S. 94). In Abschnitt IV wird unter der Überschrift „Haushalts- und Strukturfragen" zusätzlich angekündigt, dass „durch verstärkte Einführung moderner Evaluierungsmethoden sowie Kosten-Leistungsrechnung und Controlling" eine größere „Transparenz der Wirksamkeit der AKP-Programme" erreicht werden soll und gleichzeitig die Steuerungsmöglichkeiten erhöht werden. Bauer sieht darin ein Paradigma des neuen Jahrzehnts: „Maßnahmen Auswärtiger Kulturpolitik bauen auf Kontinuität und Nachhaltigkeit der Beziehungen auf. Dies erfordert eine langfristige Planung (Steuerung) und stetige Überprüfung (Evaluierung, Controlling)" (Bauer, 2010, S. 97).

Das Auswärtige Amt nahm diese von ihm selbst aufgestellten Forderungen zunächst noch ernst und brachte einen umfassenden Nachdenkprozess über eine grundsätzliche und weitgehende Evaluation der gesamten Außenkulturpolitik in Gang. Die Mittlerorganisationen wurden aufgefordert, zur Vorbereitung einer Evaluation einen Zielkatalog ihrer eigenen Tätigkeiten zu erstellen. Dieser Katalog fiel sehr lang aus: Über 150 Ziele kamen zusammen, was nicht unbedingt eine Erleichterung für Mitarbeiter der Kulturabteilung des Auswärtigen Amtes war, die dieser grundlegenden Evaluation sowieso eher skeptisch gegenüberstanden. Dennoch wurde die Idee weiter verfolgt. In mehreren Gesprächsrunden mit den Mittlerorganisationen schälte sich folgende Planung heraus:

- Es sollte ein Schwerpunktthema umfassend evaluiert werden, und zwar die Förderung der deutschen Sprache in der Welt.
- Es sollten exemplarisch die Außenkulturbeziehungen Deutschlands zu zwei Ländern evaluiert werden, und zwar zu Ägypten und China.

---

5 A.a.O.
6 Veröffentlicht im Juli 2000. Verfügbar unter http://www.ifa.de/pdf/aa/akbp_konzeption2000.pdf [12.01.2012].

Die Mittlerorganisationen und das Auswärtige Amt hatten bereits Namenslisten möglicher Evaluatoren für diese Themen zusammengestellt, als die Widerstände innerhalb der Kulturabteilung überraschend wuchsen. Plötzlich hieß es, die Evaluationen seien zu teuer und dafür seien keine Mittel im Haushalt vorhanden. Als dann der Leiter der Kulturabteilung Albert Spiegel im Jahr 2002 Botschafter in Griechenland wurde und die Kulturabteilung verließ, wurden alle Evaluationspläne gestoppt.

Der Deutsche Bundestag hat sich erstaunlich lange nicht mit dem Thema Evaluation in der Auswärtigen Kulturpolitik befasst. Selbst in der sehr grundsätzlich angelegten Großen Anfrage von 1993 („Das Bild des vereinten Deutschlands als Kulturnation in einer sich wandelnden Welt"[7]) wurde das Thema Evaluation mit keinem Wort erwähnt. Erst nach den Ankündigungen der rot-grünen Bundesregierung in der Konzeption 2000 und dem Ausbleiben deutlicher Evaluationsinitiativen verstärkte der Bundestag den Druck auf das Auswärtige Amt. Zunächst wurden in sieben Großen Anfragen Einzelthemen der Außenkulturpolitik ausführlich abgefragt:

- im Jahr 2001 die „Verbreitung, Förderung und Vermittlung der deutschen Sprache"[8] und die „Zukunft der deutschen Sprache"[9],
- im Jahr 2002 die „Zukunft der deutschen Auslandsschulen"[10] und die „Zukunft des deutschen Auslandsrundfunks"[11],
- in den Jahren 2004 und 2007 die „Abwanderung deutscher Nachwuchswissenschaftler und akademischer Spitzenkräfte"[12] bzw. „Konsequenzen der Auswanderung Hochqualifizierter aus Deutschland"[13],
- im Jahr 2005 die „Austauschprogramme und Partnerschaften mit neuen EU-Mitgliedstaaten"[14].

Schon 2002 hatte der Bundestag in einem Beschluss die Bundesregierung aufgefordert, „zu Inhalten, Perspektiven und Schwerpunkten der Auswärtigen Kulturpolitik eine Evaluierung – auch unter Einbeziehung des Parlaments und externen Sachverstandes – vorzunehmen".[15] Die in der Geschichte der deut-

---

7   Bundestagsdrucksache 12/5064.
8   Bundestagsdrucksache 14/5835.
9   Bundestagsdrucksache 14/6659.
10 Bundestagsdrucksache 14/8106.
11 Bundestagsdrucksache 14/6954.
12 Bundestagsdrucksache 15/1824.
13 Bundestagsdrucksache 16/3210.
14 Bundestagsdrucksache 15/4090.
15 Bundestagsdrucksache 14/5799, S. 7.

schen Außenkulturpolitik ungewöhnlich große Anzahl an Anfragen dokumentierte die langsam wachsende Ungeduld des Deutschen Bundestages mit der Bundesregierung.

Im Juni 2006 folgte dann eine Große Anfrage zur Auswärtigen Kulturpolitik insgesamt.[16] Sie enthielt unter den 400 Fragen zu außenkulturpolitischen Themen auch eine ganze Reihe zum Thema Evaluation (Fragen 10 bis 19 direkt sowie weitere Fragen indirekt). Gefragt wurde nach Instrumenten, Maßnahmen, Verfahren, Gutachten, Expertisen, Tagungen, Publikationen, Umsetzungen aus Evaluationsprozessen und insgesamt danach, wann „eine umfassende Bestandsaufnahme zur AKP" vorgelegt werde. In ihrer Antwort im Januar 2007[17] zog sich die Bundesregierung erneut auf die Position zurück, dass Zielvereinbarungen mit den Mittlerorganisationen, Evaluationen durch die Mittlerorganisationen selbst und Auswertungsgespräche mit den Mittlern die Vorgaben der Konzeption 2000 erfüllen würden. In diesem Zusammenhang verwies die Bundesregierung auf 140 „umfassendere Gutachten" der Mittlerorganisationen seit 1998, in denen Teile ihrer Arbeit evaluiert worden seien.[18]

Der vom Institut für Auslandsbeziehungen (ifa) gegründete „Wissenschaftliche Initiativkreis Kultur und Außenpolitik (WIKA)" hatte überdies zwischen der Großen Anfrage und der Antwort der Bundesregierung gemeinsam mit dem Centrum für Evaluation der Universität des Saarlandes einen Workshop zum Thema „Evaluation in der Auswärtigen Kulturpolitik" veranstaltet,[19] der direkt danach unter dem Dach der Gesellschaft für Evaluation (DeGEval) zur Gründung eines neuen Arbeitskreises Evaluation von Kultur und Kulturpolitik geführt und das Auswärtige Amt veranlasst hatte, Mitglied der DeGEval zu werden. Hierauf wurde in der Antwort der Bundesregierung an den Bundestag natürlich verwiesen.[20]

Die Fraktion der Grünen nahm die Antwort der Bundesregierung zum Anlass, dem Bundestag im Oktober 2007 einen Antrag zur „Neujustierung der Auswärtigen Kulturpolitik" vorzulegen, in dem die mangelhafte Umsetzung früherer Evaluationsversprechen der Regierung kritisiert und erneut eine umfassende Evaluation gefordert wurde: „Die wissenschaftlich begleitete Evalua-

---

16 Bundestagsdrucksache 16/2233.
17 Bundestagsdrucksache 16/4024.
18 A.a.O., S. 12.
19 Am 16. und 17. Juni 2006, vgl. http://www.ifa.de/info/forschung-und-lehre/wika/tagungen/ [12.01.2012].
20 Bundestagsdrucksache 16/4024, S. 11.

tion der Außenkulturpolitik ist eine zentrale Voraussetzung für wirksame Reformen und Verbesserungen".[21] Die Bundestagsabgeordnete Uschi Eid forderte auf einer gleichzeitig mit der Veröffentlichung des Antrages angesetzten Pressekonferenz einen Evaluationsansatz wie in den Siebzigerjahren: „Nach 30 Jahren ist die erneute Einsetzung einer Enquete-Kommission des Deutschen Bundestages nötig, um eine umfassende Analyse der neuen Herausforderungen und Aufgaben der AKBP vorzunehmen. Nur eine konzeptionelle Neujustierung kann die Außenkulturpolitik effizient gestalten, ihre Bedeutung und Reichweite erhöhen und ihre Rolle als fester Bestandteil der Außenpolitik stärken."[22]

Knapp fünf Jahre später, im Mai 2012, stellte die Fraktion der SPD eine Große Anfrage zum „Paradigmenwechsel im Konzept zur Auswärtigen Kultur- und Bildungspolitik des Auswärtigen Amtes vom September 2011"[23] und spezifizierte in drei der 127 Einzelfragen auch das Thema Evaluation. So wollte die Fraktion u.a. wissen, ob es „Überlegungen zu einer umfassenden Evaluation der Auswärtigen Kultur- und Bildungspolitik" gebe,[24] ob die Deutschlandjahre in zahlreichen Ländern „hinsichtlich ihrer Effizienz des Mitteleinsatzes, Nachhaltigkeit oder Erreichen des Zielpublikums" evaluiert worden seien[25] und nach welchen Kriterien die Bundesregierung den Erfolg ihrer Außenkulturpolitik bemesse.[26] Die Antwort der Bundesregierung stand bei Drucklegung dieses Buches noch aus.

Einigermaßen erstaunlich ist, dass all diese Aktivitäten und Initiativen des Bundestages keine Auswirkungen auf die Grundeinstellung des Auswärtigen Amtes zu Evaluationen hatten. Einzig sichtbare Konsequenz war die Einsetzung eines Evaluationsbeauftragten. Er vertritt das Auswärtige Amt regelmäßig auch bei Veranstaltungen der DeGEval.

Die ifa-Initiative gemeinsam mit der Universität des Saarlandes, unter dem Dach der DeGEval einen neuen Arbeitskreis zu gründen, kam offenbar genau zum richtigen Zeitpunkt. Das Auswärtige Amt wie auch verschiedene Mittlerorganisationen nutzten die neue Struktur für weitere Diskussionen und Workshops, so beispielsweise im Rahmen der DeGEval-Jahrestagung im September 2010 in Luxemburg zu der Frage, ob und wie man die Evaluati-

---

21 Bundestagsdrucksache 16/6604, S. 4.
22 Pressemitteilung Nr. 1124 der Bundestagsfraktion Bündnis 90/Die Grünen vom 17.10.2007.
23 Bundestagsdrucksache 17/9839.
24 A.a.O., Frage 15.
25 A.a.O., Frage 27.
26 A.a.O., Frage 42.

onskriterien des Development Assistant Committee (DAC) auf Evaluationen in der Auswärtigen Kulturpolitik anwenden könne. Die Wissenschaftlerin Vera Hennefeld, Bereichsleiterin am Centrum für Evaluation der Universität des Saarlandes und Sprecherin des Arbeitskreises, konstatierte die Notwendigkeit für eine „AKBP-bezogene Interpretation" der Kriterien, dennoch aber viele Lern- und Profit-Möglichkeiten in der Evaluation von Auswärtiger Kulturpolitik. Simone Burkhart vom Deutschen Akademischen Austauschdienst sah ebenfalls viele Überschneidungen und Anwendbarkeiten, kritisierte jedoch das „komplizierte Analyseraster" des DAC. Eine Anpassung an die Denkweise und Frageart der Auswärtigen Kulturpolitik sei unerlässlich.[27]

Im September 2011 beschäftigte sich der Arbeitskreis Kultur und Kulturpolitik der DeGEval mit dem Thema „Partizipative Evaluation", bei dem es darum ging, eine Mischform aus externer und interner Evaluation zu entwickeln. Bei diesem Modell wird ein externer Evaluator gefunden, der eigene Mitarbeiter einer Organisation oder Institution bei der Durchführung eines Evaluationsverfahrens anleitet und unterstützt. Auch an diesem Workshop nahm ein Vertreter des Auswärtigen Amtes teil.[28]

Auffällig ist, dass das Auswärtige Amt trotz seines Engagements in der DeGEval in den Leitlinien für seine Außenkulturpolitik, die es im September 2011 unter dem Titel „Auswärtige Kultur- und Bildungspolitik in Zeiten der Globalisierung – Partner gewinnen, Werte vermitteln, Interessen vertreten"[29] vorgelegt hat, die Evaluation lediglich indirekt erwähnt und keine Selbstverpflichtung mehr eingeht. So heißt es unter „konkrete Schritte" (zur Erreichung der vorher ausgeführten Ziele) nur noch, dass die Mittel „effizient und wirksam" eingesetzt werden sollen.[30] Wenige Seiten später wird als ein auszubauender Schwerpunkt gefordert, „die bisherigen Strukturen und Programme mit

---

27 Zu der Tagung siehe: http://www.degeval.de/veranstaltungen/jahrestagungen/lux emburg-2010/dokumentation/block-c/item/1043-c-4---zur-anwendung-der-dac-kriterien-in-der-auswärtigen-kultur-und-bildungspolitik-akbp---herausforderun gen-und-chancen [12.01.2012]; zu den DAC–Kriterien vgl. http://www.bmz .de/de/zentrales_downloadarchiv/erfolg_und_kontrolle/evaluierungskriterien.pdf [12.01.2012].
28 Vgl. http://www.degeval.de/veranstaltungen/jahrestagungen/linz-2011/dokumen tation/item/641 [12.1.2012].
29 http://www.auswaertiges-amt.de/cae/servlet/contentblob/595030/publicationFile/ 158155/AKBP-Konzeption-2011.pdf [12.1.2012].
30 A.a.O., S. 8.

Blick auf ihre Relevanz auf den Prüfstand zu stellen, Mittel zugunsten prioritärer Themen umzuschichten und allgemein die Effizienz zu erhöhen".[31]

Im März 2012 hat ein neues, vom Bundesministerium für wirtschaftliche Zusammenarbeit und Entwicklung (BMZ) initiiertes und finanziertes „Institut für deutsche Entwicklungsevaluierung" in Bonn seine Tätigkeit aufgenommen. Es soll – mit 38 Mitarbeitern – die Entwicklungszusammenarbeit unabhängig und systematisch evaluieren. In der Politik wie in der Literatur wird dies seit längerem gefordert (vgl. z.B. Seitz, 2011, S. 183 f. und den Beitrag von Stockmann, 2012, über die Vorgeschichte). In der Begründung zum Bedarf für ein solches Institut wird u.a. darauf hingewiesen, dass das deutsche System der Erfolgsbewertung der Entwicklungszusammenarbeit bisher stark auf einzelne Durchführungs- und Förderorganisationen ausgerichtet sei. „Es bedarf daher einer deutlich verstärkten, unabhängigen und externen Gesamtsicht ..."[32] Für das Auswärtige Amt wird dieses neue Institut zweifellos zu einem interessanten Präzedenzfall.

Zwischenfazit

Bei der Beobachtung der letzten zehn Jahre fällt auf, dass die Evaluation einerseits zu einem deutlich wichtigeren Thema der Auswärtigen Kulturpolitik geworden ist und die Mittlerorganisationen ihre „Hausaufgaben" – auch im eigenen Interesse – aktiv angegangen sind. Auf der anderen Seite ist doch erstaunlich, dass das Auswärtige Amt sich eher als „Evaluationsvermeider" denn als „Evaluationsunterstützer" erwiesen hat.

Andere Länder haben dem Auswärtigen Amt erfolgreich demonstriert, dass der Einsatz von Evaluation für die Weiterentwicklung der Auswärtigen Kulturpolitik eine Selbstverständlichkeit ist, so z.B. Großbritannien. Der British Council hat sich schon vor vielen Jahren eine unabhängige Arbeitseinheit geschaffen, die eine Gesamtevaluation der Tätigkeiten des British Council verwirklicht hat. Sie führte zur „Strategie 2010" und zum „Corporate Plan 2006–2008", mit denen die britische Außenkulturpolitik auf eine völlig neue Grundlage gestellt wurde (vgl. Maaß, 2009, S. 373; Maaß, 2011, S. 597).

Wie unnötig die Zurückhaltung des Auswärtigen Amtes gegenüber einer umfassenden Evaluation Auswärtiger Kulturpolitik ist, soll der zweite Teil

---

31 A.a.O., S. 13.
32 http://www.evaluierungsinstitut.de/Info-Evaluierungsinstitut_2_12_2011.pdf [8.10.2012].

zeigen, in dem auf die Praxis der Evaluation in Deutschland eingegangen und die Frage beantwortet werden soll, was von wem wie evaluiert werden kann und was davon auf die Auswärtige Kulturpolitik anwendbar ist.

Teil II: Praktische Ansätze

Außenkulturpolitik arbeitet langfristig. Deshalb, so wird in Diskussionen oft eingewendet, lässt sich das Erreichen ihrer Ziele oder die Wirksamkeit ihrer Programme nur sehr schwer evaluieren. Ist das wirklich so?

Was kann man überhaupt erreichen mit einer Evaluation? Evaluationen, so lässt sich eine gängige Definition der Wissenschaft auf die Auswärtige Kulturpolitik umformulieren, sollen den Wert oder den Verdienst eines Programmes oder einer Maßnahme der Auswärtigen Kulturpolitik für die damit in der Außenpolitik verfolgten Ziele ermitteln und Unsicherheiten in den weiteren Entscheidungsprozessen über Auswärtige Kulturpolitik reduzieren.[33] Evaluationen sollen vor allem transparent machen, welche Möglichkeiten zu Entscheidungen überhaupt bestehen (vgl. Lee, 2004, S. 141). Zugleich wird mit einer Evaluation die Legitimation außenkulturpolitischen Handelns des Auswärtigen Amtes und seiner Partner gegenüber Geldgebern und Unterstützern verstärkt und die Grundlage für taktische und strategische Veränderungen gelegt (nach Stockmann, 2010, S. 17 ff.). Dabei kann man von den bislang entwickelten Evaluationstheorien her wahlweise von verschiedenen Paradigmen ausgehen (vgl. Lee, 2004, S. 151):

- Es gibt nur eine Realität, die man evaluiert. Sie ist objektiv und neutral mit naturwissenschaftlichen Methoden zu überprüfen (positivistischer/postpositivistischer Ansatz).
- Es gibt multiple Realitäten mit sehr unterschiedlichen Einflüssen auf soziale, politische und kulturelle Kontexte, die berücksichtigt und transparent gemacht werden müssen und pluralistische, alle mit Evaluationsprozessen beteiligte Kräfte einbeziehende Methoden erfordern (transformativer/emanzipativer Ansatz).
- Es gibt keine „objektive" Realität, sondern immer nur eine von vielen Einflüssen, Befangenheiten und Einstellungen vordefinierte Realität, die dann Gegenstand der Evaluation mit naturalistischen, qualitativen und narrativen Methoden ist (interpretativer/konstruktiver Ansatz).

---

33 Nach Donna Mertens, vgl. Lee, 2004, S. 137.

Keines dieser Paradigmen und keine der zugrundeliegenden Überlegungen schließt eine Anwendung auf außenkulturpolitische Evaluationen aus, wobei der positivistische Ansatz angesichts der am Kulturaustausch und am interkulturellen Dialog beteiligten ganz unterschiedlichen Kulturen eher nicht anwendbar erscheint. Die zwischenstaatliche Realität, wie sie sich Diplomaten und Kulturaustauschexperten darstellt, wird im Zweifel eher den Vorstellungen von multiplen Realitäten bzw. den im dritten Spiegelstrich beschriebenen Realitäten entsprechen.

Was nun kann man außenkulturpolitisch evaluieren? Die Konzeption 2000 hat es erstaunlich knapp und präzise auf den Punkt gebracht: „Sämtliche Programme der Auswärtigen Kulturpolitik sind auf Qualität, Relevanz und Nachhaltigkeit zu überprüfen. Qualität ist grundsätzlich der Vorzug vor Quantität zu geben."[34]

Sämtliche Programme – das sind also alle mit öffentlichen Mitteln geförderten Vorhaben der Auswärtigen Kulturpolitik (vgl. hierzu Maaß, 2009, S. 12 f.):

- zur Förderung der deutschen Sprache (Deutsch als Fremdsprache in Schulen im Ausland, Nutzung von Deutsch als internationaler Wissenschafts- oder Mediensprache, Deutsch als Sprache der Diplomatie in internationalen Organisationen),
- zur kulturellen Programmarbeit im Ausland,
- zum akademischen und wissenschaftlichen internationalen Austausch, zur Internationalität des deutschen Hochschulwesens, zur internationalen Qualifizierung deutschen wissenschaftlichen Nachwuchses,
- zur Mitfinanzierung deutscher Schulen im Ausland,
- zur Formung und Verbesserung des Deutschlandbildes im Ausland,
- zur Prävention von Krisen und Konflikten, auch durch die Verstärkung des interkulturellen Dialogs,
- zur Nutzung der Medien, vor allem auch zur Unterstützung des Auslandsfernsehens im internationalen Wettbewerb um die Deutungsmacht in internationalen Nachrichten.

Dabei können sehr unterschiedliche Gegenstände evaluiert werden: die künstlerische Seite, das Management, die Prozesse, die Maßnahmen, der Umgang mit Ressourcen, die interne und externe Kommunikation (vgl. Birnkraut, 2011, S. 8 f.). Baecker (2008, S. 104) nennt die Stichworte Kunst, Organisati-

---

34 Siehe Fußnote 4, dort Abschnitt III. 8.

on, Finanzierung, Kultur und Gesellschaft sowie zusätzlich die „unmarkierte Außenseite". Aus diesem Modell entwickelt er ein „Datenuniversum" mit einer Kombination aus Konstanten und Variablen. Darauf wird weiter unten noch eingegangen.

Kommen wir auf die Vorgaben der Konzeption 2000 zurück: Qualität, Relevanz, Nachhaltigkeit. Die *Qualität* eines Programmes zu evaluieren setzt voraus, eine klare Vorstellung davon zu haben, was man prüfen will: Wie beurteilt man die Güte oder den Wert eines Programms? Dies kann vom Auswärtigen Amt für jedes Thema definiert bzw. von einem Evaluator in Vorgesprächen mit dem Auswärtigen Amt herausgearbeitet werden. Wichtig ist, dass hierüber vor einer Evaluation Klarheit geschaffen wird. Sowohl diese Feststellungen wie auch ihre Einflüsse auf bestimmte Fragen und Methoden und damit auf die Evaluationsergebnisse müssen deutlich gemacht werden (vgl. Lee, 2004, S. 154, 156 f.).

Was ist eine qualitativ gute und erfolgreiche Sprachenpolitik? Welche Art von Programmarbeit wird als qualitativ hochstehend und auch genau in dieser Form als sinnvoll und gewünscht angesehen? Wonach bemisst sich die Qualität eines Studentenaustausches, wonach die einer deutschen Auslandsschule? Welche Qualität sollte das Deutschlandbild in welcher Region haben? Was zeichnet den Wert eines interkulturellen Dialogs aus? Wann geht das Auswärtige Amt von einer gelungenen Qualität der Arbeit der Deutschen Welle aus? Das sind alles Fragen, die in einer Evaluation beantwortet werden können.

Dasselbe gilt für die *Relevanz* der Außenkulturarbeit. Was an wichtigen und für das Auswärtige Amt erheblichen Ergebnissen aus der Förderung entstehen soll, kann klar definiert werden: Zum Beispiel die Zahl der Deutschsprechenden in zehn Jahren um ein Drittel zu erhöhen; die Kenntnisse im Ausland von der Entwicklung der zeitgenössischen deutschen Literatur oder des deutschen Films so zu verbessern, dass die Nachfrage nach Lizenzen und Aufführungsrechten steigt; die Kenntnisse im Ausland über deutsche aktuelle Forschungsergebnisse zu verbessern und die Zahl der Zitationen spürbar zu erhöhen; mehr junge ausländische Absolventen deutscher Auslandsschulen für ein Studium in Deutschland zu gewinnen; die ausländische Presseberichterstattung über Deutschland objektiver und informierter zu machen; Konflikte zu entschärfen, um Krisen gar nicht erst ausbrechen zu lassen oder ihr Wiederaufflackern zu verhindern. Auch hier gilt: Relevant ist das, was das Auswärtige Amt als Finanzier der Außenkulturpolitik dafür hält. Das lässt sich –

eventuell im Dreieck Auswärtiges Amt, Mittlerorganisationen, Evaluator – für jedes Thema klären.

Etwas schwieriger ist möglicherweise die Frage nach der *Nachhaltigkeit* zu beantworten: Was wird als eine länger stark anhaltende Wirkung angesehen? Was wird angestrebt? Auch hier sind Vorfestlegungen vor einer Evaluation nötig, um die Frage „Erfolg/Nichterfolg" als Ergebnis beantworten zu können. Wie hat sich beispielsweise das Bild vom Gastland während eines Auslandsaufenthaltes verändert? Wie multipliziert sich dieses veränderte Bild in das allgemeine Bild von diesem Gastland nach Rückkehr vom Austausch ins Heimatland? Wie lange hält das Bild an, wie lange lassen sich Wirkungen nachweisen? Bringen die sehr aufwändigen und personal- wie kostenintensiven Deutschlandjahre in bestimmten Ländern einen nachhaltigen Nutzen? Das sind Fragen, die in der Austauschforschung seit langem untersucht worden sind und die auch im Rahmen von Evaluationen zu spezifischen Austauschprogrammen der Auswärtigen Kulturpolitik möglich, sinnvoll und beantwortbar sind.[35]

Damit kommen wir zur nächsten Frage: Wie kann man Auswärtige Kulturpolitik evaluieren? Wichtigste Voraussetzung für jede Art von Evaluation ist das Vorhandensein klar definierter Ziele. Hierauf wird Reinhard Stockmann im nächsten Kapitel dieses Bandes näher eingehen. Eine Priorisierung ist unerlässlich. Die vor einer Dekade angestoßenen und später gescheiterten Evaluationen des Auswärtigen Amtes hatten zunächst zu einer Sammelliste von 150 Zielen geführt – das waren natürlich zu viele. Inzwischen werden jährlich zwischen dem Auswärtigen Amt und den Mittlerorganisationen Zielvereinbarungen diskutiert und beschlossen, so dass an klar definierten Zielen kein Zweifel mehr bestehen kann.

Eine Grundsatzentscheidung ist, ob eine Evaluation mit internen Mitteln oder mit externer Hilfe gemacht werden soll. Hier gibt es mehrere (auch Misch-)Möglichkeiten. Sie sind vom Grundsatz her gleichwertig, müssen aber bei jeder Evaluationsentscheidung abgewogen und entschieden werden (vgl. hierzu Stockmann, 2007, S. 61–63; Birnkraut, 2011, S. 40–42). Eine weitere wichtige Vorentscheidung ist, ob eine Evaluation

- während eines Projektes oder Prozesses stattfinden soll, also begleitend (formative Evaluation – sie bietet sich in der Auswärtigen Kulturpolitik eher bei langfristig laufenden Förderungen an) oder

---

35   Vgl. als eines der jüngsten Beispiele die Dissertation von Heil, 2011.

- nach Abschluss zur Prüfung der Ergebnisse (summative Evaluation) eingesetzt werden soll – dies kann zum Beispiel sinnvoll sein, um den Erfolg eines Deutschlandjahres, einer Ausstellung, einer Konzertreihe, einer Buchmesse oder ähnlichem in einem bestimmten Land zu ergründen (vgl. Birnkraut, 2011, S. 42–44).

Eine Vorabevaluation käme in der Auswärtigen Kulturpolitik nur infrage, um ein neues Konzept oder eine Programmplanung zu prüfen, bevor sie verwirklicht wird. Dieses Vorgehen ist in der AKP-Wirklichkeit eher selten und hat dann die Form einer Feasibility Study oder einer Untersuchung zu Institutionen in einem Land, die als mögliche Kooperationspartner für ein deutsches außenkulturpolitisches Projekt infrage kommen (hier wird neuerdings das Stichwort „Mapping" benutzt: mögliche Partnerorganisationen in einem Land für ein geplantes Kulturprojekt herausfinden).

In der praktischen Evaluation kann mit quantitativen oder qualitativen Kennzahlen gearbeitet werden. Quantitative Kennzahlen (Indikatoren) in der Auswärtigen Kulturpolitik können beispielsweise sein:[36]

- Zahl der Besucher einer Ausstellung, eines Konzertes, einer Aufführung, einer Lesung, Zahl der Schüler in Deutschkursen, Zahl der Übersetzungen aus der deutschen Sprache in eine andere Sprache, Zahl der Buchlizenzen deutscher Neuerscheinungen für Publikationen im Ausland;
- Frequenz wiederholter Besuche: Wie oft kommen die Besucher wieder?
- Wie oft wird die Website des Auswärtigen Amtes/des German Information Center im Ausland/der Deutschen Botschaft im Ausland besucht, wie viele Seiten werden angeschaut, wie viele schauen sich auch Kulturseiten an usw.
- Zahl der Absolventen deutscher Schulen im Ausland, die in Deutschland studieren;
- Zahl der Bewerbungen aus einem bestimmten Land für ein Studienstipendium in Deutschland;
- Zahl der Artikel über Deutschland und deutsche Positionen in der internationalen Politik in nationalen Zeitungen und Zeitschriften eines bestimmten Landes;
- Zahl der Rezensionen deutscher Bücher in einem Land in einem Jahr;

---

36 Vgl. die allgemeine Auflistung von Birnkraut, 2011, S. 65 ff.

- Zahl der Artikel oder redaktionellen Beiträge oder Fernsehbeiträge über deutsche Künstler, Filme, Musiker, Literaten, Architekten und ähnliches (das können auch Interviews sein oder Beiträge aus deutscher Feder).

Qualitative Indikatoren können zum Beispiel betreffen:

- Motivation der Besucher, die zu Veranstaltungen kommen;
- Zufriedenheit der Besucher;
- Bewertung von Kooperationsnetzwerken in der täglichen außenkulturpolitischen Arbeit im Ausland;
- Inhaltliche Bewertung der Presseresonanz auf Veranstaltungen im Ausland;
- Imageuntersuchungen: Welches Bild von Deutschland besteht? Wie verändert es sich in einem bestimmten Zeitraum?
- Zufriedenheit ausländischer Studierender und Wissenschaftler nach einem Deutschlandaufenthalt, Auswirkungen des Aufenthaltes auf die Karriere und die Publikationstätigkeit.

Baecker (2008, S. 105ff.) entwickelt nach seinem Modell fünf Indikatoren (Variablen), deren Werte er ermittelt und dokumentiert, und zwar Kritiken, Rückkoppelungen, Quellen, Referenzen und Resonanzen. Angewendet auf die Auswärtige Kulturpolitik lassen sich diese Indikatoren wie folgt beschreiben:

- *Kritiken* betreffen die Kunst: „Sie bilden ab, ob und wie der künstlerische Wert eines kulturellen Projekts in der einschlägigen Kunstszene wahrgenommen wird" (a.a.O., S. 106) – also im Gastland eines außenkulturpolitischen Projektes. In einem weiteren Sinne ist damit auch der Einfluss auf den Kunstdiskurs insgesamt gemeint. Notwendig wäre hierfür eine quantitative und qualitative Auswertung der nationalen Feuilletons, der Fachpresse sowie von entsprechenden Radio-, Fernseh- und Internetbeiträgen.
- *Rückkoppelungen* (a.a.O., S. 106 f.) beziehen sich auf die Organisation: Qualität des Managements, Auswertung und Umsetzung von Rückmeldungen aus dem Projekt selbst. Notwendig zur Erhebung wären Interviews mit einem oder mehreren Projektverantwortlichen.
- Mit *Quellen* sind Finanzierungsfragen gemeint (a.a.O., S. 107): Welche Förderer und Sponsoren konnten zusätzlich zur Grundfinanzierung aus dem Auswärtigen Amt gewonnen werden? Dies ergäbe sich aus Interviews mit Projektverantwortlichen.
- *Referenzen* zielen auf die Kultur (a.a.O., S. 108): Wie ist der Zusammenhang mit anderen kulturellen Projekten vor Ort, welche komplementären

und konkurrierenden Projekte gibt es (u.U. auch aus der außenkulturpolitischen Aktivität eines anderen Staates im selben Gastland). Baecker sieht beispielsweise pragmatisch Belege für eine Orientierung in Netzwerken in der Existenz und Pflege sowie im möglichen Ausbau von Kooperationspartnern. Dies könnte quantitativ oder qualitativ ermittelt werden.
- *Resonanzen* meint die gesellschaftliche Bedeutung und Reichweite eines Projekts (a.a.O., S. 108f.): Gab es gesellschaftliche Reaktionen auf das Projekt, „einen Streit in der Öffentlichkeit, eine Parlamentsdebatte, eine Auseinandersetzung mit dem Projekt in Kindergärten, Schulen und Universitäten, besorgte oder begeisterte Anfragen von Kirchenvertretern, wissenschaftliche Anschlussprojekte, technische Innovationen oder wirtschaftliche Kommerzialisierungen"? Dies müsste vor Ort lokal, regional und national gesammelt werden.

Man mag gegen Baecker einwenden, dass sein Ansatz, den er selbst als eine „konstruktivistische Methodologie der Evaluation kultureller Projekte" bezeichnet, recht aufwändig sein kann. Eingebaut in die Routine von außenkulturpolitischen Projekten ließe sich der Aufwand aber doch überschaubar machen.

Dies sind alles nur Beispiele, die zeigen sollen, dass es für eine Evaluation der Außenkulturpolitik sehr vielfältige Ansätze gibt und damit Grundlagen geliefert werden können für einen Soll-Ist-Vergleich aus der Sicht des Außenkulturpolitikers, des Deutschen Bundestages oder des Bundesrechnungshofes.

Fazit

Alles in der Auswärtigen Kulturpolitik ist evaluierbar. Nicht auswertbare Themen oder Fördermaßnahmen sind nicht ersichtlich. Das Instrumentarium, das die Evaluationsforschung bis heute entwickelt hat, ist vielseitig und in allen seinen Teilen auch in der Auswärtigen Kulturpolitik einsetzbar. Aus evaluationstheoretischer und -praktischer Sicht gibt es keinen Grund, für Teile außenkulturpolitischen Handelns wie auch für die Auswärtige Kulturpolitik insgesamt die Möglichkeit einer Evaluation auszuschließen.

Die Außenkulturpolitik könnte umfassend davon profitieren, wie die Erfahrungen mit der Enquete-Kommission des Deutschen Bundestages aus den Siebzigerjahren beweisen. Aus der Rückschau lässt sich sagen, dass die Stellung der Außenkulturpolitik in der Außenpolitik nie wieder so stark gewesen ist wie nach dem Enquete-Bericht und den damit verbundenen politischen

Diskussionen. Die Publikation „Internationale Kulturbeziehungen – Brücke über Grenzen" (Danckwortt, 1980) legt davon ein beredtes Zeugnis ab. Im weltweiten außenpolitischen Wettbewerb ist die Rolle der Kultur wichtiger denn je. Es wäre äußerst wünschenswert zu erfahren, ob Deutschland in diesem Wettbewerb mit seiner Auswärtigen Kulturpolitik nach wie vor in allen ihren Facetten richtig aufgestellt ist. Beantworten lässt sich diese Frage allerdings nur mit einer umfassenden Evaluation.

Literatur

Auswärtiges Amt. (2011). *Auswärtige Kultur- und Bildungspolitik in Zeiten der Globalisierung – Partner gewinnen, Werte vermitteln, Interessen vertreten.* Verfügbar unter: *http://www.auswaertiges-amt.de/cae/servlet/contentblob/ 595030/publicationFile/158155/AKBP-Konzeption-2011.pdf* [12.1.2012].
Baecker, D. (2008). Zur Evaluation kultureller Projekte. In: Zeitschrift für Evaluation, 7(1), S. 97–111
Bauer, G. U. (2010). Auswärtige Kulturpolitik als Handlungsfeld und „Lebenselixier". München: Iudicium Verlag.
Birnkraut, G. (2011). Evaluation im Kulturbetrieb. Wiesbaden: VS Verlag für Sozialwissenschaften.
Bundeshaushaltsordnung. Verfügbar unter: http://www.gesetze-im-internet.de/bho/ [27.3.2012].
Bundeshaushaltsordnung. Allgemeine Verwaltungsvorschriften. Verfügbar unter: http://www.verwaltungsvorschriften-im-internet.de/bsvwvbund_14032001_II.htm [27.03.2012].
Haushaltplan 2010. Verfügbar unter http://www.bundesfinanzministerium.de/ bundeshaushalt2010/pdf/epl05.pdf [25.1.2012].
Danckwortt, D. (Hrsg.). (1980). Internationale Kulturbeziehungen. Brücke über Grenzen. Symposium 80. Baden-Baden: Nomos.

Deutscher Bundestag.
(2004). *Abwanderung deutscher Nachwuchswissenschaftler und akademischer Spitzenkräfte.* Bundestagsdrucksache 15/1824.
(2005). *Austauschprogramme und Partnerschaften mit neuen EU-Mitgliedstaaten.* Bundestagsdrucksache 15/4090.
(2006). *Auswärtige Kulturpolitik.* Bundestagsdrucksache 16/2233.
(2007b). *Auswärtige Kulturpolitik. Antwort der Bundesregierung.* Bundestagsdrucksache 16/4024.
(2001). *Auswärtige Kulturpolitik für das 21. Jahrhundert.* Bundestagsdrucksache 14/5799.
(1975). *Bericht der Enquete-Kommission Auswärtige Kulturpolitik.* Bundestagsdrucksache 7/4121.

(1993). *Das Bild des vereinten Deutschlands als Kulturnation in einer sich wandelnden Welt*. Bundestagsdrucksache 12/5064.
(2007a). *Konsequenzen der Auswanderung Hochqualifizierter aus Deutschland*. Bundestagsdrucksache 16/3210.
(2007c). *Neujustierung der Auswärtigen Kulturpolitik*. Bundestagsdrucksache 16/6604.
(2012). *Paradigmenwechsel im Konzept zur Auswärtigen Kultur- und Bildungspolitik des Auswärtigen Amtes vom September 2011*. Bundestagsdrucksache 17/9839.
(2001a). *Verbreitung, Förderung und Vermittlung der deutschen Sprache*. Bundestagsdrucksache 14/5835.
(2002a). *Zukunft der deutschen Auslandsschulen*. Bundestagsdrucksache 14/8106.
(2001b). *Zukunft der deutschen Sprache*. Bundestagsdrucksache 14/6659.
(2002b). *Zukunft des deutschen Auslandsrundfunks*. Bundestagsdrucksache 14/6954.

Heil, S. (2011). *Young Ambassadors. Youth Exchange and the Special Relationship between Germany and the state of Israel*. Baden-Baden: Nomos.
Konzeption 2000. Veröffentlicht im Juli 2000. Verfügbar unter: http://www.ifa.de/pdf/aa/akbp_konzeption2000.pdf [12.01.2012].
Lee, B. (2004). Theories of Evaluation. In: Reinhard Stockmann (Hrsg.), *Evaluationsforschung. Grundlagen und ausgewählte Forschungsfelder* (S. 135–173), (2. überarbeitete und aktualisierte Aufl.). Opladen: Leske + Budrich.
Maaß, K.-J. (Hrsg.). (2009). *Kultur und Außenpolitik. Handbuch für Studium und Praxis* (2. vollständig überarbeitete und erweiterte Aufl.). Baden-Baden: Nomos.
Maaß, K.-J. (2011). Aktuelle Herausforderungen der Auswärtigen Kulturpolitik. In: Thomas Jäger, Alexander Höse & Kai Oppermann (Hrsg.), *Deutsche Außenpolitik* (S. 584–602), (2. aktualisierte und erweiterte Aufl.). Wiesbaden: VS Verlag für Sozialwissenschaften.
Perrot, A.-C. & Wodiunig, T. (2008). *Evaluieren in der Kultur: warum, was, wann und wie? Ein Leitfaden für die Evaluation von kulturellen Projekten, Programmen, Strategien und Institutionen*. Zürich: Migros-Kulturprozent und Schweizer Kulturstiftung Pro Helvetia.
Pressemitteilung Nr. 1124 der Bundestagsfraktion Bündnis 90/Die Grünen vom 17.10.2007.
Seitz, V. (2011). *Afrika wird armregiert oder Wie man Afrika wirklich helfen kann* (2. aktualisierte und erweiterte Aufl.). München: Deutscher Taschenbuch Verlag.
Stockmann, R. (Hrsg.). (2004). *Evaluationsforschung. Grundlagen und ausgewählte Forschungsfelder* (2. überarbeitete und aktualisierte Auflage). Opladen: Leske + Budrich.
Stockmann, R. (Hrsg.). (2007). *Handbuch zur Evaluation. Eine praktische Handlungsanleitung*. Münster/New York/München/Berlin: Waxmann.
Stockmann, R. (2010). *Evaluation. Eine Einführung*. Opladen/Farmington Hills: Barbara Budrich.
Stockmann, R. (2012). Von der Idee zur Institution. Institut für deutsche Entwicklungsevaluierung gegründet. In: *Zeitschrift für Evaluation*, 11 (1), S. 85–93.

Zur Methodik von Evaluationen in der Kultur und Kulturpolitik

Reinhard Stockmann

Zusammenfassung

Nachdem die Evaluation von Kultur und Kulturpolitik viele Jahre ein Schattendasein geführt hat, ist der Bann nun gebrochen. Angesichts knapper finanzieller Ressourcen und einem großen kommerziellen, nicht subventionierten Kulturangebot, wird die Frage nach der Relevanz, Effizienz, Effektivität und Wirksamkeit der innerdeutschen Kulturförderung und der auswärtigen Kultur- und Bildungspolitik mit großem Nachdruck von Politik, aber auch Zivilgesellschaft gestellt. In diesem Beitrag wird zunächst darauf eingegangen, welche Voraussetzungen in der Programmgestaltung notwendig sind, um evidenzbasierte Managemententscheidungen treffen zu können. Anschließend wird dargestellt, welche Ziele und Aufgaben Evaluation mit welchen Formaten erfüllen kann und wie die Qualität von Evaluationen sichergestellt werden kann.

1. Evaluation hat sich durchgesetzt

Bis vor wenigen Jahren galten Kultur und (auswärtige) Kulturpolitik noch als die letzten Refugien, die sich mit Erfolg gegen jede Art von Evaluation zu verteidigen wussten. Kunst und Kultur wurden durch das Credo der künstlerischen Freiheit immunisiert und als „unevaluierbar" deklariert und auf diese Weise einer evidenzbasierten Steuerung entzogen. Dass diese Abschottung über Jahrzehnte so gut funktionierte, ist eigentlich erstaunlich, da Kunst und Kultur immer schon der Kritik und Bewertung durch andere Künstler und Kulturschaffende, aber auch durch professionelle Kritiker ausgesetzt waren. Doch Evaluation will sich auch gar nicht in diese Form der Bewertung einmischen, sondern zielt vielmehr auf die Prozesse wie Kultur und Kulturpolitik organisiert werden und die Wirkungen die dadurch entstehen.

Erst angesichts knapper werdender finanzieller staatlicher Ressourcen hatten die Fragen, welche Ziele mit Kulturförderung und (auswärtiger) Kulturpolitik angestrebt werden, ob diese von gesellschaftlicher Relevanz sind, ob sie effizient und effektiv erreicht werden und ob sie wirkungsvoll und nachhaltig sind, eine Chance, öffentlich diskutiert zu werden. Der hohe Wert der künstlerischen Freiheit wurde mit der gesellschaftlichen Realität knapper finanzieller Ressourcen konfrontiert. Dies bedeutete, dass genauer und überzeugender als vorher begründet werden musste, was, warum und wie lange gefördert werden sollte. Mit einer solchen Auswahlentscheidung sind die Formulierung von Zielen und die Benennung von Maßnahmen, wie diese erreicht werden sollen, automatisch verbunden. Wenn Politik nach diesem Muster gestaltet wird, dann lassen sich die Fragen nach der gesellschaftlichen Relevanz der Ziele, der Zielerreichung, der Wirtschaftlichkeit des Umsetzungsprozesses und seiner Wirkungen nicht mehr ausblenden.

Unterstützt wurde diese Entwicklung zudem durch die privatwirtschaftlichen Unternehmen, die kommerzielle Kulturangebote offerieren. In einem ordnungspolitischen Diskurs wurde die Subventionspolitik des Staates als wettbewerbsverzerrendes Merkmal kritisiert (vgl. Armin Klein in diesem Band sowie Klein, 2007). Schon zu Beginn des Millenniums hatte der Direktor der schweizerischen Kulturstiftung Pro Helvetia Pius Knüsel die Kulturförderung heftig kritisiert. Er bemängelte, dass diese sich zu sehr an den Interessen der Kulturschaffenden ausrichte und zu wenig an den Bedürfnissen der Nachfrager orientiert sei. Um die vorhandenen verkrusteten Strukturen aufzubrechen und um die Kulturförderung stärker an den gesellschaftspolitischen Zielen auszurichten empfahl er die Durchführung von Wirkungsevaluationen (vgl. Knüsel, 2003).[1]

Klein weist (in diesem Band) darauf hin, dass „The Wind of Change" nicht nur durch die Finanzknappheit von Bund, Ländern und Kommunen ausgelöst wurde, sondern dass es tieferliegende Gründe gibt, die in naher Zukunft noch mehr an Bedeutung gewinnen werden. Hierzu zählen zum einen der demografische Wandel (vgl. Hennefeld & Metje, 2010); ein Kulturangebot, dem keine entsprechende Nachfrage gegenübersteht; der technologische Wandel (Stichwort: Internet), der starke Rückwirkungen auf die herkömmlichen Kultureinrichtungen und deren Angebote haben wird, sowie stagnierende öffentliche Aufwendungen für Kultur.

In die Außenkulturpolitik hat das Instrument der Evaluation schon früher Einzug erhalten. Doch das Auswärtige Amt (AA), das für die Kulturpolitik im Ausland jährlich mehr als 1,5 Milliarden Euro ausgibt, hat das Thema bisher

---

1   Zur Evaluation im Kulturbetrieb vgl. auch Woolf, 2004, Ermert, 2004 u. 2008, Schneider, 2008, Birnkraut, 2011, Wegner 2011, Föhl & Glogner-Pilz, 2011, Glogner-Pilz & Föhl, 2011, sowie Reinwand in diesem Band.

eher vernachlässigt (vgl. dazu den Beitrag von Kurt-Jürgen Maaß in diesem Band). Der Evaluationsdruck, der vor allem durch die Forderungen des Deutschen Bundestages und des Bundesrechnungshofs forciert wird, wird vom AA – nach Maaß – vor allem an die Mittlerorganisationen der Auswärtigen Kulturpolitik weitergegeben. Diese privatwirtschaftlich verfassten Organisationen sind vom AA mit der Umsetzung der auswärtigen Kultur- und Bildungspolitik (AKBP) beauftragt, wobei die inhaltliche Ausgestaltung der hierzu eingesetzten Maßnahmen den einzelnen Mittlern überlassen wird (vgl. Auswärtiges Amt, 2011, S. 11). Diese nutzen das Instrument der Evaluation teilweise schon seit vielen Jahren. Der Deutsche Akademische Austauschdienst (DAAD)[2] hat bereits im Jahr 1992 ein Referat für Evaluation und Statistik eingerichtet, die Alexander-von-Humboldt Stiftung[3] folgte 2006 und das Goethe-Institut[4] 2008. Grundsätzliche Bedenken, dass Evaluationen den besonderen Aufgaben der Außenkulturpolitik nicht gerecht werden könnten, sind mittlerweile nahezu ganz verstummt. Auch das AA hat reagiert und 2009 einen Evaluationsbeauftragten eingesetzt. Die Stabsstelle für Evaluierungsberatung wurde im August 2011 auf 2,5 Stellen aufgestockt. Bisher hat das AA jedoch nur in geringem Maße von der Möglichkeit Gebrauch gemacht, selbst unabhängige Evaluationen in Auftrag zu geben.

Im Zusammenhang mit der Hinwendung zu neuen Steuerungsmodellen, auch in der Kultur und Kulturpolitik, erfolgt die inhaltliche Steuerung der Mittlerorganisationen seitens des AA zunehmend über Zielvereinbarungen (vgl. dazu den Aufsatz von Vera Hennefeld in diesem Band). Wenn an die Stelle von Einzelförderungen eine Budgetierung oder eine Zuwendung tritt

---

2   Das Referat „Evaluation und Statistik" im DAAD ist die zentrale Stelle für die Qualitätskontrolle der DAAD-Programme. Im Bereich „Monitoring/Evaluation" begleitet das Referat extern vergebene Einzelevaluationen und ist federführend verantwortlich für die Evaluation ganzer Programmbereiche. Mehr Information unter: http://www.daad.de/.
3   Seit 2006 steuert ein unabhängiger wissenschaftlicher Beirat die Evaluation von Förderprogrammen der Humboldt-Stiftung. Die Evaluation eines Programms läuft über einen Zeitraum von etwa zwei Jahren. Der Beirat überwacht und begleitet die Evaluation, gibt auf der Grundlage der Evaluationsergebnisse Anregungen und spricht konkrete Empfehlungen aus. Mehr Information unter: http://www.humboldt-foundation.de/web/evaluation.html [18.10.2012].
4   Das Goethe-Institut hat 2007 ein Evaluationskonzept entwickelt. Anfang 2008 wurde die Stabsabteilung „Strategie & Evaluation" geschaffen, in diesem Zusammenhang wurde auch eine eigene Stelle für „Evaluation & QM" eingerichtet. Mehr Information unter: http://www.goethe.de/uun/org/org/de19922.htm#stabsb [18.10.2012].

und die Steuerung über Zielvereinbarungen erfolgt, dann stellt dies die Geber vor neue Herausforderungen.

Zunächst einmal ist festzuhalten, dass alle Zuwendungsempfänger nach §44 der Bundeshaushaltsordnung (BHO) verpflichtet sind, eine „Erfolgskontrolle" durchzuführen. Dabei wird zwischen „einfacher Erfolgskontrolle", nach der jede Einzelmaßnahme daraufhin zu untersuchen ist, ob mit ihr das beabsichtigte Ziel erreicht worden ist (vgl. §44 Abs.11a.1, Satz 1), und „umfassender Erfolgskontrolle" unterschieden. Letztere verlangt nicht nur einen einfachen Soll-Ist-Vergleich, sondern „eine begleitende und abschließende Erfolgskontrolle mit den Bestandteilen Zielerreichungs-, Wirkungs- und Wirtschaftlichkeitskontrolle" (§44 Abs.11a.2, Satz 1). Bei der Wirkungskontrolle sollen nicht nur alle beabsichtigten und unbeabsichtigten Auswirkungen der durchgeführten Maßnahmen ermittelt werden, sondern auch, ob diese für die Zielerreichung geeignet und ursächlich [sic!] waren. Die von der BHO festgelegten Regeln werden jedoch kaum eingehalten. Sowohl ein 1989 als auch 1998 vom Bundesrechnungshof angefertigtes Gutachten zur „Erfolgskontrolle finanzwirksamer Maßnahmen in der öffentlichen Verwaltung" kommen zu dem Ergebnis, dass:

- „nur wenige Erfolgskontrollen durchgeführt werden, und dass deshalb die meisten Ressorts den Erfolg ihrer Maßnahmen nicht hinreichend beurteilen können,
- in fast allen Ressorts die Voraussetzungen für eine systematische Erfolgskontrolle fehlen,
- Wirkungsuntersuchungen, die auch nicht intendierte Effekte berücksichtigen und die festgestellten Ergebnisse einer Ursache-Wirkungsanalyse unterziehen, nahezu komplett fehlen,
- vorhandene methodische Möglichkeiten zur Ermittlung von Erfolg und Wirksamkeit nicht ausgeschöpft werden" (BRH, 1998, S. 22ff.).

Insbesondere dann, wenn eine Organisation ihre untergeordneten Einrichtungen oder im Falle des AA, seine Mittlerorganisationen, mit Hilfe von Ziel- und Leistungsvereinbarungen steuern möchte, kommt dem Ziel- bzw. Leistungsnachweis eine besonders wichtige Rolle zu. Wenn ein Ministerium seiner Steuerungsfunktion und politischen Verantwortung gerecht werden will, dann müssen die Belege, dass die vereinbarten Ziele auch erreicht wurden, unzweifelhaft erbracht werden. Je mehr Freiheitsgrade einer untergeordneten Einrichtung oder einer Mittlerorganisation gewährt werden, umso deutlicher sind diese Nachweise zum Zwecke der Rechenschaftslegung und politischen Legitimierung zu erbringen.

Diese Aufgabe ist umso schwieriger zu erfüllen, je mehr sich die „Erfolgskontrolle" nicht nur auf einen simplen Soll-Ist-Vergleich beschränkt, sondern glaubwürdige Wirkungsmessungen und Ursachenanalysen umfassen soll. Der Mittelempfänger steht in der Pflicht, diese Nachweise dem Mittelgeber gegenüber zu erbringen. Wenn es sich bei dem Mittelgeber um ein Ministerium handelt, das die politische Verantwortung dafür trägt, ob die durch die Mittler- oder Durchführungsorganisationen erbrachten Leistungen und erzielten Wirkungen den politisch-strategischen Vorgaben entsprechen, ist es fraglich, ob es ausreicht, wenn die Erbringung dieses Nachweises denen überlassen wird, die gleichzeitig für die Umsetzung der Maßnahmen verantwortlich sind. Dies ist auch dann zu bezweifeln, wenn diese Mittler- oder Durchführungsorganisationen unabhängige Gutachter mit solchen Evaluationen beauftragen, denn die Terms of Reference, also die detaillierte Aufgabenstellung für eine Evaluation, wird dann immer noch von den Mittelempfängern geleistet.

Während in einem benachbarten Politikfeld, der Entwicklungszusammenarbeit, das verantwortliche Ministerium schon 1971 ein „Inspektionsreferat" gründete und seitdem ausgiebig von dem Instrument der externen Evaluation Gebrauch macht (vgl. Stockmann, 1989 u. 2000) und 2012 sogar ein eigenes Institut für die Evaluation der in diesem Politikfeld durchgeführten Entwicklungsmaßnahmen gegründet hat (vgl. Stockmann, 1996 u. 2012), weist das AA in dieser Hinsicht noch deutlichen Nachholbedarf auf. Diese Feststellung gilt auch dann, wenn zu Recht darauf verwiesen wird, dass sich beide Politikfelder in Aufgabenstellung, Struktur und Organisation unterscheiden. Doch im Hinblick auf die politische Verantwortlichkeit für die in den jeweiligen Politikfeldern verausgabten Finanzmittel gibt es keinen Unterschied.

Zusammenfassend kann festgehalten werden, dass sowohl aus der Perspektive der innerdeutschen Kulturförderung als auch der auswärtigen Kultur- und Bildungspolitik die Notwendigkeit von Evaluationen nicht mehr bezweifelt wird. In diesem Beitrag soll nun dargelegt werden, welche Voraussetzungen geschaffen werden müssen, damit Evaluationen überhaupt sinnvoll eingesetzt werden können, bevor dann auf die Ziele, Aufgaben, Formen und Verfahren der Evaluation im Kontext der Kultur und Kulturpolitik eingegangen wird.

2. Evaluationsvoraussetzungen

Eine wichtige Grundlage für die Durchführung von Evaluationen ist die Formulierung von klaren Programmzielen. Zumeist werden allgemeine, übergeordnete (strategische) Ziele formuliert, die dann auf operative Ziele heruntergebrochen werden. Um die Zielerreichung überprüfen zu können, werden diese zudem mit Indikatoren ausgestattet. Indikatoren sind Messgrößen, die einen unmittelbar empirisch nicht beobachtbaren Sachverhalt abbilden.

Leider entspricht die Programmrealität oft nicht diesen Vorgaben. Häufig werden Ziele verschwommen und blumig formuliert. So ist z.b. im Programmbereich „Stipendien für Ausländer" des DAAD zu lesen, dass Nachwuchs-Eliten gefördert werden sollen, um „Partner und Freunde Deutschlands zu gewinnen" (DAAD, 2004, S. 15). Bevor solche Ziele evaluiert werden können, muss zunächst einmal definiert werden was unter „Nachwuchs-Eliten" sowie „Partnern und Freunden Deutschlands" zu verstehen ist und woran man diese erkennt. Da die Programmunterlagen weder Definitionen noch Messindikatoren enthielten, war es Aufgabe der beauftragten Programmevaluation, diese zu entwickeln und mit dem DAAD abzustimmen (vgl. Stockmann u. Krapp, 2005).

Noch schwieriger wird es, wenn Ziele nicht nur input- oder outputorientiert, sondern wirkungsbezogen formuliert werden sollen. Im Zusammenhang mit den neuen Steuerungsmodellen und New Public Management Konzepten (NPM) wird genau dieses verlangt. Um die Leistung und den Prozess der Leistungserbringung in der öffentlichen Verwaltung zu verbessern, werden vier strategische Ziele angestrebt (vgl. Stockmann, 2006, S. 61ff.):

- *Kundenorientierung*
  Die in der Privatwirtschaft gängige Orientierung am Kunden und dessen Zufriedenheit mit den erzeugten Produkten oder erbrachten Dienstleistungen wird als Handlungsorientierung übernommen.

- *Wettbewerbsorientierung*
  Ausgehend von der Vorstellung, dass der Markt besser in der Lage ist, eine effektive und effiziente Leistungserstellung zu erbringen als Regulierungen, wird in dem NPM-Konzept für Marktöffnung oder die Herstellung von quasi-marktlichem Wettbewerb (z.B. durch Leistungsvereinbarungen) plädiert.

- *Qualitätsorientierung*
  Verbunden mit der Kundenorientierung bedeutet dies, dass es nicht nur darauf ankommt, wie eine Leistung innerhalb der Verwaltung erbracht wird, sondern auch, welchen Nutzen die Kunden davon haben.
- *Leistungs- und Wirkungsorientierung*
  Diese Vorgabe rückt ab von der traditionellen Inputsteuerung, bei der die Verwaltung durch die Zuteilung verschiedener Inputs (z.B. finanzielle Mittel, Personal, Ausstattung) in bestimmten, zugewiesenen Aufgabenfeldern tätig wird. Da die Nützlichkeit der Mittelvergabe nicht anhand erbrachter Leistungen, erzielter Ergebnisse oder gar verursachter Wirkungen überprüft wird, wird im Konzept des NPM davon ausgegangen, dass dieses Verfahren ein effizientes und effektives Verwaltungshandeln zumindest nicht fördert. Deshalb wird die Orientierung am Output und Outcome vorgeschlagen: „Nicht mehr die zur Verfügung stehenden Produktionsmittel, sondern die erbrachten Leistungen (Produkte) oder auch die durch die Leistungen erzielten Wirkungen sollen Diskussionspunkt und Ausrichtungsmaßstab des Verwaltungshandelns werden" (Schedler u. Proeller, 2000, S. 60; 2003, S. 62f.).

Wenn sich die politische Steuerung an Leistungs- und Wirkungsvorgaben orientieren soll, dann reichen die traditionellen Kontroll- und Finanzinstrumente der Verwaltung nicht mehr aus. Die Messung von Leistungen und Wirkungen bereitet einige methodische Schwierigkeiten, die mit den Instrumenten der Evaluation gelöst werden können. Bevor es aber soweit ist, sollten die Zielvorgaben nicht nur – wie eben dargestellt – klar und über Indikatoren messbar formuliert werden, sondern sich tatsächlich auch auf Wirkungen beziehen. Dass dies nicht immer einfach ist, zeigen die folgenden realen, aber anonymisierten Beispiele:

- ✓ Die Formulierung: Unser Ziel ist die „Erfüllung des offiziellen Auftrags (...) die europäische Einigung zu unterstützen, die interne Verständigung (...) zu pflegen sowie (...) Hilfe zu leisten", lässt von einer Leistungs- oder gar Wirkungsorientierung nichts erkennen. Es handelt sich um eine Auflistung von Aktivitäten: Einigung unterstützen, Verständigung pflegen, Hilfe leisten. Welche Leistungen dadurch erbracht und welche Wirkungen daraus erwachsen sollen wird nicht thematisiert.
- ✓ An anderer Stelle heißt es: Abteilung X strebt folgende Wirkungen an (1) „Praxisorientierte Lösungsansätze (...) sind erarbeitet worden". Dabei handelt es sich immerhin um eine erbrachte Leistung, auch wenn nicht de-

finiert wird, wozu diese praxisorientierten Lösungsansätze führen sollen. (2) „Wissenschaftlich fundierte und anwendungsorientierte Politikberatung ist angeboten worden." Auch hierbei handelt es sich um eine leistungsbezogene Formulierung. Und weiter heißt es (3): „Beratung/Information hat die öffentliche Debatte beeinflusst." Nur in dieser letzten Formulierung wird eine Wirkung thematisiert. Es wird behauptet, dass die geleistete Beratung (Output) die öffentliche Debatte beeinflusst habe. In welcher Weise und wie dies gemessen werden soll, wäre mit entsprechenden Indikatoren zu belegen.

✓ Ein drittes Beispiel: Abteilung Y strebt mit ihrer Arbeit folgende Wirkungen an (1): „Unsere Teilnehmerinnen (...)
  1. sind informiert
  2. sind qualifiziert und professionalisiert,
  3. fühlen sich motiviert gesellschaftliche Verantwortung zu übernehmen."

Bei dieser Formulierung handelt es sich erneut um erbrachte Leistungen. Die Teilnehmerinnen sind befähigt und motiviert etwas zu tun, dafür sind sie qualifiziert worden. Aber ob sie tatsächlich gesellschaftliche Verantwortung übernehmen und zu welchen Wirkungen dies dann führt, wird nicht thematisiert.

(2) „Eine wachsende Zahl von zunächst nur allgemein interessierten Teilnehmern ist durch unsere Veranstaltungen zu Multiplikatoren geworden." Auch für diese Formulierung gilt, dass Menschen zu etwas befähigt wurden: Sie sind zu Multiplikatoren geworden. Wenn diese tatsächlich als solche tätig sind, dann könnte in dieser Formulierung auch ein Wirkungsbezug vermutet werden. Wichtiger wäre es allerdings zu wissen, was denn die Multiplikatoren bewirken sollen. Dann könnte dies auch durch entsprechende Indikatoren gemessen werden.

Zusammenfassend kann festgestellt werden, dass die Konzepte des NPM mit ihrer Leistungs- und Wirkungsorientierung eine Abkehr von der traditionellen Inputsteuerung bedeuten. Dementsprechend sind Programmziele oder Leistungsvereinbarungen mit Durchführungs- oder Mittlerorganisationen nicht nur klar und operational, sondern auch wirkungsbezogen zu formulieren. Indikatoren dienen dazu den investierten *Input*, die erbrachten *Leistungen* und die erreichten *Wirkungen* zu „messen". Dabei müssen diese drei Begrifflichkeiten genau voneinander unterschieden werden:

- Der *Input* bezieht sich auf den personellen und materiellen Ressourceneinsatz, der z.B. in Personentagen oder Kosten in Euro (=Indikatoren) gemessen werden kann.
- Die *Leistungen* (*Output*) sind die Ergebnisse, die als Produkte oder Dienstleistungen durch die Programmaktivitäten erbracht wurden. Anhand von Indikatoren könnte z.B. die Zahl durchgeführter Weiterbildungen oder die Zahl von Theateraufführungen erfasst werden.
- Spannend wird es nun bei der Frage, ob die intendierten *Wirkungen* – als Folge der erbrachten Leistungen – eingetreten sind. Anhand entsprechend konstruierter Indikatoren lässt sich z.B. herausfinden, ob die weitergebildeten Teilnehmerinnen mehr über Deutschland wissen, sich ihr Deutschlandbild dadurch positiv verändert hat (intendierte Wirkung) und sie deshalb mehr deutsche Produkte kaufen, deutsche Filme sehen, deutsche Zeitungen lesen etc. (weitere intendierte Wirkungen), oder ob die Theateraufführungen die Besucher zum Nachdenken über einen bestimmten Sachverhalt oder zu kritischen Einsichten bewegt haben oder diese schlicht gut unterhalten haben (potenzielle Wirkungen, je nachdem welche Ziele mit der Theateraufführung intendiert waren).

Das Messen von Wirkungen und die Klärung der Frage, auf welche Ursachen, die mit Hilfe von Indikatoren gemessenen Veränderungen zurückzuführen sind, gehört zu den schwierigsten Aufgaben der Evaluation, auf die hier aus Platzgründen nicht eingegangen werden kann (vgl. stattdessen Bamberger, 2006; Khandker, Koolwal & Samad, 2010; Stockmann, 2007; Stockmann & Meyer, 2010; White, 2009). Als nächstes soll jedoch geklärt werden, was unter Evaluation eigentlich genau zu verstehen ist und welche Ziele und Aufgaben Evaluation mit welchen Formaten erfüllen kann.

3. Ziele und Aufgaben der Evaluation in Kultur und Kulturpolitik

Evaluation ist ein Instrument um Bewertungen vorzunehmen. Hierfür müssen zunächst Informationen (Daten) gesammelt und ausgewertet werden, um dann den Wert oder Nutzen einer Handlung, Maßnahme oder eines Projekts oder gar komplexen Programms zu bestimmen. Zumeist hat dieser Prozess ein übergeordnetes Ziel: Er soll in eine Entscheidung münden. D.h. die formale Struktur einer Evaluation folgt dem Muster: 1) Zielformulierung, 2) Informationssammlung, 3) Informationsaus- und -bewertung, 4) Entscheidungsfindung.

Folgende Arbeitsschritte sind im Rahmen einer *jeden* Evaluation zu bewältigen:
Zunächst ist zu klären, welchem Ziel die Evaluation dienen und welche Aufgaben sie erfüllen soll. Dann sind die Bewertungskriterien, die in einer Evaluation verwendet werden, festzulegen. Außerdem ist zu klären, wer die Evaluation durchführt und wie (mit welchen Untersuchungs-, Erhebungs- und Auswertungsmethoden) sie durchgeführt werden soll.

Im Unterschied zu *Alltagsevaluationen*, bei denen irgendetwas, von irgendjemandem nach irgendwelchen Kriterien in irgendeiner Weise bewertet wird (vgl. Kromrey, 2001, S. 106), zeichnen sich professionelle Evaluationen dadurch aus, dass

- sie sich auf einen klar definierten Gegenstand beziehen (z.B. eine Maßnahme, ein Projekt oder Programm),
- sie von dafür besonders befähigten Personen (Evaluatoren) durchgeführt werden,
- die Bewertung anhand explizit auf den zu evaluierenden Sachverhalt und anhand präzise festgelegter und transparent gemachter Kriterien vorgenommen wird,
- für die Informationsgewinnung objektivierende, empirische (möglichst qualitative und quantitative) Datenerhebungsmethoden und
- für die Informationsbewertung systematisch vergleichende Verfahren herangezogen werden.

Nach diesem Evaluationsverständnis ist Evaluation ein *Teil der angewandten Sozialforschung*, die zur Lösung gesellschaftspolitischer Probleme beitragen will, indem sie gezielt und systematisch Grundlagen für außerwissenschaftliche Entscheidungsprozesse bereitzustellen versucht (vgl. Clemens, 2000, S. 215). Hierfür nutzt Evaluation die gesamte Bandbreite der sozialwissenschaftlichen Theorien, Konzepte und Forschungsmethoden und es gelten die in der Wissenschaft grundlegenden Regeln für das Sammeln valider und reliabler Daten (vgl. Rossi, Freeman & Hoffmann, 1988, S. 1ff.; Kromrey, 1995, S. 314f.; Wottawa & Thierau, 1998, S. 9f.; Bortz & Döring, 2002, S. 3).

Evaluationen unterscheiden sich jedoch im Hinblick auf die allgemeine wissenschaftliche Forschung dadurch, dass sie keinen Selbstzweck darstellen. Evaluation dient in der Regel nicht nur der Wissensproduktion, sondern ist verknüpft mit einer spezifischen Zwecksetzung, die zudem zumeist von außen

– einem Auftraggeber – bestimmt wird. D.h. die Evaluationsfragestellungen richten sich an außerwissenschaftlichen Erkenntnisinteressen und Verwertungskontexten aus. Während in der Grundlagenforschung die Frage, ob die gewonnenen Erkenntnisse der Menschheit nutzen werden, von geringer Bedeutung ist, ist diese Frage bei einer Evaluation von höchster Wichtigkeit. Evaluationen lassen sich deshalb (bis auf wenige Ausnahmen) nicht auf rein wissenschaftliche Ansprüche reduzieren, sondern sind immer auch an den Interessen und Informationsbedürfnissen derjenigen ausgerichtet, die sie initiieren, in Auftrag geben oder sonst wie davon betroffen sind.

Die Zielsetzung einer Evaluation wird demnach von außen an die Evaluation herangetragen. D.h. der Auftraggeber einer Evaluation muss sich überlegen, zu welchem Zweck er sie einsetzen möchte. Generell können vier miteinander verbundene, legitime Ziele verfolgt werden:

1. Evaluationen können dazu verwendet werden, *Erkenntnisse* zu gewinnen, die den Auftraggebern oder den an einer Evaluation Beteiligten (Stakeholder) von Nutzen sind. So kann mit Hilfe von Evaluationen in der Kultur und Kulturpolitik festgestellt werden, ob der Programmablauf reibungslos funktioniert, welche Bedürfnisse bei den anvisierten Zielgruppen vorliegen, ob diese mit dem offerierten Angebot erfüllt werden, ob die Kulturanbieter in der Lage sind ein Programm oder bestimmte Maßnahmen effektiv und effizient umzusetzen, welche Wirkungen bei den Zielgruppen erreicht werden etc. Die Erkenntnisse können vom Auftraggeber dann dazu genutzt werden Managemententscheidungen zu treffen, um z.B. Programme zu modifizieren, Organisationsabläufe zu verbessern oder die Zielgruppe neu zu definieren.

2. Ohne Erkenntnisgewinn, also das Wissen um die Entwicklung von Strukturen und Prozessen im Kontext von Kultur und Kulturpolitik, würde keine Evaluation Nutzen stiften können. Doch Evaluationserkenntnisse können nicht nur für die Entscheidungsfindung, sondern auch zur *Kontrolle* eingesetzt werden. Bei diesem Aspekt von Evaluation geht es darum festzustellen, ob die in der Planung und Durchführung eines Programms festgelegten Ziele erreicht wurden. Solche Evaluationen werden vor allem dann durchgeführt, wenn der Mittelgeber wissen möchte, ob die investierten Finanzmittel ordnungsgemäß und zweckentsprechend verausgabt wurden. Auch dann, wenn Evaluationen nicht prioritär der Kontrolle dienen, machen sie transparent, ob alle an einem Programm oder Kulturangebot beteiligten Akteure die ihnen zugewiesenen Aufgaben erfüllen, den

eingegangenen Verpflichtungen nachkommen, ob ihre Qualifikationen und Kenntnisse ausreichen, wie motiviert sie sind etc.
3. Im Vordergrund des dritten Evaluationsziels steht das *Lernen* aus „good practices", aber auch aus Fehlern. Wenn Evaluationsergebnisse offen gelegt werden, ist ein Dialog zwischen den verschiedenen Betroffenen (Mittelgeber, Zuwendungsempfänger, Mittler, Zielgruppe(n) etc.) möglich. Dann kann transparent bilanziert werden, was erreicht wurde, wo Defizite zu beseitigen sind, wie dies geschehen und wie die zukünftige Aufgabenverteilung aussehen soll, welche Ressourcen dafür gebraucht werden etc.
4. Während die Lernfunktion von Evaluation vor allem nach innen gerichtet ist, geht es bei dem Evaluationsziel „*Legitimation*" vor allem um die Außendarstellung. Die mit Hilfe einer Evaluation gewonnenen Erkenntnisse werden dazu genutzt, nachprüfbar zu belegen, mit welchem Aufwand (Input), welche Leistungen (Output) erbracht und welche Wirkungen (Impact) über die Zeit hinweg erzielt wurden. Dadurch können Mittelgeber, Mittler oder Kulturorganisationen öffentlich deutlich machen, wie effektiv und effizient sie mit den bereitgestellten Finanzressourcen umgegangen sind und welche Wirkungen dadurch erzielt wurden. Diese Form der Rechenschaftslegung kann für die politische und gesellschaftliche Legitimierung von Kulturförderung und Kulturpolitik genutzt werden. Gerade in Zeiten knapper Finanzmittel nimmt diese Evaluationsfunktion an Bedeutung zu, da Programme oft zueinander im Wettbewerb stehen und politisch Verantwortliche Prioritäten setzen und eine Selektion vornehmen müssen. Anhand von Evaluationskriterien (z.B. Effektivität, Effizienz, Relevanz, Nachhaltigkeit etc.) kann die Legitimation von Programmen oder Maßnahmen demonstriert und kommuniziert werden.

Nicht verschwiegen werden soll, dass Evaluationen auch missbraucht werden können. Dies ist dann der Fall, wenn sie nur zu *taktischen Zwecken* durchgeführt und dazu verwendet werden, politische Entscheidungen zu legitimieren, die längst – unabhängig vom Evaluationsergebnis – getroffen wurden. Mittlerweile ist es für Politiker auch ‚schick' geworden „to use evaluations as baubles or as bolsters" (Pollitt, 1998, S. 223), als dekorative Symbole für eine moderne Politik, ohne die Ergebnisse von Evaluationen ernsthaft nutzen zu wollen. Diese Art von ‚taktischer' Funktion lässt sich jedoch kaum mit dem eigentlichen Zweck von Evaluationen vereinbaren und stellt eher ihre pathologische Seite dar.

Die Festlegung auf ein prioritäres Ziel steuert die Herangehensweise und bestimmt das Design und die Durchführung von Evaluationen. Diese können nicht nur verschiedene Funktionen erfüllen, sondern im Rahmen der einzelnen Phasen der Programmentwicklung auch unterschiedliche Analyseperspektiven und Erkenntnisinteressen verfolgen (vgl. Abbildung 1). Evaluationen können dazu genutzt werden,

- die Planung eines Programms oder einer Maßnahme zu verbessern (ex-ante Evaluation),
- die Durchführungsprozesse zu beobachten (on-going Evaluation) oder
- die Wirksamkeit und Nachhaltigkeit von Interventionen ex-post zu bestimmen (ex-post Evaluation).

Abbildung 1: Dimensionen der Evaluationsforschung

Phasen des Programmprozesses	Analyseperspektive	Erkenntnisinteresse	Evaluationskonzepte
1) Programmformulierung/ Planungsphase	ex-ante	„analysis for policy" „science for action"	preformativ/formativ: aktiv gestaltend, prozessorientiert, konstruktiv
2) Implementationsphase	on-going	beides möglich	formativ/summativ: beides möglich
3) Wirkungsphase	ex-post[5]	„analysis of policy" „science for knowledge"	summativ: zusammenfassend, bilanzierend, ergebnisorientiert

zu 1) Richtet sich eine Evaluation auf die *Phase der Programmentwicklung*, einschließlich ihrer Konzeptualisierung und Planung, dann besteht ihre zentrale Aufgabe darin, „die materiellen, personellen, institutionellen, finanziellen, theoretischen Rahmenbedingungen eines Programms" zu untersuchen, um einen Beitrag zur Erstellung des Programmdesigns zu leisten (vgl. Brandtstädter, 1990, S. 217). Dabei sollen schon möglichst frühzeitig negative Effekte eines Programms sowie Nachhaltigkeitschancen abgeschätzt werden, um festzustellen, ob es sich um ein langfristig tragbares Programm handelt, das auch nach dem Förderende die gewünschten Wirkungen zeigt. Solche Untersuchungen werden „ex-

---

5 Hierzu sind auch Schlussevaluationen zu zählen, die unmittelbar nach Beendigung eines Projekts oder Programms durchgeführt werden.

ante-", *„input-"* oder *„preformative evaluations"* genannt (Scriven, 1991, S. 169).

zu 2) Während der Implementationsphase unterstützt die Evaluation vor allem das Programmmanagement bei der Steuerung. Indem Informationen über den Programmverlauf und die Programmergebnisse gesammelt, systematisiert und bewertet werden, sollen Entscheidungshilfen für die Durchführung gegeben und Korrekturen am Programmdesign ermöglicht werden. Solche Evaluationen mit dem vordringlichen Ziel, das Management mit steuerungsrelevanten Informationen zu versorgen, indem der Programmablauf und die Umsetzung der Planungsvorgaben überwacht und die Zielerreichung überprüft wird, werden als „ongoing" oder „formative Evaluationen" (Scriven, 1991, S. 169) oder auch als „Begleitforschung" (Rossi, Freeman & Hofmann, 1988, S. 11) bezeichnet. Sie beschäftigen sich mit derselben Phase des politischen Prozesses wie die Implementationsforschung und verfolgen dabei ähnliche Zielsetzungen.

zu 3) *Nach Abschluss der Implementation* eines Programms kommt der Evaluation die Aufgabe zu, den vollen Umfang der Wirkungen, die durch ein Programm ausgelöst wurden, zu erfassen und zu bewerten sowie Zusammenhänge aufzudecken und die Frage nach den Ursachen der beobachteten Wirkungen genau zu untersuchen (Kausalitätsfrage). Solchen ‚*ex-post evaluations*' kommt darüber hinaus die zentrale Aufgabe zu, die Nachhaltigkeit von Projekten und Programmen zu untersuchen.

Evaluationen können demnach mehr *formativ*, d.h. aktiv-gestaltend, prozessorientiert, konstruktiv und kommunikationsfördernd angelegt sein, oder mehr *summativ*, d.h. zusammenfassend, bilanzierend und ergebnisorientiert.

Da es in der Planungs- und Designphase eines Programms kaum Ansatzpunkte für eine summative Evaluation gibt, kann sie nur formativen Charakter haben. Während der Durchführungsphase sind sowohl formative als auch summative Evaluationen möglich. Ex-post-Analysen sind in der Regel summative Evaluationen, da der Gestaltungsaspekt entfällt. Durch entsprechende informationelle Rückkopplungsschleifen für Folgeprojekte können sie jedoch auch formative Bedeutung gewinnen.

Aus dieser Betrachtung lässt sich auch auf den *Nutzen* schließen, den die Evaluation von Projekten und Programmen erbringen kann:

1. Evaluationen können (preformativ) dazu dienen, die *Voraussetzungen für eine Programmdurchführung* zu überprüfen und anschließend (formativ)

die *Ablaufprozesse* zu beobachten. Dabei geht es um die Identifikation von Problemen bei der Implementation eines Programms sowie um die Frage, ob geplante Zeitabläufe eingehalten werden. In diesem Zusammenhang ist u.a. zu eruieren, ob die Maßnahmen bei den verschiedenen Stakeholdern Akzeptanz finden, welche Interessenkonflikte auftreten, ob qualifiziertes Personal für die Durchführung von Maßnahmen in ausreichender Zahl zur Verfügung steht, wie die Kommunikation und Koordination der ausführenden Stellen untereinander und mit den Zielgruppen des Programms funktioniert, ob die technische und finanzielle Ausstattung für die Zielerreichung ausreichend ist, ob die mit dem Programm eingeführten Innovationen zielführend sind etc.

2. Eine prominente Aufgabe von Evaluationen besteht, wie bereits ausgeführt, darin, eine *Gesamtbilanz der Wirkungen* zu erstellen. Diese umfasst einerseits die Überprüfung der *Zielerreichung* durch ‚*Soll-Ist-Vergleiche*' mit den in der Planung festgelegten Sollwerten, geht aber andererseits durch die Erfassung möglichst vieler (idealerweise aller) durch die Programminterventionen ausgelöster Wirkungen über diese weit hinaus. Erst mit Hilfe einer *Gesamtbilanz der Wirkungen* kann erkannt werden, ob die positiven oder negativen Effekte eines Programms überwiegen.

3. Evaluationen sollen nicht nur feststellen, ob ‚man auf dem richtigen Weg ist' (*Prozessbetrachtung*), also ob zu erwarten ist, dass die Ziele im geplanten Umfang, mit den vorgesehenen materiellen und personellen Ressourcen im vorgegebenen Zeitraum erreicht werden können, sondern auch, ob ‚man die richtigen Dinge tut'. D.h. Evaluationen stellen die Programm- oder Maßnahmenziele selbst in Frage. Es ist zu prüfen, ob mit dem Programm überhaupt *relevante Entwicklungs- oder Innovationsleistungen* erbracht werden können oder ob es besser wäre, einen ganz anderen Weg einzuschlagen.

4. Es reicht natürlich nicht aus, Wirkungen zu erfassen und zu bewerten, sondern von zentraler Bedeutung ist die Frage, ob die beobachteten intendierten wie nichtintendierten Wirkungen überhaupt dem Programm oder externen Faktoren zugeschrieben werden müssen (*Kausalitätsproblem*).

4. Bewertungskriterien der Evaluation

Wenn Maßnahmen, Sachverhalte oder Programme von einer oder mehreren Person(en) bewertet werden, muss festgelegt werden, anhand welcher Kriterien dies erfolgen soll. Da die hierfür ausgewählten *Bewertungskriterien* natürlich sehr verschieden sein können, ist schon deshalb mit sehr unterschiedlichen Evaluationsergebnissen zu rechnen. Lässt man z.B. einen Film (Evaluationsgegenstand) von seinen Freunden (‚Evaluatoren') bewerten, um selbst (‚Nutzer der Evaluationsergebnisse') die Entscheidung zu treffen, ob man sich diesen Film ansehen möchte oder nicht, wird die Bewertung entscheidend von den verwendeten Kriterien abhängen. Also z.B. ob die ‚Evaluatoren' die Dramaturgie, die eindrucksvollsten Actionszenen, die schauspielerischen Leistungen der Darsteller, die lustigsten Gags, die Logik der Handlung etc. oder einen Mix dieser Kriterien dafür verwenden.

Im Unterschied zu *Normenreihen*, wie sie von ISO[6] aufgestellt werden oder den im Rahmen von Qualitätsmanagementmodellen wie EFQM[7] festgelegten Parametern, kann Evaluation nicht auf einen fixierten Kanon von Bewertungskriterien zurückgreifen (vgl. Stockmann, 2006, S. 22ff.). Dies wäre angesichts der sehr verschiedenen Aufgabenstellungen und Untersuchungsgegenstände von Evaluation auch nicht sinnvoll. Sehr häufig orientieren sich die Bewertungskriterien allerdings am Nutzen einer Maßnahme oder eines Programms für bestimmte Personen oder Gruppen, also z.B. den DAAD-Stipendiaten, den von der Humboldt-Stiftung geförderten Wissenschaftlern, den Sprachstudenten des Goethe-Instituts oder den Theater- und Museumsbesuchern.

So könnte z.B. die relative Nützlichkeit des Deutschlandaufenthalts eines DAAD-Stipendiaten anhand folgender Aspekte gemessen werden (vgl. Stockmann & Krapp, 2005, S. 116):

- Erwerb von Fachkenntnissen, die im Heimatland nicht angeboten werden,
- Verbesserung der Kenntnisse der deutschen Sprache,
- Kenntnisse und Verständnis der deutschen Kultur,
- Erwerb von Kenntnissen über das deutsche Hochschul- und Forschungssystem,
- Fachbezogene Kontakte zu Deutschen,
- Allgemeine Kontakte zu Deutschen.

Der Erfolg eines Förderprogramms der Humboldt-Stiftung ließe sich z.B. daran messen,

- wie viele Wissenschaftler in einem geförderten Forschungsverbund vernetzt sind,

---

6   Verfügbar unter: http://www.iso.org.
7   Verfügbar unter: http://www.deutsche-efqm.de.

- welche Reputation diese Wissenschaftler genießen,
- wie viele Artikel in welchen Journals (A, B, C) erschienen sind,
- wie viele Drittmittel eingeworben wurden,
- wie viele (ausgezeichnete) Promotionen und/oder Habilitationen erfolgten,
- wie viele Einladungen zu Vorträgen, zur Leitung von Workshops, die Wissenschaftler (von wem?) erhielten, etc.

Der Erfolg einer kulturpolitischen Veranstaltung oder Tagung z.b. des Goethe-Instituts oder des Instituts für Auslandsbeziehungen ließe sich an folgenden Indikatoren messen:

- Beurteilung der Relevanz und Aktualität des Themas durch die Teilnehmer,
- Bewertung von Inhalten und Qualität der Vorträge durch die Teilnehmer,
- Ausmaß, in dem es gelungen ist, die in einem Themenfeld zentralen und relevanten Akteure (z.b. aus Politik, Wissenschaft und Zivilgesellschaft) in die Veranstaltung einzubeziehen,
- Zufriedenheit der Teilnehmer mit organisatorischen Aspekten,
- Möglichkeiten zur Netzwerkbildung (z.b. national wie international),
- Quantitative und qualitative Medienresonanz der Veranstaltung etc.

Die Festlegung, welche Kriterien für die Informationsbewertung in einer Evaluation verwendet werden sollen, kann auf verschiedene Weise erfolgen. Existieren Vorgaben, wie z.b. die vom DAC[8], dann werden sie häufig *direktiv* vom Auftraggeber festgelegt. Manchmal wird die Bestimmung der Evaluationskriterien aber auch dem Evaluator überlassen, da man ihn für den Experten hält, der am besten wissen sollte, nach welchen Kriterien ein bestimmtes Programm zu beurteilen ist. Diese Kriterienauswahl könnte man als *wissens- oder erfahrungsbasiert* bezeichnen. Eher selten ist die Festlegung der Bewertungskriterien durch die Zielgruppe, also die Personen, die aus einem Programm Nutzen ziehen sollen. Bei einem solchen – emanzipativen – Vorgehen werden die Belange der Zielgruppe in den Vordergrund gestellt. Die subjektiv wahrgenommene Sicht der Betroffenen bei der Auswahl der Kriterien soll sicherstellen, dass deren Bedürfnisse und Erfordernisse prioritär in die Bewertung

---

8 Das Development Assistant Committee der OECD verwendet die Kriterien: Relevanz, Effektivität, Effizienz, Wirksamkeit, Nachhaltigkeit. Verfügbar unter: http://www.oecd.org/dac/evaluationofdevelopmentprogrammes/daccriteriaforevaluatingdevelopmentassistance.htm.

von Evaluationsergebnissen eingehen. *Partizipativ* könnte ein Verfahren genannt werden, bei dem Auftraggeber, Evaluatoren, Vertreter der Zielgruppen und andere Stakeholder gemeinsam die Bewertungskriterien für die Evaluation festlegen, um möglichst viele Perspektiven zu berücksichtigen.

5. Evaluationsdurchführung

Evaluationen können prinzipiell von internen oder externen Experten durchgeführt werden. Als *intern* werden Evaluationen bezeichnet, wenn sie von der gleichen Organisation vorgenommen werden, die auch das Programm oder das Projekt durchführt. Wird diese interne Evaluation von Mitarbeitern der Abteilung (des Referats) durchgeführt, die gleichzeitig mit der operativen Durchführung des Programms betraut sind, dann wird von *Selbstevaluation* gesprochen. Nehmen Mitarbeiter einer anderen Abteilung des Hauses (z.B. einer Evaluations- oder Qualitätssicherungsabteilung) die Evaluation vor, dann handelt es sich zwar um eine interne Evaluation, aber nicht um eine Selbstevaluation.[9]

Wenn z.B. das Stipendienreferat des DAAD das von ihm administrierte Programm selbst evaluiert, handelt es sich nicht nur um eine interne Evaluation sondern auch um eine Selbstevaluation. Führt hingegen das Referat für „Evaluation und Statistik" des DAAD diese Evaluation durch, dann handelt es sich immer noch um eine interne (aber keine Selbst-)Evaluation, allerdings mit einem höheren Unabhängigkeitsgrad. Beauftragen das Stipendienreferat oder das Evaluationsreferat eine andere Organisation, also z.B. ein Evaluationsinstitut oder einen oder mehrere unabhängige Evaluationsexperten, dann spricht man von einer externen Evaluation.

„In-House"-Evaluationen haben den Vorteil, dass sie rasch und mit geringem Aufwand durchgeführt werden können, dass die Evaluatoren in der Regel über eine hohe Sachkenntnis verfügen und dass die Ergebnisse sich unmittelbar umsetzen lassen. Schwächen der internen Evaluation werden vor allem darin gesehen, dass die internen Evaluatoren zumeist nicht über eine ausreichende Methodenkompetenz verfügen, dass es ihnen an Unabhängigkeit und Distanz mangelt und dass sie möglicherweise so sehr mit ihrem Programm verhaftet sind, dass sie aussichtsreichere Alternativen nicht erkennen.

---

9   Vgl. hierzu Vedung, 1999, S. 104ff.; Scriven, 1991, S. 159f. u. 197f.; Widmer, 2000, S. 79f.; Caspari, 2004, S. 32.

Externe Evaluationen werden von Personen durchgeführt, die nicht dem Fördermittelgeber oder der Durchführungsorganisation angehören. In der Regel weisen externe Evaluatoren deshalb eine größere Unabhängigkeit, eine profunde Methodenkompetenz und professionelles Evaluationswissen auf und kennen das Fachgebiet, in dem das Programm bzw. das Projekt angesiedelt ist. Zudem können externe Evaluationen reformerischen Kräften innerhalb einer Organisation zusätzliche Legitimität und Einflussstärke verleihen, die sie benötigen, um Veränderungsprozesse in Gang zu setzen (vgl. Pollitt, 2000, S. 72).

Umgekehrt sehen sich externe Evaluationen manchmal mit dem Problem konfrontiert, dass sie bei den Evaluierten Angstgefühle auslösen, die zu Abwehrreaktionen führen können. Bei der späteren Umsetzung von Evaluationsergebnissen können ebenfalls Probleme auftreten, wenn sie von den Betroffenen nicht akzeptiert werden. Externe Evaluationen verursachen zwar zusätzliche Kosten, dies muss jedoch nicht bedeuten, dass sie immer teurer sind als interne. Wenn auch diejenigen Kosten kalkuliert werden, die die intern mit einer Evaluation befassten Personen im Rahmen ihrer Tätigkeit verursachen, dann kann der finanzielle Unterschied zwischen externer und interner Evaluation relativ gering ausfallen.

Gerade für kleinere Organisationen ist es sogar häufig finanziell weitaus ökonomischer, sich ausschließlich auf externe Evaluationsexpertise zu stützen. Anstelle teure hausinterne Evaluationsstäbe oder -stellen aufzubauen und zu unterhalten, kann diese Aufgabe auch komplett outgesourct werden. Kleinere Organisationen können auf diese Weise qualifizierte Evaluationsdienstleistungen einkaufen. Dadurch lassen sich auch vorzugsweise intern organisierte Aufgaben, wie Monitoring und Controlling, kostengünstig und immer auf dem neusten professionellen Stand erledigen. Diese in vielen privatwirtschaftlichen Unternehmen gängige Praxis, Aufgaben outzusourcen, um nicht selbst teure Kompetenzen vorhalten zu müssen, wird von Nonprofit-Organisationen bisher kaum genutzt. Öfter ist hingegen zu beobachten, dass interne und externe Evaluationen *kombiniert* werden, um beide Sichtweisen miteinander zu verbinden und um die Vorteile beider Verfahren zu nutzen.

Dies wäre in dem gewählten DAAD-Beispiel dann der Fall, wenn ein externes Evaluationsinstitut vom DAAD mit der Durchführung einer Evaluation beauftragt wird, aber ein oder mehrere Mitarbeiter des Referats „Evaluation und Statistik" an der Evaluation aktiv teilnehmen. Ob es sich nun um eine interne Evaluation mit externer Begleitung oder um eine externe Evaluation mit interner Beteiligung handelt ist keineswegs nur eine definitorische Frage.

Entscheidend für die Bewertung, ob eine interne oder externe Evaluation vorliegt, ist immer, wem die Berichtshoheit obliegt. Wenn die externen Gutachter den Bericht verantworten – vereinfacht ausgedrückt, das letzte Wort haben – dann handelt es sich um eine unabhängige externe Evaluation, die zu Recht eine hohe Glaubwürdigkeit aufweist. Hätte jedoch in dem Beispielfall das Evaluationsreferat des DAAD die Berichtshoheit, also das Recht zu entscheiden, was in dem Evaluationsbericht steht und wie Bewertungen und Begründungen ausfallen, dann liegt eine „unabhängige interne" Evaluation vor, die natürlich nicht die gleiche Glaubwürdigkeit für sich beanspruchen kann wie die unabhängige externe Evaluation.

Bei der hier vorgenommenen Differenzierung der Vor- und Nachteile von interner und externer Evaluation handelt es sich um eine recht *grobe Typisierung*, die in der Realität nicht immer zutrifft. Insbesondere dann, wenn in Organisationen unabhängige Evaluationsabteilungen geschaffen wurden und in diesen qualifizierte Experten tätig sind, ist nicht anzunehmen, dass die bei internen Evaluationen aufgeführten Nachteile weiterhin in dieser Intensität auftreten. Je nach dem Grad ihrer internen Unabhängigkeit verfügen sie in der Regel nicht nur über eine hohe fachliche Kompetenz, sondern auch über eine höhere Glaubwürdigkeit, größere sachliche Distanz und ein höheres Reformpotenzial. Gleichzeitig können die für externe Evaluationen beobachteten Nachteile, wie Abwehrreaktionen, Umsetzungsprobleme etc., auftreten.

Umgekehrt garantieren externe Evaluationen nicht automatisch eine hohe Unabhängigkeit und Glaubwürdigkeit. Insbesondere dann, wenn externe Gutachter immer wieder für den gleichen Auftraggeber tätig und von wenigen Auftraggebern abhängig sind, kann ihre Glaubwürdigkeit leiden. Deshalb stellt die hier gewählte Typisierung nicht so sehr eine Dichotomie als ein Kontinuum dar, mit der externen, unabhängigen Evaluation auf der einen und der internen Selbstevaluation auf der anderen Seite des Spektrums. Irgendwo dazwischen ist, je nach organisatorischer Unabhängigkeit, die interne ‚unabhängige' Evaluation zu positionieren.

Abbildung 2: Evaluationsspektrum

Bezogen auf die Evaluationsziele ist festzustellen, dass Evaluationen, bei denen vor allem das Lernen im Vordergrund steht, häufig intern durchgeführt werden. Erkenntnis- und kontrollorientierte Evaluationen werden sowohl intern als auch extern durchgeführt. Evaluationen, die vor allem der Legitimation dienen, werden fast ausschließlich als externe Evaluationen in Auftrag gegeben, um möglichst hohe Objektivität und Glaubwürdigkeit zu erzielen.

Auf die Frage, wie evaluiert wird, also mit welchem Untersuchungsansatz, mit welchen qualitativen und quantitativen empirischen Erhebungsmethoden die benötigten Daten gesammelt und mit welchen Auswertungsverfahren sie (statistisch) analysiert werden können, wird hier nicht eingegangen, da dies den Rahmen dieses Beitrags sprengen würde.[10]

6. Monitoring

Eng verbunden mit dem Instrument der Evaluation ist das Monitoring. Häufig werden beide Begriffe in einem Atemzug genannt, insbesondere wenn es um den Aufbau von Monitoring- & Evaluationssystemen (M&E) geht. Zwar kann Monitoring als eine besondere Form der internen Evaluation bezeichnet werden, wie dies z.B. Rossi, Freeman und Lipsey (1999, S. 231) tun: „Program monitoring is a form of evaluation designed to describe how a program is operating and assess how well it performs its intended functions." Doch durch diese Definition gehen viele Unterschiede die zwischen Monitoring und Evaluation bestehen verloren, denn beide Instrumente weisen ein eigenes Aufgabenspektrum auf.

Auf Programmebene hat das Monitoring die Aufgabe, das Management kontinuierlich mit Daten über den Programmverlauf und die Zielerreichung zu versorgen. Dabei können Inputdaten (über die Aktivitäten und aufgewendeten Ressourcen), Outputdaten (über die erbrachten Leistungen) und Impactdaten (über die erzielten Wirkungen) gesammelt werden. Anders als bei einer Evaluation, die singulär zu einem bestimmten Zeitpunkt durchgeführt wird, ist Monitoring eine Daueraufgabe, eine fortlaufende, routinemäßige Tätigkeit. Sie dient vor allem der Kontrolle, ob die Planungsvorgaben möglichst effizient und unter Einhaltung der verfügbaren Ressourcen und der vorgegebenen Zeit realisiert und ob die angestrebten Ziele erreicht werden. D.h. Monitoring kontrolliert den planmäßigen Vollzug. Dabei werden der Programmplan und die ihm zugrunde liegenden Entwicklungshypothesen nicht in Frage gestellt.

---

10 Vgl. hierzu Stockmann & Meyer, 2010, dort auch weiterführende Literatur.

Dies und die Analyse von Wirkungszusammenhängen ist die Aufgabe von Evaluationen. Beim Monitoring spielt die kausale Zuordnung beobachteter Veränderungen eine untergeordnete Rolle. Monitoring ist eine weitgehend deskriptive Tätigkeit, mit der möglichst zuverlässig Daten in periodischen Abständen gesammelt werden sollen, so dass kontinuierlich Zeitreihen entstehen, die Entwicklungsverläufe erkennen lassen. Dies kann im Rahmen von Einzelevaluationen oft nur schwer oder gar nicht geleistet werden.

Monitoring ist somit ebenfalls ein wichtiges Instrument für die Steuerung in der Kultur und Kulturpolitik.[11] Beim Aufbau eines Monitoringsystems ist darauf zu achten, dass nur solche Informationen gesammelt werden, die das Management auch tatsächlich für seine Steuerungsentscheidungen benötigt. Andernfalls drohen ‚Datenfriedhöfe', da die Informationen dann nicht genutzt werden.

Bei der Informationsselektion kann die Sieben-W-Frage hilfreich sein (vgl. Abbildung 3):

Abbildung 3: Die Sieben W-Frage zur Informationsselektion

Wer	braucht wann	welche Informationen	von wem	wie	wozu und	wieviel kostet das?
						Wieviel Personal-, Finanz- und Zeitressourcen sollen dafür aufgebracht werden (Machbarkeit)?
					Für welchen Zweck (welche Steuerungsentscheidungen) werden die Informationen benötigt?	
				Wie umfangreich sollen die Daten gesammelt und wie aufbereitet werden?		
			Von wem sollen welche M-&E-Aktivitäten durchgeführt werden? Wer wirkt daran mit?			
		Welche Informationen werden gesammelt, welche Indikatoren dafür eingesetzt?				
	Wie häufig (in welchen Zeitabständen) sollen Informationen gesammelt werden?					
Wer benötigt die Informationen für seine Entscheidungen? (wer will das wissen?)						

---

11 Vgl. hierzu auch Metje & Jablonka in diesem Band.

Damit Monitoringdaten vom Management für Steuerungsentscheidungen genutzt werden, müssen diese

- die Informationsbedarfe des Managements abdecken,
- nutzerfreundlich aufbereitet sein,
- fristgerecht für Entscheidungen geliefert werden,
- möglichst quantitative und qualitative Daten enthalten,
- über die Zeit hinweg vergleichbar sein (Zeitreihen).

Berichte, die den Programmfortschritt dokumentieren sollen, sind genauso wie periodisch stattfindende Evaluationen auf diese Monitoringdaten angewiesen. Sie erlauben jederzeit einen Vergleich des Planungs- mit dem aktuellen Stand durch einen Soll-Ist-Vergleich.

Das Monitoringsystem eines Theaters könnte z.B. erfassen und mit Soll-Vorgaben vergleichen:

- Anzahl der Besucher einzelner Vorstellungen,
- Alter, Geschlecht und soziale Herkunft der Besucher,
- Zufriedenheit mit der Aufführung nach differenzierten Kriterien wie z.B. Bühnenbild, Musik, Darsteller, Regie, Inszenierung etc.
- Zufriedenheit mit der Art der aufgeführten Stücke, z.B. Tragödie oder Komödie, klassische oder neuzeitliche Stücke etc.
- Auswertung aller Medienkritiken zu den einzelnen Aufführungen.

Die für die Datengewinnung notwendigen Erhebungen müssten natürlich keinesfalls bei jeder Aufführung und jedem Besucher durchgeführt werden, sondern stichprobenartig.

7. Partizipativer Evaluationsansatz

Wie jede Evaluation muss auch eine Evaluation im Bereich der Kultur und Kulturpolitik die jeweiligen Kontextbedingungen berücksichtigen. Dazu gehören die spezifischen Sensibilitäten der Kulturschaffenden, genauso wie die Bedürfnisse des Publikums bzw. der Zielgruppen, aber eben auch der Mittelgeber. Damit die verschiedenen Perspektiven zu einem bestimmten Evaluationsgegenstand, also z.B. einem Förderprogramm des DAAD oder der Humboldt-Stiftung oder einem Veranstaltungsprogramm eines Theaters oder einer anderen Kultureinrichtung, bei einer Evaluation zur Geltung kommen können, muss zunächst einmal eine sogenannte Stakeholderanalyse durchgeführt werden. Hierzu werden alle an einem Programm Beteiligten oder davon Betroffenen identifiziert. Im nächsten Schritt muss geklärt werden, wie diese an der geplanten Evaluation beteiligt werden können. Dies kann einerseits dadurch geschehen, dass sie lediglich als Informationsträger fungieren. In diesem Fall wirken sie nur passiv an einer Evaluation mit, indem sie ihre Ansichten, Meinungen und Bewertungen im Rahmen von quantitativen wie qualitativen Datenerhebungen mitteilen.

Um die Qualität, Nützlichkeit und Durchführbarkeit von Evaluationen zu steigern und auch um einen fairen Verfahrensablauf sicherzustellen empfiehlt sich jedoch kein solch fremdgesteuerter top-down Ansatz, sondern ein partizipatives Vorgehen. Hierzu eignet sich z.B. der von Stockmann (2006) entwickelte Evaluationsansatz des Centrums für Evaluation (CEval), der sich in den letzten 20 Jahren in hunderten von Studien in den verschiedensten Politikfeldern bewährt hat.

Der Ansatz geht von der Prämisse aus, dass die Einbeziehung der verschiedenen Stakeholder bereits in die Planungsphase zu einer erhöhten Akzeptanz und Unterstützung führt. Dadurch wird nicht nur sichergestellt, dass unterschiedliche Perspektiven und Sichtweisen in die Konzipierung der Evaluation einfließen, sondern auch, dass wertvolle Wissensbestände der unterschiedlichen Akteure genutzt werden können, so z.B. Hinweise auf zu befragende Akteure, Möglichkeiten Kontrollgruppen zu bilden, die Verfügbarkeit von Adressen und Daten etc.

Wird Evaluation als ein *interaktiver Prozess* organisiert, der zu einem intensiven *Dialog* zwischen den Evaluatoren und den an der Evaluation beteiligten Personen und Institutionen führt, dann lassen sich nicht nur die verschiedenen Interessenlagen, Werte und Bedürfnisse der Stakeholder ermitteln und deren Wissen und Erfahrungen für die Designentwicklung nutzen, sondern es kann auch die Akzeptanz für die Durchführung der Evaluation gesteigert werden, indem ein ‚Klima des Vertrauens' entsteht. Dadurch steigt zudem die Chance, dass die Evaluationsbefunde anschließend in Entwicklungsprozesse eingespeist werden, da die Stakeholder die Evaluatoren nicht als externe ‚Kontrolleure', sondern als Partner mit komplementären Aufgaben wahrnehmen. Während die Evaluatoren ihr *Expertenwissen* einbringen, stellen die Stakeholder ihr *fachliches und konkretes Situationswissen* zur Verfügung.

Da eine valide Bewertung von Maßnahmen und Ereignissen durch die Evaluatoren oft nur auf der Grundlage der freiwilligen und proaktiven Kooperation aller Beteiligten möglich ist, lässt sich die Validität von Evaluationsergebnissen durch eine partizipative Gestaltung verbessern.

Der *partizipative Evaluationsansatz des CEval* gliedert sich in drei Phasen (vgl. Abbildung 4).

Die *Planungsphase* (I.) umfasst die Bestimmung des Evaluationsgegenstands (Was soll evaluiert werden?), die Festlegung der Evaluationsziele (Wozu soll evaluiert werden?) und der Bewertungskriterien sowie die Entscheidung, wer (intern oder extern) evaluiert. Dieser Prozess wird in der Regel maßgeblich durch den Auftraggeber bestimmt. Bei einer partizipativen Vorgehensweise werden jedoch nicht nur die Evaluatoren aktiv eingebunden, sondern auch die Evaluierten und die verschiedenen anderen Stakeholder (Zielgruppen, Beteiligte etc.). Im Rahmen eines solchen Interaktionsprozesses werden nicht nur diese Fragen gemeinsam geklärt, sondern es kann auch sichergestellt werden, dass die Sichtweisen einzelner Stakeholdergruppen nicht zu kurz kommen.

Die Ausarbeitung der Untersuchungshypothesen, des Untersuchungsdesigns und der Erhebungsmethoden ist Teil der *Durchführungsphase (II.)* und primär eine Aufgabe der Evaluatoren. Dennoch ist es wichtig, das Situationswissen der Evaluierten und anderer Stakeholder aktiv mit einzubeziehen, um Instrumente zu entwickeln, die dem situativen Kontext angemessen sind. Ein solches mit den Stakeholdern abgestimmtes Vorgehen ist zudem offen für kontinuierliche Anpassungen der eingesetzten Evaluationsinstrumente, so dass auch auf sich ändernde Kontextbedingungen im Evaluationsprozess flexibel reagiert werden kann.

Wenn Evaluatoren und Stakeholder eng zusammenarbeiten, dann erhöht sich die Chance, dass für die Erklärung der ‚Realität' angemessene Hypothesen und für die empirische Erfassung der ‚Realität' ein möglichst optimales Design und adäquate Erhebungsmethoden entwickelt werden. Die Verantwortung dafür trägt aber letztlich der Evaluator, der mit der Durchführung der Evaluation beauftragt wurde.

Bei der *Datenerhebung und -analyse* sind die Evaluierten vor allem als Informationsträger wichtig, die unterschiedliche Perspektiven und Sichtweisen vertreten, die es in einer Evaluation zusammenzutragen gilt, um ein möglichst ‚objektives' Bild von den Prozessen, Strukturen und Wirkungen zu erhalten. Für die Datenerhebung und für die Datenanalyse steht das gesamte, in der Sozialforschung bekannte Spektrum von Instrumenten und Verfahren zur Verfügung. Durch die kontinuierliche Informationsvermittlung über den Fortgang der Evaluation und durch ‚Zwischen-'Workshops kann die Einbindung der Betroffenen und Beteiligten sichergestellt werden. Doch die Durchführung der Datenerhebung und -analyse sowie in der Regel auch die Bewertung der Ergebnisse und die Formulierung von Handlungsempfehlungen sind Aufgabe der Evaluatoren, die hierfür über das nötige Expertenwissen verfügen. Die Abfassung des Evaluationsberichts sowie die Präsentation der Ergebnisse obliegen ebenfalls den professionellen Experten.

Allerdings kann der Übergang *zur Verwertungsphase* (III.) einer Evaluation auch so gestaltet werden, dass die Bewertung der Ergebnisse sowie die Erarbeitung von Empfehlungen von den Stakeholdern gemeinsam geleistet wird, je nachdem, welcher Grad an Partizipation gewünscht ist. In diesem Fall werden die Befunde, Schlussfolgerungen und die Empfehlungen, die daraus abgeleitet werden, nicht nur in einem Workshop dem Auftraggeber und ggf. anderen Stakeholdern präsentiert, sondern erst gemeinsam erarbeitet. In diesem Fall beschränkt sich der Evaluator auf eine Moderatorenrolle, er präsentiert nur die Befunde der Evaluation, überlässt jedoch den Auftraggebern und/oder Stakeholdern die Bewertung.

In jedem Fall obliegt die *Entscheidung* darüber, welche Empfehlungen umgesetzt werden letztlich dem Auftraggeber, der wiederum – je nach Partizipationsgrad – die Betroffenen dabei einbinden kann oder nicht. Für die *Umsetzung* sind in der Regel das Management und die davon betroffen verantwortlich. Die Evaluatoren spielen in der *Verwertungsphase* nur eine untergeordnete Rolle. An Entscheidungen und deren Umsetzung sind sie in der Regel nicht beteiligt. Allenfalls kann ihnen die Aufgabe zufallen, durch die Etablierung eines Monitoring- und Evaluationssystems den Umsetzungsfortschritt zu beobachten und die gewonnenen Informationen, Bewertungen und Empfehlungen an das Management für neuerliche Steuerungsentscheidungen weiterzuleiten.

In dem hier entwickelten Ansatz konzentriert sich die *partizipative Mitwirkung* an einer Evaluation vor allem auf die *Planungs- und Verwertungsphase*. Die Ziele einer Evaluation, die Bewertungskriterien und bis zu einem gewissen Grad (solange die Wissenschaftlichkeit des Designs nicht beeinträchtigt wird) auch die Vorgehensweise können partizipativ ermittelt werden und stellen die Vorgaben für die Evaluation dar. Informationssammlung und -analyse ist hingegen in einem empirisch-wissenschaftlichen Verfahren allein Aufgabe der Evaluatoren. Die *Bewertung* der Ergebnisse lässt sich – je nach gewünschtem Partizipationsgrad – gemeinsam mit den Auftraggebern und den diversen Stakeholdern vornehmen. Die *Verwertung* der durch Evaluationen vorgelegten Befunde und ihre Umsetzung in Aktivitäten liegen bei externen Evaluationen ausschließlich in der Verantwortung der Auftraggeber bzw. der übrigen Stakeholder. D.h. der Evaluator ist, insbesondere wenn er extern rekrutiert wird, nicht Teil des Umsetzungsprozesses.

Einschränkend muss betont werden, dass es bei einem Evaluationsvorhaben kaum gelingen wird, alle jeweils denkbaren Interessenperspektiven zu berücksichtigten oder alle Stakeholder in den Prozess mit einzubeziehen. Vor allem *nichtorganisierte Interessen*, wie dies z.B. bei den potenziellen Stipendiaten eines Programms oder der Vielfalt an Theater- oder Museumsbesuchern der Fall ist, laufen Gefahr, nicht ausreichend vertreten zu sein. Zudem stellt sich das Problem der Repräsentation: Wer ist dazu legitimiert, die Interessen bestimmter Gruppen zu vertreten oder zumindest dazu berechtigt, die Mehrheitsmeinung der Betroffenen zu artikulieren? Nicht immer werden sich solche Repräsentanten finden.

Zusammenfassend kann festgehalten werden, dass das hier entwickelte *partizipative Modell* dazu beitragen soll,

- die Interessen und Perspektiven der verschiedenen Stakeholder bei der Festlegung der Evaluationsziele und Bewertungskriterien zu berücksichtigen,
- ihr Situations-Wissen und ihre Erfahrungen für die Entwicklung des Evaluationsdesigns und die Auswahl der Erhebungsmethoden zu nutzen, um ein möglichst kontextgerechtes Instrumentarium zu entwickeln,
- die Akzeptanz für die Evaluation und deren Ergebnisse bei den verschiedenen Stakeholdern zu erhöhen und
- die Nützlichkeit der Evaluation dadurch zu gewährleisten, dass die aus den gewonnenen Erkenntnissen abgeleiteten Empfehlungen von den Betroffenen in Handlungen umgesetzt werden.

Anhand einer vom CEval durchgeführten begleitenden Evaluation zur Einführung eines Internetportals kann dieses Vorgehen demonstriert werden.

In der betroffenen Organisation sollten die vielfältigen Informationsanfragen, die von innerhalb, aber vor allem von außerhalb der Organisation an die Mitarbeiter herangetragen wurden, reduziert werden. Zum einen um die Mitarbeiter von einem Großteil dieser Anfragen zu entlasten, zum anderen um Mehrfachbearbeitungen zu unterbinden, die dadurch entstanden, dass verschiedene Mitarbeiter, z.T. gleichzeitig an der Beantwortung ähnlicher oder gar gleicher Fragen arbeiteten, ohne voneinander zu wissen. Der Aufbau eines Internetportals sollte die Informationssucher dazu bewegen, selbst zu recherchieren, und wenn sie nicht erfolgreich waren, die Anfragen zu bündeln und zu kanalisieren. Hierfür mussten die bereitgestellten Informationen nutzergerecht aufbereitet, technische Lösungen für die Präsentation und unterschiedliche Zugänge für verschiedene Zielgruppen entwickelt und die Akzeptanz, das neue Medium zu nutzen, geschaffen werden.

Abbildung 4: Partizipativer Evaluationsansatz des CEval

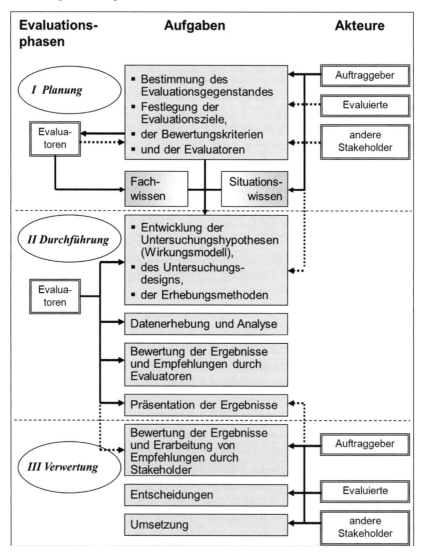

Die Evaluation war zunächst formativ angelegt, um den Entwicklungs- und Implementationsprozess zu begleiten. In einem gemeinsamen Planungsworkshop für die Evaluation wurden der Evaluationsgegenstand bestimmt (das Internetportal) und die Evaluationsziele festgelegt. Es ging vor allem darum, die Bedürfnisse der Nutzer (innerhalb und außerhalb der Organisation) zu eruieren, im Implementationsverlauf das Nutzerverhalten zu beobachten und die Zufriedenheit der Nutzer mit dem inhaltlichen Angebot und der informationstechnischen Aufbereitung zu messen.

Für die Datenerfassung wurden qualitative und quantitative Erhebungsmethoden eingesetzt. So wurden z.B. leitfadengestützte Interviews mit Vertretern wichtiger Stakeholder und später standardisierte Online-Befragungen mit den Nutzern durchgeführt. Die Entwicklung der Erhebungsinstrumente, die Datenanalyse und statistische Auswertung erfolgten durch die Evaluatoren, ohne jedoch die Ergebnisse zu bewerten. Dies geschah in gemeinsamen Workshops mit der für die Implementation des Internetportals beauftragten Arbeitsgruppe. Den Mitarbeitern wurden die Ergebnisse vorgelegt, sodass diese selbst den Entwicklungsfortschritt und die Akzeptanz bei den verschiedenen Zielgruppen bewerten konnten. Die Evaluatoren nahmen bei diesen Workshops nur eine moderierende Rolle ein. Dabei zeigte sich, dass die Arbeitsgruppe sehr wohl mit den Evaluationsergebnissen kritisch umzugehen verstand und sich deren Bewertungen (in der Tendenz etwas positiver) kaum von den (nicht publik gemachten) Bewertungen der Evaluatoren unterschied.

Dieser Zyklus – Datenerhebung bei den verschiedenen Zielgruppen und Rückspiegelung der Ergebnisse an die Internetportal-Gruppe zur Bewertung – wurde in der zweijährigen Implementationsphase mehrfach wiederholt. Diese Vorgehensweise bewirkte, dass die AG-Mitglieder nicht erst durch externe Evaluatoren von identifizierten Defiziten bei der Implementation überzeugt werden mussten. Stattdessen überlegten sie selbst, wie Abhilfe geschaffen werden konnte und wer von ihnen dafür verantwortlich war. In jeder Projektphase wurden die Daten von den Evaluatoren erhoben, ausgewertet und die Ergebnisse präsentiert, aber ohne diese zu bewerten. Diese Aufgabe oblag den AG-Mitgliedern, die jeweils selbst den Entwicklungsfortschritt beurteilten. Insgesamt konnte auf diese Weise eine hohe Akzeptanz für die Ergebnisse der Evaluation bei der AG erzielt werden, was zu schnellen Entscheidungen und Umsetzungsmaßnahmen führte, sodass das Internetportal zielgerichtet und orientiert an den Bedürfnissen der Nutzer etabliert werden konnte.

8. Qualität von Evaluationen

Um die Qualität einer Tätigkeit oder Dienstleistung sicherzustellen, gibt es in nahezu allen Berufs- und Arbeitsfeldern fachliche Standards und/oder ethische Richtlinien. Darunter ist ein Set von Regeln zu verstehen, das eine Bewertungs- oder Orientierungsgrundlage für professionelles Verhalten darstellt. Standards definieren nicht nur grundlegende Qualitätsansprüche, die die ‚Experten' des jeweiligen Berufs- oder Arbeitsfeldes einlösen sollen, sondern zielen auch darauf ab, Kunden und die Öffentlichkeit vor schädlichen Praktiken und inkompetentem Vorgehen zu schützen.

Darüber hinaus bieten Standards eine Kontroll- und Beurteilungsbasis für Anbieter und deren Leistungen, sie können als Entscheidungsgrundlage bei potenziellen Streitfragen zwischen Kunden und Anbietern herangezogen werden und sie fördern eine Orientierung an den jeweils anerkannten ‚Best Practices' in einem Tätigkeitsfeld (vgl. u.a. DeGEval, 2002; Owen & Rogers, 1999; Stufflebeam, 2000; Rossi, Lipsey & Freeman, 2004).

In Deutschland hat die 1997 gegründete Gesellschaft für Evaluation (DeGEval), in Anlehnung an die vom Joint Committee on Standards for Educational Evaluation (USA) im Jahr 1981 publizierten und in den Folgejahren mehrfach überarbeiteten Standards, ein eigenes Regelwerk entwickelt. Dieses beansprucht „Gültigkeit für verschiedene Ansätze der Evaluation, für unterschiedliche Evaluationszwecke sowie eine Vielzahl von Evaluationsfeldern" (DeGEval, 2002, S. 6). Sie richten sich an „Evaluatoren und Evaluatorinnen als auch an Personen und Einrichtungen, die Evaluationen in Auftrag geben, sowie an Beteiligte und Betroffene im Bereich des Evaluationsgegenstandes" (DeGEval, 2002, S. 12). Die *Funktion der Standards* wird von der DeGEval (2002) darin gesehen, dass sie

- die Qualität von Evaluationen sichern und entwickeln helfen,
- als Dialoginstrument und fachlicher Bezugspunkt für einen Austausch über die Qualität von professionellen Evaluationen dienen,
- Orientierung bei der Planung und Durchführung von Evaluationen geben,
- Anknüpfungspunkte für die Aus- und Weiterbildung in Evaluationen geben,
- einen Bezugsrahmen für die Evaluation von Evaluationen (Meta-Evaluation) liefern sowie
- Transparenz über Evaluationen als professionelle Praxis einer breiteren Öffentlichkeit gegenüber schaffen.

Nach Auffassung der DeGEval sollen ‚gute' Evaluationen vier grundlegende Eigenschaften aufweisen: Nützlichkeit, Durchführbarkeit, Fairness und Genauigkeit (Wissenschaftlichkeit). Im Einzelnen sollen

- die *Nützlichkeitsstandards* sicherstellen, dass die Evaluation sich an den geklärten Evaluationszwecken sowie am Informationsbedarf der vorgesehenen Nutzerinnen und Nutzer ausrichtet,
- die *Durchführbarkeitsstandards* gewährleisten, dass eine Evaluation realistisch, gut durchdacht, diplomatisch und kostenbewusst geplant und ausgeführt wird,
- die *Fairnessstandards* regeln, dass in einer Evaluation respektvoll und fair mit den betroffenen Personen und Gruppen umgegangen wird und
- die *Genauigkeitsstandards* sorgen dafür, dass eine Evaluation gültige Informationen und Ergebnisse zu dem jeweiligen Evaluationsgegenstand und den Evaluationsfragestellungen hervorbringt und vermittelt.

Um diese vier eher abstrakten Konzepte anschaulicher zu machen, wurden insgesamt 25 Einzelstandards formuliert, welche den vier übergeordneten „Leitstandards" zugeordnet sind (siehe im Detail: www.degeval.de).

Im Hinblick auf ihre praktische Anwendung ist zu bemerken, dass sie keinen zwingend verbindlichen Charakter besitzen. Sie bilden vielmehr einen grundlegenden Orientierungsrahmen zur Bestimmung von Qualitätsaspekten bei der Planung und Durchführung von Evaluationen. Zwischen den vier Standardgruppen und den jeweiligen Einzelstandards besteht keine unterschiedliche Gewichtung bzw. Prioritätensetzung. Stattdessen stehen die verschiedenen grundlegenden Standards als auch die Einzelstandards zueinander in Konkurrenz. So kann z.B. der wissenschaftliche Anspruch, der in den Genauigkeitsstandards zum Ausdruck kommt, rasch mit der Forderung nützliche Ergebnisse (Nützlichkeitsstandards) unter zumeist erheblichen Zeit- und Finanzrestriktionen zu produzieren (Durchführbarkeitsstandards), in Konflikt geraten. In diesem Sinne handelt es sich bei den DeGEval-Standards nicht um Mindeststandards, die in jedem Fall immer einzuhalten sind, sondern um einen *Maximalkatalog*. D.h. jeder Evaluator muss in dem jeweiligen situativen Kontext einer Evaluation immer wieder aufs Neue die Frage beantworten, und gegebenenfalls auch dokumentieren und begründen, warum er welchen Standards Priorität eingeräumt hat. Die Relevanz und Bedeutung eines Standards lässt sich nur im konkreten Einzelfall festlegen.

Zusammenfassend kann festgehalten werden, dass die Nützlichkeit von Evaluationen in hohem Maße von ihrer Qualität abhängt. Diese wiederum wird dadurch bestimmt, dass eine Evaluation sich als durchführbar erweist, ohne den fairen Umgang miteinander und die wissenschaftlichen Grundprinzipien (Objektivität, Reliabilität, Validität) zu verletzen. Als qualitätsfördernd hat sich zudem ein partizipativer Evaluationsansatz erwiesen, der hohe Beteiligungsrechte der verschiedenen Stakeholder in der Planungs- und Verwertungsphase von Evaluationen einräumt, die eigentliche Evaluationsdurchführung aber den dazu befähigten Experten, den Evaluatoren, überlässt.

Literatur

Auswärtiges Amt. (2011). Bericht der Bundesregierung zur Auswärtigen Kultur- und Bildungspolitik 2010/2011. Berlin.
Bamberger, M. (2006). Conducting Quality Impact Evaluations under Budget, Time and Data Constraints. IEG: World Bank, Washington D.C.
Birnkraut, G. (2011). Evaluation im Kulturbetrieb. Wiesbaden: VS Verlag.
Bortz, J. & Döring, N. (2002). Forschungsmethoden und Evaluation für Human- und Sozialwissenschaftler. Heidelberg: Springer.
Brandtstädter, J. (1990). Evaluationsforschung: Probleme der wissenschaftlichen Bewertung von Interventions- und Reformprojekten. In: Zeitschrift für Pädagogische Psychologie, 4 (4), 215–228.
Bundesrechnungshof (BRH), Präsident des. (1998). Erfolgskontrolle finanzwirksamer Maßnahmen in der öffentlichen Verwaltung. Stuttgart, Berlin, Köln: Kohlhammer.
Caspari, A. (2004). Evaluation der Nachhaltigkeit von Entwicklungszusammenarbeit. Zur Notwendigkeit angemessener Konzepte und Methoden. Wiesbaden: VS Verlag.
Clemens, W. (2000). Angeordnete Sozialforschung und Politikberatung. In: W. Clemens & J. Strübing (Hrsg.), Empirische Sozialforschung und gesellschaftliche Praxis (S. 211–233). Opladen: Leske+Budrich.
Deutscher Akademischer Austauschdienst (DAAD). (2004). Jahresbericht 2003. Bonn: DAAD.
Deutsche Gesellschaft für Evaluation (DeGEval). (2002). Standards für Evaluation. Köln: DeGEval.
Development Assistant Committee der OECD. (o.J.) DAC Criteria for Evaluating Development Assistance. Verfügbar unter: http://www.oecd.org/dac/evaluationofdevelopmentprogrammes/daccriteriaforevaluatingdevelopmentassistance.htm [25.10.2012].
Ermert, K. (Hrsg.). (2004). Evaluation in der Kulturförderung. Über Grundlagen kulturpolitischer Entscheidungen (Wolfenbütteler Akademie-Texte Band 18). Wolfenbüttel: Bundesakademie für kulturelle Bildung.

Ermert, K. (Hrsg.). (2008). Evaluation als Grundlage und Instrument kulturpolitischer Steuerung (Wolfenbütteler Akademie-Texte Band 34). Wolfenbüttel: Bundesakademie für kulturelle Bildung.

Föhl, P. S. & Glogner-Pilz, P. (2011). Spartenübergreifende Kulturpublikumsforschung – Ansätze und Ergebnisse. In: P. Glogner-Pilz & P.S. Föhl (Hrsg.), Das Kulturpublikum. Fragestellungen und Befunde der empirischen Forschung (S. 27–52). Wiesbaden: VS Verlag.

Glogner-Pilz, P. & Föhl, P.S. (2011). Das Kulturpublikum im Fokus der empirischen Forschung – Relevanz, Systematisierung, Perspektiven. In: Dies. (Hrsg.), Das Kulturpublikum. Fragestellungen und Befunde der empirischen Forschung (S. 9–26). Wiesbaden: VS Verlag.

Hennefeld, V. & Metje, U.M. (Hrsg.). (2010). Demografischer Wandel als Herausforderung für Kultur und ihre Evaluierung. Dokumentation der Frühjahrstagung 2010 des AK Kultur und Kulturpolitik. Köln: DeGEval.

Khandker, S.R., Koolwal, G.B. & Samad, H.A. (2010). Handbook on Impact Evaluation: quantitative methods and practices. The World Bank, Washington D.C.

Klein, A. (2007). Der exzellente Kulturbetrieb. Wiesbaden: VS Verlag.

Knüsel, P. (2003). Der Teufel der Evaluation. In: Zeitschrift für KulturAustausch 4/2003. Verfügbar unter: www.ifa.de/tagungen/akp-konferenzen/europe-a-union-of-cultures/ziele/pius-knuesel/ [26.09.12].

Kromrey, H. (1995). Empirische Sozialforschung. Modelle und Methoden der Datenerhebung und Datenverarbeitung. Opladen: Leske+Budrich.

Kromrey, H. (2001). Evaluation – Ein vielschichtiges Konzept. Begriff und Methodik von Evaluierung und Evaluationsforschung. Empfehlungen für die Praxis. In: Sozialwissenschaften und Berufspraxis, 24 (2), 105–131.

Owen, J. M. & Rogers, P. J. (1999). Program Evaluation. Forms and Approaches. London u.a.: Sage.

Pollitt, C. (1998). Evaluation in Europe: Boom or Bubble? In: Evaluation, 4 (2), 214–224.

Pollitt, Christopher (2000). Public management reform: a comparative analysis. New York: Oxford Univ. Press.

Rossi, P. H., Freeman, H. E. & Hofmann, G. (1988). Programm Evaluation: Einführung in die Methoden angewandter Sozialforschung. Stuttgart: Enke.

Rossi, P. H., Lipsey, M. W. & Freeman, H. E. (2004). Evaluation. A systematic Approach. Thousand Oaks u.a.: Sage.

Rossi, P. H., Freeman, H. E. & Lipsey, M. W. (1999). Evaluation. A Systematic Approach (6. Aufl.). Thousand Oaks u.a.: Sage.

Schedler, K. & Proeller, I. (2000). New Public Management. Bern: Haupt.

Schedler, K. & Proeller, I. (2003). New Public Management (2. überarbeitete Aufl.). Bern: Haupt.

Schneider, V. (2008). Evaluation: Theoretische und praktische Fragen zur Entwicklung im Kulturbereich. In: K. Ermert (Hrsg.), Evaluation als Grundlage und Instrument kulturpolitischer Steuerung (S. 19–27) (Wolfenbütteler Akademie-Texte Band 34). Wolfenbüttel: Bundesakademie für kulturelle Bildung.

Scriven, M. (1991): Evaluation Thesaurus. Thousand Oaks, CA: Sage.

Stockmann, R. (1989). Administrative Probleme staatlicher Entwicklungszusammenarbeit. Entwicklungsengpässe im Bundesministerium für wirtschaftliche Zusammenarbeit. In: M. Glagow (Hrsg.), Deutsche und internationale Entwicklungspolitik: Zur Rolle staatlicher, supranationaler und nichtregierungsabhängiger Organisationen im Entwicklungsprozeß der Dritten Welt (S. 35–76). Opladen: Westdeutscher Verlag.

Stockmann, R. (1996). Defizite in der Wirkungsbeobachtung. Ein unabhängiges Evaluationsinstitut könnte Abhilfe schaffen. In: Entwicklung und Zusammenarbeit, Heft 8, 206–209.

Stockmann, R. (Hrsg.). (2000). Evaluationsforschung. Opladen: Leske + Budrich.

Stockmann, R. (2006). Evaluation und Qualitätsentwicklung: Eine Grundlage für wirkungsorientiertes Management. Münster: Waxmann.

Stockmann, R. (Hrsg.). (2007). Handbuch zur Evaluation: Eine praktische Handlungsanleitung. Münster: Waxmann.

Stockmann, R. (2012). Von der Idee zur Institution. Institut für Deutsche Entwicklungsevaluierung gegründet. In: Zeitschrift für Evaluation (ZfEv), Heft 1/2012, S. 85–93.

Stockmann, R. & Krapp, S. (2005). Evaluation des DAAD-Programmbereichs I „Stipendien für Ausländer" (Bd. 58 der Reihe „Dokumentation und Materialien"). Bonn: DAAD.

Stockmann, R. & Meyer, W. (2010). Evaluation. Eine Einführung. Opladen: Barbara Budrich (UTB).

Stufflebeam, D. L. (2000). Foundational Models for 21st Century Program Evaluation. In: D.L. Stufflebeam, G. F. Madaus & T. Kellaghan (Hrsg.), Evaluation Models. Viewpoints on Educational and Human Services Evaluation (S. 33–84). Boston u.a.: Kluwer Academics.

Vedung, E. (1999). Evaluation im öffentlichen Sektor. Wien, Köln, Graz: Böhlau.

Wegner, N. (2011). Im Dialog mit Besuchern und Nichtbesuchern: Ausgewählte Formen der Evaluation und Besucherforschung. In: P. Föhl, P. Glogner-Pilz, M. Lutz & Y. Pröbstle (Hrsg.), Nachhaltige Entwicklung in Kulturmanagement und Kulturpolitik (S. 191–206). Wiesbaden: VS Verlag.

White, H. (2009). Theory-Based Impact Evaluation: Principles and Practice. Working Paper 3. International Initiative for Impact Evaluation, New Delhi.

Widmer, T. (2000). Qualität der Evaluation – Wenn Wissenschaft zur praktischen Kunst wird. In: R. Stockmann (Hrsg.), Evaluationsforschung (S. 77–102). Opladen: Leske+Budrich.

Woolf, F. (2004). Partnerships for learning: a guide to evaluating arts education projects. Arts Council England. Verfügbar unter: http://www.artscouncil.org.uk/media/uploads/documents/publications/phpLYO0Ma.pdf [09.10.2012].

Wottawa, H. & Thierau, H. (1998). Lehrbuch Evaluation (2. Aufl.). Bern: Huber.

Einflüsse der föderalen Struktur der Kulturförderung in Deutschland auf die Bedeutung von Evaluation und die Evaluationspraxis im Politikfeld Kultur

Gesa Birnkraut

Zusammenfassung

Der vorliegende Artikel setzt sich mit den Fragen auseinander, inwiefern die föderale Struktur der deutschen Kulturförderung Einflüsse auf die Evaluationspraxis hat. Dazu wird zunächst ein kurzer Überblick über die Strukturen der Finanzierung und der Evaluation in Deutschland gegeben. Betrachtet werden die Fragen, welche Netzwerke bereits bestehen und welche Stellung das Thema Evaluation in der kulturpolitischen Diskussion in Deutschland hat. Folgend werden grundsätzlich verschiedene Voraussetzungen diskutiert, die bedacht werden müssen in Bezug auf die Thematik der Evaluation von Institutionen. Es werden drei unterschiedliche Ebenen der Evaluation aufgezeigt und diskutiert. Für die institutionelle Evaluation wird anhand von zwei Beispielen gezeigt, wo die Chancen und Herausforderungen liegen können. In der Zusammenfassung werden die aus Sicht der Autorin wichtigsten Chancen und Herausforderungen eines ganzheitlichen Evaluationssystems aufgezeigt und die Voraussetzungen genannt, die für die verschiedenen Akteure notwendig sind, um im deutschen föderalen System das Thema Evaluation weiter zu festigen.

1. Föderale Struktur deutscher Kulturförderung und deren Bedeutung für das Politikfeld Kultur

Die Kultur ist in Deutschland Ländersache und daher wird Kulturpolitik in Deutschland 16 Mal unterschiedlich gedacht und umgesetzt. Jedes Bundesland definiert die Wichtigkeit des Themas für sich neu und anders. Besonders sichtbar wird dies anhand der Ressortzuständigkeiten: Die Zusammenfassung des Ressorts Kultur mit den Ressorts Bildung, Schule, Jugend sind häufig zu finden (z.B. Niedersachsen und Nordrhein Westfalen), aber auch eigenständige Ministerien/Ämter für Kultur (z.B. Hamburg) gibt es. Dementsprechend ist auch der Stellenwert, den die Kultur in den Ländern einnimmt, immer ein anderer. Zum gemeinsamen, überregionalen Austausch gibt es die Kultusministerkonferenz, die sich um alle Fragen der Kultur und der Bildung kümmert. Hier findet ein Fachaustausch statt, der zu gemeinsamen Entscheidungen oder einheitlichen Aktivitäten führen kann, aber nicht zwangsläufig muss.

Bis 1998 gab es auf Bundesebene keinen Vertreter, der die deutsche Kulturpolitik auf europäischer oder globaler Ebene hätte vertreten können. 1998 wurde die Stelle des Beauftragten für Kultur und Medien geschaffen (vgl. Bundesregierung, 2011), der sich um gesamtdeutsche Themen kümmert. Das Spektrum reicht dabei von der Subventionierung gesamtdeutscher Kultureinrichtungen wie der Bundeskunsthalle in Bonn, über die Förderung der Kulturstiftung des Bundes bis hin zur Beschäftigung mit übergeordneten Themen wie der Kultur- und Kreativwirtschaft oder den Urheberrechten.

Dieses System der föderalen Strukturen spiegelt sich auch in den Zahlen der Kulturförderung wider – die klassische Pyramidenform der deutschen Kulturförderung ergibt, dass der Löwenanteil der Subventionen von den Kommunen und den Ländern übernommen wird (ca. jeweils 45 und 42%), in der Spitze der Pyramide folgt dann der Bund mit ca. 13% (vgl. Kulturfinanzbericht, 2010, S. 21). Insgesamt handelt es sich im Schnitt um 1,67% der jeweiligen Gesamthaushalte, die von der öffentlichen Hand für die Kultur zur Verfügung gestellt werden (vgl. Kulturfinanzbericht, 2010, S. 24).

Ergänzt werden kann das Bild durch die Förderung seitens der Bürger und Unternehmen in Deutschland. Es gibt dazu zwar keine bundesweiten Statistiken, aber es wird von einem Anteil von ca. 5 bis 10% der privaten Mittel an der gesamten Kulturfinanzierung ausgegangen (vgl. Buschle, 2006; Buschle, 2008; Priller & Sommerfeld, 2009; Deutscher Bundestag, 2007; Bruhn, 2010; Kulturkreis der deutschen Wirtschaft, 2012).[1]

Neben dem budgetären Aspekt hat in Deutschland jedes Bundesland durch die föderale Struktur der Kulturförderung auch seinen eigenen kulturpo-

---

1 Siehe auch Buschle 2006 und 2008, Priller/Sommerfeld, 2009 und Deutscher Bundestag, 2007 zum Thema Spenden. Laut dem Arbeitskreis Kultursponsoring des Bundesverbandes der Deutschen Industrie ist das jährliche Sponsoringvolumen im Kulturbereich aktuell auf 0,35 Mrd. Euro taxiert (vgl. Kulturkreis der deutschen Wirtschaft, 2011). Andere Untersuchungen sprechen von 0,4 Mrd. Euro Kultursponsoring von Unternehmen (vgl. Bruhn, 2010). Die Enquete-Kommission „Kultur in Deutschland" beziffert in ihrem Schlussbericht die jährliche Kulturfinanzierung für das Jahr 2006 mit einem Betrag zwischen 0,3 Mrd. Euro und 0,4 Mrd. Euro (vgl. Deutscher Bundestag, 2007).

litischen Ansatz und Handlungsrahmen. Diese unterliegen den verschiedensten Rahmenbedingungen und Regelungen (Budgetverteilung, unterschiedliche Rechtsstrukturen, Förderschwerpunkte), die durch Regierungen, Politiker und Verwaltungsleiter geprägt werden.

Das föderale Prinzip der Kulturpolitik hat insbesondere in seiner dezentralen Struktur seine Vorteile. So führen Peter Bendixen und Thomas Heinze schon 2004 aus, dass die verstärkte regionale Praxis einer moderierenden Kulturpolitik nach Hippe stärker den individuellen regionalen Bedarfen nachgehen kann (vgl. Bendixen & Heinze, 2004, S. 15). Mit der moderierenden Kulturpolitik wird verstärkt auf eine Entwicklung von Kooperation und Kommunikation innerhalb des Kulturfeldes und darüber hinaus gesetzt.

2. Herausforderungen für Evaluationen in der Kultur

Welchen Herausforderungen muss man sich nun im Grundsatz stellen, welche Problemfelder, Problematiken bedenken, wenn man sich dem Thema Evaluation und Kulturpolitik nähert? Welche Grundgedanken und Entscheidungen sind notwendig, um zu einer sachlichen Diskussion zu diesem Thema zu kommen, ohne dass durch das bloße Nennen des Wortes Evaluation Annahmen getroffen und Risiken gesehen werden? Im Folgenden werden einige der Hauptpunkte, die eine solche Diskussion beeinflussen können, aufgegriffen.

2.1 Die Restriktionen der Kulturetats

Auch wenn die Kultur mit im Schnitt 1,67% Budget des Gesamtetats der öffentlichen Hand zu einem der kleinsten Ressorts gehört, ist die Bedeutung der staatlichen Kulturförderung in Deutschland sehr hoch. Gerade wenn es um politische Reputation von Parteien und einzelnen Politikern geht, können kulturpolitische Entscheidungen vielleicht nicht wahlkampfentscheidend, aber doch wahlkampfbeeinflussend sein. Als Beispiel können hier Berlin und Hamburg genannt werden: Klaus Wowereit als Bürgermeister der Stadt Berlin machte das Ressort Kultur im Wahlkampf 2005/2006 zu seinem persönlichen Thema und übernahm die Verantwortung für die Kulturpolitik in der Stadt selbst, indem er das Ressort der Kultur sich direkt unterstellte. Olaf Scholz stellte in seinem Wahlkampf 2010/2011 das Ressort Kultur in den Vordergrund und holte Barbara Kisseler aus Berlin, um das kulturpolitische Geschehen zuvor unter Kultursenator Stuth aufzulösen (vgl. Briegleb, 2011). Höchstwahrscheinlich waren dies keine entscheidenden Faktoren für den jeweiligen Gewinn der Wahlen der genannten Personen, aber das Thema war wichtig genug, um als Wahlkampfthema Schlagzeilen zu produzieren. Kultur hat darüber hinaus in fast allen Koalitionsvereinbarungen zumindest ein eigenes Kapitel erhalten.

Historisch gesehen entstammen viele der staatlichen Kultureinrichtungen entweder den feudalen, mittelalterlichen Strukturen oder bürgerlichen Initiativen, die beide in eine staatliche Finanzierung übergeben wurden (vgl. Doll & Erken, 1985; Heinrichs, 1997). Im letzten Jahrhundert haben sich die Kulturszene in Deutschland und die geförderten Strukturen weiter vergrößert und nicht vermindert. Die hohe institutionelle Förderquote (mit der also Infrastruktur kontinuierlich und nicht nur projektweise gefördert wird), die in den Ländern in Deutschland vorherrscht, ist auch der Grund dafür, dass die Kulturpolitiker keinen großen Spielraum für neue Impulse, neue Schwerpunktsetzungen oder Veränderungen der Förderpolitik haben. Es wird davon ausgegangen, dass im Schnitt zwischen 93 und 95% der Kulturetats bereits gebunden sind an die institutionellen Förderungen für Opernhäuser, Museen, Theater, Symphonieorchester etc. – es bleiben also fünf bis sieben Prozent der Mittel, um Neues zu wagen oder Veränderungen zu bewegen.

Dabei spricht die Entwicklung der Kulturbudgets in den letzten Jahren eine eigene Sprache: Obwohl in den Haushaltsjahren 2009 und 2010 trotz der Krisen die Kulturetats in vielen Städten gewachsen sind, gingen 2011 knapp die Hälfte der von der Kulturpolitischen Gesellschaft befragten Städte von einer Kürzung ihrer Kulturetats aus (vgl. Wagner, 2010, 29ff.). Während in der Untersuchung nur eine Stadt angab, dass sie Kultureinrichtungen ganz oder teilweise geschlossen habe, entstanden in 29 Städten neue Kulturinstitutionen. Auch laut Kulturfinanzbericht 2010 steigen die Kulturbudgets stetig und kontinuierlich (vgl. Kulturfinanzbericht, 2010, S. 29). Bereinigt man diese aber um die Preissteigerungen, handelt es sich real um ein Sinken der Budgets. Im Wesentlichen können eben auch die kontinuierlichen Erhöhungen meist nicht einmal die Tarifsteigerungen des fest angestellten Personals decken (vgl. Kulturfinanzbericht, 2010, S. 26).

Die Situation stellt sich in vielen Fällen so dar, dass die Budgets marginal weiter gekürzt werden oder aber eben nicht erhöht werden, um die Tarifausgleiche aufzufangen. So wird die Situation der einzelnen Institution weiter verschärft, ohne dass es sofort zu existenzbedrohenden Situationen kommt. Wenn es dann schleichend zu solchen existenzbedrohenden Situationen kommt, hängt eine weitere Förderung oder eine Schließung der Einrichtung oft nicht von der Güte der Arbeit ab, sondern von Lobbyarbeit, Einflüssen auf die Politik und Beziehungen zum Publikum (vgl. Klein, 2011, S. 17). Ein Beispiel ist die angekündigte Schließung des Altonaer Museums in Hamburg im September 2010. Abgesehen davon, dass die Entscheidung sehr plötzlich und ohne fundierte Erklärung kommuniziert wurde (vgl. Briegleb, 2010; Tischewski, 2010) und auch abgesehen davon, wie das Altonaer Museum grundsätzlich in seiner Wichtigkeit für die Stadt Hamburg einzuschätzen ist, fiel vor allem eines auf: Die Entscheidung konnte nicht auf klaren Indikatoren oder Kriterien basieren – das einzige Kriterium, das genannt wurde, waren die Besucherzahlen. Ein Kriterium, das allein nicht ausreicht für eine solche weitreichende Entscheidung. Das Management des Museums, die Entwicklung des Hauses und seine Anziehungskraft für das Publikum – das alles wurde nicht in die Entscheidung einbezogen. Und so war sehr schnell klar, dass eine solche Entscheidung, die nicht auf objektiven, nachvollziehbaren Argumenten fußt, in der Öffentlichkeit nicht aufrechterhalten werden konnte. Das Altonaer Museum entwickelte eine Ad-hoc-Kampagne, die über 40.000 Besucher für Unterschriftenlisten mobilisierte, und die Entscheidung der Schließung wurde im Oktober 2010 zunächst revidiert (vgl. Hemmerich, 2010; Spiegel, 2012).

Es geht bei diesem Beispiel nicht in erster Linie darum, ob eine Schließung das Richtige ist oder nicht, es geht erst einmal um den politischen Prozess, um die fehlende Argumentation und die fehlenden Grundlagen, auf denen man seitens der Kulturpolitik versucht hat, solch schwer wiegende Entscheidungen zu fällen, und um die Mechanismen, wie solche Entscheidungen rückgängig gemacht werden.

Es fehlt in Deutschland in den meisten Fällen der Kürzungsentscheidungen an Kriterien, Anreiz- und Sanktionssystemen (siehe auch die Beispiele aus Erlangen und Stuttgart: In beiden Städten wurden politische Entscheidungen zu Kürzungen im Kulturbereich nach Demonstrationen widerrufen (vgl. Rossmeissl, 2011, S. 30)). Die Institutionen, die Veränderungen umsetzen und sich als lernende Organisationen zeigen, werden nicht belohnt – können oftmals aufgrund von Vorschriften nicht belohnt werden – und die Institutionen, die diese Veränderungen verschleppen, werden nicht ausreichend für ihre (ausbleibenden) Handlungen in die Pflicht genommen.

Die nähere Zukunft wird voraussichtlich eine weitere Verknappung der Mittel bringen und damit auch eine Ausdünnung der öffentlich geförderten Kulturinstitutionen. Jetzt muss die Grundlage dafür geschaffen werden, ob eher diejenigen überleben, die die besseren Lobbyisten sind oder diejenigen, die ein besseres Management und eine bessere künstlerische Qualität an den Tag legen.

In einer gegenwärtigen Debatte wird unter anderem von Pius Knüsel gefordert, dass 50% der Kulturbudgets freigesetzt werden sollen. Die Hälfte der geförderten Infrastruktur reiche aus, die frei werdenden 50% sollten dann in freie Projekte investiert werden. Damit solle Raum für Entwicklung entstehen (vgl. Knüsel, 2011). Spannend wird die Diskussion dann, wenn es um die Entscheidungsgrundlage geht, wonach denn diese Kürzungen entschieden werden sollen.

2.2 Die Beziehung zwischen Verwaltung und Politik

Die Kulturverwaltung und die Kulturpolitik verfolgen nicht immer die gleichen Interessen. Während die Politiker durchaus stark an die Legislaturperioden gebunden sind und an den politischen Druck, wiedergewählt zu werden, sind die Verwaltungen beständiger und an Kontinuität interessiert. Verwaltungen überleben mehrere Generationen von Politikern und können dadurch ein gewisses Phlegma entwickeln. Sollte die Politik also innovative Änderungen verlangen, so kann die Umsetzung an diesem Phlegma scheitern. Andersherum gibt es genügend Situationen, wo die Verwaltung innovative Systeme fordert und fördert, die aus politischen Beweggründen in Schubladen verstauben und erst Jahre später umgesetzt werden, wenn die politische Situation eine andere ist. Bei dieser sich gegenseitig bedingenden Lage stellen sich verschiedene Fragen:

- Ist die Verwaltung in der professionellen Lage, Managementqualitäten, geschweige denn künstlerische Qualitäten zu evaluieren und damit eine solide Grundlage für politische Entscheidungen zu geben?
- Ist die Politik in der Lage, über die Legislaturperiode von vier Jahren hinaus zu planen und zu entscheiden?

Antworten darauf kann es sicher nur individuell und nicht generell geben. Die Politik hat in jedem Falle eine steuernde Funktion (vgl. Fuchs, 2011a, S. 87). Es muss jedoch verdeutlicht werden, dass Entscheidungen zu Schließungen von Einrichtungen in der Regel nicht aufgrund von ganzheitlichen Evaluationen getroffen werden, sondern meist aufgrund von machtpolitischen Überlegungen, wenn überhaupt begründet durch quantitative Kennzahlen und Budgetfragen. Zu einer ganzheitlichen Evaluation gehören Faktoren wie Prozesse, Veränderungen, Entwicklungen und Potenziale nicht nur im künstlerischen, sondern auch im managerialen Bereich. Diese Faktoren werden nicht mit einbezogen oder haben zumindest kein Gewicht in den Entscheidungen.[2]

In der aktuellen Entwicklung zeigt sich jedoch auch, dass es durchaus Ansätze gibt, das Thema ganzheitlich in die politische Diskussion aufzunehmen. So wollte zum Beispiel die rot-grüne Koalition in NRW laut Koalitionsvertrag 2010 ein Kulturfördergesetz schaffen. Hierin sollten Eckpunkte für die Förderung der Kultur, der Kunst und der kulturellen Bildung und die Voraussetzungen für ihre qualitätsvolle Weiterentwicklung festgehalten werden (vgl. NRW, 2010). Auch Sachsen-Anhalt will ein Landeskulturkonzept erarbeiten mit der Entwicklung von Empfehlungen zur Kulturentwicklung und Kulturförderung (vgl. Sachsen-Anhalt, 2011). In Baden-Württemberg soll ein Innovationsfond Kultur eingerichtet werden (vgl. Baden-Württemberg, 2011).

Festzuhalten ist trotz der vereinzelten Bemühungen, dass es bundesweit keine einheitlichen Evaluationsansätze gibt, die wiederholt oder flächendeckend eingesetzt werden.

3. Evaluation von Projekten, Institutionen und Förderpraxis

Zu unterscheiden sind drei Ebenen der Evaluation – speziell in Bezug auf politische Strukturen und deren Entscheidungsmacht.

Die Evaluation der Projektförderung ist die am häufigsten genutzte Ebene der Evaluation. Projekte zeichnen sich dadurch aus, dass sie zeitlich begrenzt sind, und daher ist es die einfachste Art der Evaluation, ein Projekt mit einer Ex-post-Evaluation zu betrachten (vgl. Bemmé, 2011; Klein, 2008).

Die nächste Ebene ist die der institutionellen Förderung, die wie beschrieben den Großteil der Kulturausgaben ausmacht. Hier geht es um die Fragen, wie effizient und effektiv die Institution mit den gegebenen Ressourcen umgeht, wie gut Kunst und Kultur durch ein funktionierendes Management in der Institution unterstützt werden (vgl. Birnkraut & Heller, 2008, S. 62).

Als übergreifende Ebene ist die der Evaluation der Kulturförderung selbst zu sehen. Hier wird hinterfragt, nach welchen Kriterien Kultur gefördert

---

2 So hat A.T. Kearney in einer Studie im Herbst 2010 bereits prognostiziert, dass bis 2020 10% der Kultureinrichtungen schließen müssen (vgl. A.T. Kearney, 2010), aber auch die jährlichen Diskussionen (2010/2011/2012) über das Thalia Theater Halle (siehe www.thalia21.de) stehen als ein Beispiel dafür.

wird: Was sind die Entscheidungsgrundlagen für Politik und Verwaltung, Förderungen aufrechtzuerhalten, neu zu beginnen oder zu beenden?

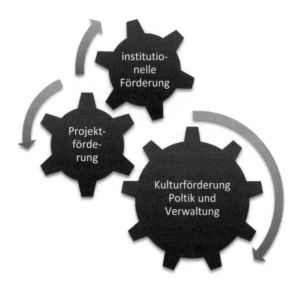

Auch wenn die Projektförderung den kleinsten Anteil an den Fördertöpfen hat, so ist die Evaluationspraxis in diesem Feld am intensivsten ausgeprägt. Zwar hat jedes Ministerium, jede Behörde eigene Mittel und Instrumente, aber der Erfahrung nach gibt es in allen Ländern – genauso wie in allen Stiftungen und sonstigen geldgebenden privaten Institutionen – Vorschriften, wie ein Projekt geprüft bzw. evaluiert werden muss. Dies geht von der einfachen Finanzabrechnung über einen zusätzlichen Sachbericht bis hin zu gesetzten Zielen mit Indikatoren und deren Überprüfung. Dabei werden in den meisten Fällen rein quantitative Ziele genauso wie qualitative Ziele vereinbart und deren Erreichen gemessen (Budgeteinhaltung, Zielgruppenerreichung, Motive der Besucher ...).

Die nächste Ebene – die der Evaluation der institutionellen Förderung – gibt ein anderes Bild ab. Flächendeckend sind jährliche Finanz- und Sachberichte meist haushaltsrechtlich vorgeschrieben. Die Gestaltung dieser und die gemeinsame Auswertung durch Verwaltung, Politik und Institution wird allerdings vollkommen unterschiedlich gehandhabt. Es gibt keine Leitlinien für die Steuerung der Verwaltung in Bezug auf die Institutionen. In einigen Ländern³ sind inzwischen für alle institutionell geförderten Institutionen Quartalsgespräche mit den Subventionsgebern vorgesehen, in denen eine Steuerung durch ein für alle einheitliches Controllingsystem geschieht, dieses ist jedoch eine Ausnahme. Weiterhin gibt es keine einheitlichen Regelungen zum Thema Zielvereinbarungen und deren Messung.

In der dritten Ebene der Evaluation der Kulturförderung wird die Luft der Evaluationspraxis noch dünner. Übergeordnete Evaluationen oder Reflexionen über die Kulturförderungspraxis werden vereinzelt angestellt, allerdings eher als eine Art kritische Reflexion denn als eine objektivierte, nach einheitlichen Kriterien vorgehende Untersuchung (vgl. Fuchs, 2011, S. 64f). Hier spielt das föderale System wieder eine besondere Rolle. Da jedes Land sein eigenes System und seine eigenen Schwerpunkte setzt, ist eine übergeordnete Reflexion schwierig durchführbar. Ansatzweise können solche Untersuchungen am ehesten als Teil eines Kulturentwicklungsplanes beobachtet werden.⁴ Ein anderes Beispiel ist Hamburg und die Evaluation der Soziokultur (siehe Beispiele weiter unten). In diesem Bereich geht es nicht nur um Evaluation als technokratisches Mittel einer Qualitätsprüfung, sondern um eine Auseinandersetzung zum Verständnis von Kunst, Kultur und Politik (vgl. Fuchs, 2004, S. 94).

Vor dem Hintergrund des Leitthemas dieses Artikels interessieren die beiden letzten Ebenen besonders. Auch im Hinblick auf die kommende Entwicklung der Budgets und der Förderstrukturen werden Evaluationen auf institutioneller und auf Förderungsebene die größten Einflüsse haben.

4. Was wird betrachtet: die Qualität des Managements oder die Qualität der Kunst?

Wenn man die verschiedenen Ebenen der Evaluation betrachtet, stellt sich auch die Frage, welche Prozesse eigentlich evaluiert werden sollen und können. Im Grundsatz kann hier unterschieden werden zwischen der Managementqualität und der künstlerischen Qualität. Die klassische Diskussion in der

---

3   Zum Beispiel Berlin.
4   Beispiele sind der Kulturentwicklungsplan Metropole Ruhr, aber auch der Masterplan Kultur in Oldenburg und der entstehende Masterplan in der Stadt Bonn. Durch die dort praktizierten partizipativen Prozesse wird gemeinsam eine Förderstruktur für die kommenden Jahre entwickelt. Hier ist die Ist-Situation gespiegelt mit einer Soll-Situation ein Teil des Prozesses und damit im Ansatz eine Evaluation der bestehenden und der zukünftigen Förderpraxis enthalten.

Fachliteratur und unterhalb der Kulturinstitutionen dreht sich meist darum, ob künstlerische Qualität messbar ist und inwiefern Kunst und Geld in Relation zueinander stehen (vgl. Fuchs, 2011, S. 116). Hier wird davon ausgegangen, dass es keine bekannten objektiven Methoden gibt, künstlerische Qualität zu messen. In dem Versuch einer Annäherung an die Qualitätsbewertung werden klassischerweise Jurys eingesetzt, die durch ihr Expertenwissen wiederum subjektive Kriterien definieren, um die künstlerische Qualität zu bemessen. Reputation und Aussagen im Referenzsystem (Kritiker, Preise, Auszeichnungen) geben wiederum ein subjektives Bild der künstlerischen Qualität. Sinnvoll wird ein Bild erst dann, wenn diese subjektiven Aussagen mit den objektivierbaren Aussagen zu Prozessen innerhalb der Organisation gespiegelt werden. Hierbei handelt es sich (wie auch in den weiter unten beschriebenen Beispielen) um Kommunikationsprozesse, Organisationsentwicklungsprozesse, Umgang mit Personalmanagement, strategische Ausrichtung der Gesamtorganisation und der Netzwerke, etc. Es geht nicht darum, eine Unmenge von quantitativen Kennzahlen zu schaffen, die nicht analysiert und zur Weiterentwicklung der jeweiligen Einrichtung genutzt werden (vgl. Richter, 2008, S. 35; Rothärmel, 2007).

Das Betrachten der Struktur ohne das Betrachten aller Prozesse ergibt ein nur unvollständiges Bild von einer Organisation (vgl. Klatetzki, 2012, S.167f.). Dieses wird allerdings oft vernachlässigt, da die Institutionen eher nach den Aussagen der Referenzsysteme und ihrer künstlerischen Aussage beurteilt werden und nicht nach dem Umgang mit Ressourcen (nicht nur Finanzen, sondern gerade Ressourcen wie Personal, Zeit etc.). Entscheidungen werden dann oftmals entweder von dem einen oder dem anderen abhängig gemacht, ohne die beiden Bereiche in Bezug zueinander zu setzen.

Die Führung eines guten Kulturbetriebs aber braucht beide Aspekte, und um dies in deutschen staatlichen Kultureinrichtungen zu stärken, sollten Anreizsysteme gesetzt und durchgehalten werden, die das organisatorische Tun der Einrichtung unterstützen.

Hier muss plädiert werden für eine Sicht, die das Management bzw. die Führung einer Kultureinrichtung als gleichberechtigt neben der künstlerischen Leitung einer Kulturinstitution ansieht. Es kann nicht um den Kampf zwischen Kulturmanagement und Kunstverstand gehen, sondern beide Bereiche müssen mit Blick auf die Ganzheitlichkeit der Organisation gemeinsam betrachtet werden.

5. Die Beihilfen – Debatte auf europäischer Ebene

Eine weitere Schwierigkeit gewinnt zunehmend für die Kultusministerien an Bedeutung: Wer sich mit den rechtlichen Aspekten auf europäischer Ebene zum Thema Beihilfen in der Kultur (vgl. BMWI, 2012) beschäftigt, wird feststellen, dass die EU in vielen Fällen die Subventionierung von Kultur in den verschiedenen Mitgliedsstaaten als Wirtschaftsförderung ansieht. Kriterien zur Annahme, dass es sich um eine solche kulturelle Beihilfe handelt, sind hier die folgenden:

- Zurechnung der Fördermittel zur öffentlichen Hand
- Erreichen eines wirtschaftlichen Vorteils durch die Förderung
- Förderung eines Unternehmens (wobei die EU hier unabhängig von der Rechtsform generell Unternehmen als eine Organisation definiert, die eine wirtschaftliche Einheit darstellen)
- Selektiver und wettbewerbsrelevanter Vorteil
- Beeinträchtigung des grenzüberschreitenden Handels

Ergibt die Prüfung der Kriterien, dass es sich um eine Beihilfe handelt, so ist diese grundsätzlich durch die EU genehmigungspflichtig. Sollte die Beihilfe nicht bewilligt werden, kann diese nicht genehmigte Beihilfe von anderen Institutionen rechtlich angezweifelt und wettbewerbsrechtliche Schritte eingeleitet werden. Die europäischen Regelungen sind zwar im Fluss und können sich noch ändern oder durch Rechtsprechungen in Zukunft deutlicher eingeengt werden, doch gilt hier eine intensivere Auseinandersetzung mit diesem Thema auf der Ebene der Institutionen und der Verwaltungen und damit auch in Hinblick auf das Thema einer kontinuierlichen Evaluation (vgl. Halsdorfer, 2012, S. 36 ff.).

6. Vorliegendes Verständnis von Evaluation

Als Grundlage für die folgenden Betrachtungen muss das hier vertretene Verständnis von Evaluation noch einmal verdeutlicht werden. Evaluation wird als ein langfristiger und auf die Verbesserung bzw. Veränderung der gesamten Organisation angelegter Prozess verstanden (vgl. Woolf, 2004; Stockmann, 2004; De Perrot & Wodiunig, 2008; Schneider, 2008). Projektevaluationen, die einmalig durchgeführt werden, haben ihre Berechtigung, werden aber in Bezug auf das vorliegende Thema im Folgenden nicht weiter betrachtet (vgl.

Baecker, 2008; Stockmann & Meyer, 2010). Vielmehr geht es um Systeme, die erst durch kontinuierlich wachsende Kommunikations- und Veränderungsprozesse ihre volle Qualität erreichen. Voraussetzung für solche Evaluationssysteme ist die Bereitschaft aller Seiten, sich diesem optimalerweise transparenten und nicht nur einfachen Betrachtungsprozess zu unterwerfen. Wertschätzung, Verbesserung, Veränderung bedeuten auch das Erkennen von Potenzialen für Veränderung, bedeuten Energie für die Umsetzung von Veränderungen, bedeuten Systeme zur Wertschätzung bei erreichten Zielen. Zusammengefasst bedeutet es, dass auf Institutionsseite eine Kultur des Lernens und aufseiten eines eventuellen Fördergebers das Verständnis für Verbesserungsprozesse vorhanden sein muss. Das einmalige Ergebnis einer ganzheitlichen Evaluation kann und darf nicht Grundlage von politischen und/oder finanziellen Entscheidungen sein. Die Entwicklung der Institution und die mittelfristige Veränderung durch kontinuierlich durchgeführte Evaluationen lassen erst eine Aussage darüber zu, wie sich die Institution langfristig verändert, verbessert und verhält. Diese Veränderungen und das Erreichen/Nichterreichen von gemeinsam gesetzten Zielen muss der Ansatz sein für Anreiz- und Sanktionssysteme.

7. Exemplarische Vorgehensweisen und deren Implikationen

Im Folgenden soll anhand von zwei Beispielen dargestellt werden, wo schon Ansätze für ganzheitliche Evaluationssysteme gesetzt wurden und welche Herausforderungen damit verbunden sein können. Dabei wurden zwei Beispiele gewählt, die die beiden übergeordneten Ebenen betreffen: einmal die Ebene der Evaluation der Kulturförderung (in diesem Falle die Förderung der Soziokultur in Hamburg) und zum anderen die Evaluation ganzheitlicher organisatorischer Prozesse in den Institutionen (in diesem Falle die Evaluation aller institutionell geförderten Institutionen in Berlin in Bezug auf das Thema der kulturellen Bildung).

7.1 Beispiel Kulturbehörde Hamburg: Evaluation der Förderstruktur der Soziokultur in Hamburg[5] (2009/2010)

Ziel

Die Stadtteilkultur wurde in Hamburg im Jahre 1998 in die Verantwortung der einzelnen Bezirke der Stadt übergeben. Die Globalsteuerung wurde dabei durch die Kulturbehörde übernommen und die Förderung und deren Richtung wurde durch eine Globalrichtlinie vorgegeben.

Die Evaluation der Stadtteilkultur sollte die Förderpraxis und die Arbeit der Einrichtungen der Stadtteilkultur in Hamburg darauf überprüfen, ob sie den an sie gestellten Anforderungen weiter gerecht werden und was gegebenenfalls anzupassen ist.

Die Evaluatoren der Stadtteilkultur sollten vor allem folgende Fragen prüfen:

1. Wie leistungsfähig sind die Einrichtungen?
2. Reicht die Förderung, wie sie derzeit zur Verfügung gestellt werden kann, zum Substanzerhalt?
3. Entspricht die Förderpraxis noch den Anforderungen, die heute an die Arbeit von Geschichtswerkstätten oder Stadtteilkulturzentren zu richten sind?
4. Ist unter den derzeitigen Förderbedingungen eine Weiterentwicklung in Programm und Strukturen möglich?

Vorgehen

Das Vorgehen umschloss folgende Ebenen:

1. Persönliche Gespräche mit den Verantwortlichen. In diesen Gesprächen wurde gemeinsam mit den Partnern versucht, Grundlagen für ein Qualitätsmanagement von Stadtteilkultur zu legen.
2. Workshop auf der Ebene der Bezirke mit allen Akteuren, um gemeinsame Perspektiven zu entwickeln.
3. Rückkopplung durch Gespräche mit den Fördergebern auf behördlicher und Bezirksebene.

---

5 Daten und Fakten sind im Folgenden dem Abschlussbericht der Evaluation entnommen, für weitere Informationen siehe: Haselbach, Hempel, Gerecht & Kutz, 2010.

Der Ergebnisbericht umfasst allgemeine Tendenzen und Empfehlungen und zeigt im Detail für die einzelnen Institutionen nachvollziehbare Ergebnisse auf.

Umgang mit dem Ergebnis

Das Ergebnis wurde auf verschiedenen Ebenen kommuniziert und diskutiert. Es wurde der Bürgerschaft vorgestellt, der Behördenleitung Kultur und den Bezirken und den Institutionen kommuniziert. Als weiterer Prozess ist in den Jahren 2011/2012 ein intensiver, moderierter Austausch zwischen Bezirksverwaltung, Kulturbehörde, Kulturinstitutionen und Politik entstanden. In diesem Prozess werden neue Förderstrukturen gemeinsam diskutiert und münden in eine Bürgerschaftsdrucksache, die im Sommer 2012 Vorschläge zum weiteren Vorgehen und zur weiteren Förderstruktur geben soll.

Herausforderungen in Bezug auf die zukünftige Entwicklung

Was das Beispiel in Hamburg so außergewöhnlich macht, ist nicht die Evaluation an sich, sondern der Prozess, der daraus gefordert wurde und gefolgt ist. Fördergeber und Fördernehmer gemeinsam eine veränderte Förderstruktur bei gegebenen, knappen Mitteln entwickeln zu lassen, ist an sich genommen schon eine Herausforderung und ein innovativer und für sich stehender Ansatz in Deutschland. Eine der größten Problematiken bei solchen Verfahren wird immer das Thema Bestandssicherung versus neue Projekte sein, eine Thematik, die eng mit institutionellen Förderungen verknüpft ist. Auch international gibt es hier nur einige wenige Beispiele von Institutionen, die versuchen neue Wege zu gehen (vgl. Birnkraut, 2010, S. 10ff.). Der Ansatz ist politisch mutig und zeigt den Weg, der gemeinsam beschritten werden muss – die Selbstverantwortung der Einrichtungen und die Selbstverantwortung der Verwaltung im gemeinsamen Austausch mit der Politik. Prozesse müssen hier geschaffen werden, die über eine Legislaturperiode hinaus Planungssicherheiten ergeben und trotzdem Raum für freie Entwicklungen von Themen und Potenzialen lassen. Der Prozess in Hamburg ist noch nicht abgeschlossen, aber jetzt schon ein wichtiges Zeichen der gemeinsamen Verantwortung für die Förderung von Kultur und deren Evaluation.

7.2 Beispiel Senatsverwaltung für kulturelle Angelegenheiten Berlin: Evaluation aller institutionell geförderten Institutionen in Bezug auf das Thema kulturelle Bildung[6] (2010/2011)

Ziel und Hintergrund

Der Auftrag zur Evaluation wurde im Jahr 2006 vom Berliner Abgeordnetenhaus ausgesprochen. Der Senat wurde aufgefordert, ressortübergreifend ein Rahmenkonzept für kulturelle Bildung in Berlin zu entwickeln. Als Teil des Konzeptes sollte auch eine regelmäßige Evaluation der Angebote der kulturellen Bildung implementiert werden. Das Konzept selbst wurde im März 2008 dem Abgeordnetenhaus vorgelegt.

Eine erste Evaluation wurde zwischen Juni und Dezember 2010 mit den 60 Einrichtungen kultureller Bildung vorgenommen.

Ziel der Evaluation war es, die Ermittlung des Status quo im Bereich kulturelle Bildung in den Berliner Kultureinrichtungen aufzuzeigen. Die Evaluationssystematik ging dabei vornehmlich auf strukturell-organisatorische Prozesse ein. Bei der Evaluation ging es nicht darum, den künstlerischen Inhalt der Projekte oder Programme zu bewerten oder eine Bewertung der künstlerischen Qualität vorzunehmen.

Das Evaluationsverfahren sollte Aufschluss über den Stellenwert der Vermittlung von kultureller Bildung in Berlin geben und helfen, vermittlungspolitische Zielsetzungen zu formulieren. Ferner sollte es Anregung zur Selbstevaluation für die Einrichtungen sein und helfen, die Prozesse in diesem Bereich zu beurteilen und laufend weiterzuentwickeln. Es ging nicht um eine einmalige Bestandsaufnahme, sondern um die Initiierung eines kontinuierlichen dialogischen Prozesses zwischen den Einrichtungen und Akteuren einerseits und der öffentlichen Verwaltung und Politik andererseits.

Vorgehen

Das Evaluationssystem wurde auf der Basis eines Balanced Score Card Systems aufgebaut. Dieses Prinzip der ganzheitlichen Betrachtung wurde umgesetzt auf den Bereich der kulturellen Bildung und dessen Einbeziehung aller

---

6 Die folgenden Daten und Fakten sind dem Abschlussbericht der Evaluation entnommen worden, weitere Informationen sind unter BIRNKRAUT|PARTNER arts + business consultants, 2012 zu finden.

das Management betreffenden Prozesse. Es geht um strategische Ziele, die Leistung, die dieser Bereich erbringt, und die Wirkung, die er erzielt, sowie um die wirtschaftliche Steuerung und internen Potenziale. Es geht also um die Prozesse, die die Einrichtungen hier bereits einsetzen, und um deren Qualität und Nachhaltigkeit. Das Evaluationskonzept umfasste generell drei Schritte:

1. Abfragen von Daten und Fakten bei den einzelnen Einrichtungen mittels Fragebögen
2. Ein persönliches, leitfadengestütztes Gespräch zwischen Kultureinrichtung, Evaluatoren und Vertretern der Senatskanzlei – Kulturelle Angelegenheiten
3. Analyse und Gesamtauswertung der Ergebnisse aus Fragebögen und Gespräch

Fragebögen: Dem Balanced Score Card System folgend wurden hier verschiedene Sichtweisen betrachtet. Ausgewählt wurden die Bereiche Leistung und Wirkung, Organisations-, Ziel- und Strategieentwicklung, Interne Potenziale und Wirtschaftliche Steuerung. Dabei folgen die vier Bereiche mit fünf Fragebögen einem Baukasten-System: Jeder Fragebogen behandelt einen eigenen Themenbereich. Dies dient der Langfristigkeit des Evaluationsprozesses: Je nach Bedarf können in den nächsten Jahren bestimmte Teilbereiche unter Benutzung der jeweiligen Bausteine separat behandelt werden.

Gemeinsam mit der Senatskanzlei – Kulturelle Angelegenheiten wurden Kriterien entwickelt, um festzustellen, wann die Erwartungen an die Umsetzung von kulturellen Bildungsangeboten als optimal erfüllt anzusehen waren. Entsprechend wurden die Fragebögen und die Gespräche ausgewertet. Die Evaluation ging dabei nicht von quantitativen Kennzahlen aus, sondern betrachtete vielmehr qualitativ jene Prozesse innerhalb der kulturellen Bildung, die systematisch und kontinuierlich eingesetzt werden, um eine größtmögliche und nachhaltige Wirkung bei den Rezipienten zu erreichen. Diese systematische und kontinuierliche Auseinandersetzung zeigte sich erst in der Kopplung von Fragebögen mit persönlichem Gespräch. Ein Fragebogen alleine wäre nicht ausreichend gewesen.

Umgang mit dem Ergebnis

Das Ergebnis wurde auf verschiedenen Ebenen kommuniziert. Es wurde der Bürgerschaft der Stadt Berlin vorgestellt, es wurde der Senatsverwaltung präsentiert und diskutiert und die betreffenden Einrichtungen haben die Ergebnisse erhalten. Weiter wurde der Bericht auf der entsprechenden Website der Stadt Berlin veröffentlicht. Wieder ist die Berichterstattung nicht das Besondere an dem Prozess, sondern der kontinuierliche und langfristige Umgang mit dem entwickelten Prozess.

Der Prozess wurde mit den Verantwortlichen aus der Senatsverwaltung so weiter entwickelt, dass die Betreuer der Institutionen auf Verwaltungsseite die Evaluation in den jeweiligen Jahresgesprächen als Basis aufgreifen können. Den Institutionen wurde andererseits durch das Instrumentarium der Fragen die Möglichkeit gegeben, eine kontinuierliche Eigenevaluation anzustellen. Dies wird durch die gemeinsamen Jahresgespräche gefördert und durch das Baukastensystem erleichtert, da nicht jedes Jahr alle Bereiche betrachtet werden müssen, sondern ausgewählte Themen und Bereiche besprochen werden können.

Herausforderungen in Bezug auf die zukünftige Entwicklung

Das Projekt hat einen Mehrwert für die Verwaltung und die Institutionen selbst in Form von Informationsvermittlung ergeben, aber auch im Hinblick auf die Veränderung und Verbesserung der eigenen Prozesse. Im weiter laufenden Prozess werden noch stringentere Ziele und Indikatoren für die behandelten Bereiche entwickelt, hierzu muss auch die politische Bereitschaft vorhanden sein.

Auf politischer Ebene hat die Information zwar positive Effekte erzeugt, hier wäre eine intensivere Auseinandersetzung mit den Ergebnissen aber wünschenswert gewesen.

7.3 Diagnose und Einschätzung

Die beiden Beispiele Hamburg und Berlin zeigen exemplarisch auf, welche Ansätze in der Vielfalt des föderalen Kultursubventionskanons vorhanden sind. Dies sind nicht die einzigen Beispiele, aber sie zeigen gut die Möglichkeiten und Grenzen von Evaluationssystemen auf. Diese Evaluationssysteme sind in der föderalen Struktur nur vereinzelt zu finden, der Austausch über die Grenzen der Bundesländer hinweg verläuft schleppend, der Wille, Systeme aus anderen Bundesländern zu übernehmen, ist eher als gering einzustufen. Die Bundesländer handeln eher je nach ihrer eigenen Situation, als nach grundsätzlichen Bedarfen einer Gesamtstruktur. Aus der Betrachtung der im Artikel genannten Grundlagen und Beispiele lassen sich nun verschiedene Felder identifizieren, die in Zukunft eine Rolle in Bezug auf das Thema Evaluation, föderale Strukturen und Kulturpolitik spielen. Aus Sicht der Autorin bauen diese Felder aufeinander auf und können nicht getrennt voneinander betrachtet werden.

Kulturmanagement und künstlerische Leitung

Die gleichberechtigte Sicht auf das Management bzw. die Führungsaspekte und künstlerische Leitung in Kulturinstitutionen ist in Deutschland nicht flächendeckend durchgesetzt. Es geht hierbei nicht um die Ökonomisierung der Kunst und Kultur und es geht auch nicht darum, dass ökonomische Prozesse den Kunstbetrieb bestimmen. Eher im Gegenteil geht es darum, dass die ökonomischen Prozesse dazu genutzt werden können, den Kunstbetrieb zu erhalten und zu verändern. Es geht darum, dass Kulturbetriebe als Organisationen angesehen werden müssen, die nicht nur aus dem künstlerischen Inhalt, sondern auch aus Kommunikations- und Organisationsentwicklungsprozessen bestehen, die neben künstlerischen und wissenschaftlichen Kompetenzen auch wirtschaftlicher und strategischer Kompetenzen bedürfen. Aus Sicht der Autorin werden diese Kompetenzen in den kommenden Jahren noch wichtiger, um gerade öffentliche Kulturbetriebe weiter zu entwickeln.

Anreizsysteme

Aus diesem Grundsatz heraus müssen für institutionell geförderte Einrichtungen Anreiz- und Sanktionssysteme geschaffen werden, die nicht nur herausragende Leistungen im künstlerischen, sondern auch im Managementbereich betreffen. Wenn Kürzungen oder Mittelverteilungen anstehen, sollten diese Prozesse mit in die Betrachtung und Entscheidungsfindung einbezogen werden. Organisationen, die seit Jahren Veränderungsprozesse nach vorne treiben und Eigenverantwortung für das eigene Budget und seine Verwendung aufzeigen, sollten dementsprechende Wertschätzung erfahren. Dies bedeutet auch, dass klar strukturierte und deutlich formulierte Ziele vereinbart werden. Zusammen mit diesen Zielen müssen Indikatoren und Kriterien zur Messung der Zielerreichung gesetzt werden, damit diese möglichst objektiv gemessen werden kann. Auch hier muss festgehalten werden, dass die alleinige Entscheidung aufgrund von quantitativen Kennzahlen nicht ausreicht.

Kompetenz in der Verwaltung und der Leitung der Institutionen

Um gemeinsame Ziele erarbeiten zu können, müssen aufseiten der Verwaltung und aufseiten der Leitung der Institution das dementsprechende Verständnis und die Kompetenzen für die Prozesse vorhanden sein. Die Entwicklung zeigt, dass in vielen Fällen dieses Verständnis und diese Kompetenz auch mit einer Art Generationswechsel einhergeht (damit ist hier nicht ausschließlich die Altersstruktur der Leitungsverantwortlichen gemeint, sondern die Möglichkeit, mit neuen Verträgen für neu zu besetzende Leitungsfunktionen auch neue Steuerungselemente setzen zu können). Es muss der Wille der Institution und auch der Verwaltung vorhanden sein, eigene Verantwortung zu übernehmen, nicht nur für die künstlerischen Prozesse, sondern auch für die internen Managementprozesse. Dazu gehören unter anderem eine dezentrale Budgetverantwortung, ein strategisches Personalmanagement und der Vorsatz, sich selbst als lernende Organisation zu verstehen. Besonders in den Strukturen des deutschen öffentlichen Arbeitsrechtes und der zum Teil fehlenden Flexibilität in Bezug auf öffentliche Angestellte in staatlichen Kultureinrichtungen ist eine kluge und ganzheitlich denkende Führung unerlässlich. Der Mut und die Energie, die notwendigen Veränderungen nach vorne zu treiben, sind eine wichtige Voraussetzung und nicht zu unterschätzen.

Mut in der Politik

Die angeführten Prozesse werden ohne den Mut der Politik, strategische und langfristig angelegte Entscheidungssysteme einzuführen und die daraus entstehenden Konsequenzen auch zu tragen, nicht greifen. Nur wenn das bisherige Denken in Vier-Jahres-Perioden in den Hintergrund tritt und die Politiker bereit sind, auch unpopuläre Entscheidungen zu vertreten, werden die vorher genannten Instrumente in ihrer eigenen Stringenz durchführbar und erfolgreich sein. Die aufgebauten Anreizsysteme müssen bedient werden, und das bedeutet auch, dass es in verschiedenen Bereichen bei einer gleich hohen Grundfinanzierung zu Umverteilungen kommen wird. Es muss den politischen Vertretern deutlich werden, dass die hier zu treffenden Entscheidungen stärker durchsetzbar sind, wenn sie durch objektive Systeme getragen werden. Dies würde zu einer Versachlichung und objektiveren Auseinandersetzung mit dem Thema der Kulturförderung führen. Auch hier muss noch einmal betont werden, dass es nicht um eine Ökonomisierung der Kunst und Kultur geht, sondern um eine ganzheitliche Betrachtung des Kunstbetriebes, zu dem ohne Frage Organisationsaspekte hinzugehören.

8. Fazit

Evaluationssysteme, die ganzheitlich Organisationen betrachten, zeichnen ein vollständigeres Bild der Gesamtsituation und ermöglichen so eine Aussage über die Entwicklung und Veränderung der Institution und ihrer Mitarbeiter, um ihren ureigenen Zweck noch besser zu erfüllen.

In erster Linie sollten solche ganzheitlichen Evaluationssysteme aufgesetzt werden, um sich selbst zu verbessern und um mehr über seine eigene Organisation zu erfahren. Es muss im Sinne jeder ganzheitlich denkenden Führungskraft sein, solche Prozesse zu initiieren und voranzutreiben.

In zweiter Linie kann dann das Zusammenspiel zwischen Verwaltung und Institution betrachtet werden, die solche Evaluationssysteme zu einer Verbesserung des Austausches und der Kommunikation nutzen können. Zielsysteme machen dabei Erwartungen transparent, die in vielen Fällen momentan noch unklar oder unausgesprochen bleiben.

In der dritten Ebene können transparente Evaluationssysteme und deren Entwicklungen der Politik als Basis für Entscheidungen gelten.

Das föderale System erschwert dabei auf der einen Seite die Situation in einiger Hinsicht und auf der anderen Seite erleichtert es sie auch: Es werden verschiedene, vielfältige Ansätze der Evaluation durch die Eigenverantwortung der Länder möglich, allerdings fehlt der intensive Austausch und das gemeinsame Verständnis für die Thematik und die Bedeutung in der zukünftigen kulturpolitischen Diskussion.

Literatur

Baecker, D. (2008). Zur Evaluation kultureller Projekte. In: *Zeitschrift für Evaluation,* 7 (1), S. 97–111.
Bemmé, S.-O. (2011). *Kultur-Projektmanagement: Kultur- und Organisationsprojekte erfolgreich managen.* Wiesbaden: VS Verlag.
Bendixen, P. & Heinze, T. (2004). Kulturförderung und Kulturfinanzierung. In: T. Heinze (Hrsg.), *Neue Ansätze im Kulturmanagement* (S. 15–40). Wiesbaden: VS Verlag.
Birnkraut, G. (2010). *Evaluation in der Kultur.* Wiesbaden: VS Verlag.
Birnkraut, G. & Heller, V. (2008). Evaluation als Grundlage und Instrument kulturpolitischer Steuerung. In: K. Ermert (Hrsg.), *Wolfenbütteler Akademie-Texte 34* (S. 60–74). Wolfenbüttel: Bundesakademie für kulturelle Bildung.
Bruhn, M. (2010). *Sponsoring.* Wiesbaden: Gabler-Verlag.

Buschle, N. (2006). *Spenden in Deutschland*. Wiesbaden: Statistisches Bundesamt, Wirtschaft und Statistik 2/2006.
Buschle, N. (2008). *Spenden – von wem und wofür?* Wiesbaden: Statistisches Bundesamt.
De Perrot, A.-C &Wodiunig, T. (2008). *Evaluieren in der Kultur – Warum, was, wann und wie? Ein Leitfaden für die Evaluation von kulturellen Projekten, Programmen, Strategien und Institutionen.* Herausgegeben von Migros-Kulturprozent und der Schweizer Kulturstiftung Pro Helvetia.
Deutscher Bundestag. (2007). *Schlussbericht der Enquete-Kommission „Kultur in Deutschland"*. Drucksache 16/7000. Berlin: Deutscher Bundestag.
Doll, H.- P. & Erken, G. (1985). *Theater*. Stuttgart/Zürich: Belser Verlag.
Fuchs, M. (2004): Evaluation in der Kulturpolitik – Evaluation von Kulturpolitik. In: K. Ermert (Hrsg.), *Evaluation in der Kulturförderung. Über Grundlagen kulturpolitischer Entscheidungen. Wolfenbütteler Akademie Texte 18* (S. 81–96). Wolfenbüttel: Bundesakademie für kulturelle Bildung.
Fuchs, M. (2011): *Kulturpolitik*. Wiesbaden: VS Verlag.
Fuchs, M. (2011a): *Leitformeln und Slogans in der Kulturpolitik*. Wiesbaden: VS Verlag.
Halsdorfer, A. (2012): Beihilfen im Kulturbereich – pragmatische Lösungen in Sicht? In: *Kommunalpraxis Spezial, 1* , 35–42.
Heinrichs, W. (1997): *Kulturpolitik und Kulturfinanzierung*. München: Beck.
Klatetzki, T. (2012). Professionelle Organisationen. In: M. & V. Tacke (Hrsg.), *Handbuch Organisationstypen* (S. 165–183*)*. Apelt: Springer Verlag.
Klein, A. (2008). *Projektmanagement für Kulturmanager* (3. Auflage). Wiesbaden: VS Verlag.
Klein, A. (2011). *Der exzellente Kulturbetrieb*. Wiesbaden: VS Verlag.
Knüsel, P. (2011). Weniger ist mehr. Raum für Entwicklung! In: *Kulturpolitische Mitteilungen, 133 II,* 46–51.
Priller, E. & Sommerfeld, J. (2009). *Spenden in Deutschland*. Berlin: LIT Verlag.
Richter, R. (2008). Evaluation als Instrument der Kulturpolitik auf kommunaler Ebene. In: K. Ermert (Hrsg.), *Evaluation als Grundlage und Instrument kulturpolitischer Steuerung. Wolfenbütteler Akademie Texte* (S. 28–37). Wolfenbüttel: Bundesakademie für kulturelle Bildung.
Rothärmel, B. (2007). *Leistungserstellung im Kulturmanagement*. Wiesbaden: DUV.
Rossmeissl, D. (2011). Protestkultur und kulturelle Infrastruktur. In: *Kulturpolitische Mitteilungen, 133 II,* 30–33.
Schneider, V. (2008). Evaluation: Theoretische und praktische Fragen zur Entwicklung im Kulturbereich. In: K. Ermert (Hrsg.), *Evaluation als Grundlage und Instrument kulturpolitischer Steuerung. Wolfenbütteler Akademie-Texte 34.* Wolfenbüttel: Bundesakademie für kulturelle Bildung.
Stockmann, R. (2004). Was ist eine gute Evaluation? In: K. Ermert (Hrsg.), *Evaluation in der Kulturförderung. Über Grundlagen kulturpolitischer Entscheidungen. Wolfenbütteler Akademie-Texte 18*. Wolfenbüttel: Bundesakademie für kulturelle Bildung.
Stockmann, R. & Meyer, W. (2010). *Evaluation – Eine Einführung*. Opladen & Bloomfield Hills: Verlag Barbara Budrich.

Wagner, B. (2010). Nothaushalte und wachsende Kuluretats. Umfrage zur Situation der kommunalen Kulturfinanzierung. In: *Kulturpolitische Mitteilungen, IV* (131), 29–33.

Woolf, F. (2004): *Partnerships for learning – a guide to evaluating arts education projects.* Arts Council England.

Online

Tischewski, J. (2010). *Museumsdirektor: Altona wird „geistige Mitte" genommen.* Verfügbar unter: www.abendblatt.de/hamburg/article1641223/Museums direktor-Altona-wird-geistige-Mitte-genommen.html [20.02.2012].

A.T. Kearny. (2010). *Mehr als jede zehnte Kultureinrichtung von Schließung bedroht.* (Pressemitteilung vom 18. August 2010). Verfügbar unter: www.atkearney.de/content/presse/pressemitteilungen_practices_detail.php/id/ 51130/practice/allgemeines [21.02.2012].

Baden-Württemberg. (2011). *Der Wechsel beginnt, Koalitionsvertrag BÜNDNIS 90/ DIE GRÜNEN und der SPD 2011–2016.* Verfügbar unter: http://www.gruenebw.de/fileadmin/gruenebw/dateien/Koalitionsvertrag-web.pdf [01.05.2012].

BIRNKRAUT|PARTNER arts + business consultants. (2012). *Bericht zur Evaluation Kulturelle Bildung.* Verfügbar unter: http://www.berlin.de/imperia/md/con tent/senkultur/kulturellebildung/evaluation_kulturelle_bildung_final__2011_0 3_14_bericht.pdf?start&ts=1311254814&file=evaluation_kulturelle_bildung_ final__2011_03_14_bericht.pdf [10.02.2012].

Briegleb, T. (2011). Ende der musischen Bewusstseinstrübung. In: *Süddeutsche.* Verfügbar unter: www.sueddeutsche.de/kultur/hamburger-kulturpolitik-ende-dermusischen-bewusstseinstruebung-1.1063027 [20.2.2012].

Briegleb, T. (2010). Kampfansage. In: *Süddeutsche.* Verfügbar unter: www.sueddeut sche.de/kultur/kulturszene-hamburg-kampfansage-1.1003963 [20.12.2012].

Bundesministerium für Wirtschaft und Technologie (BMWI). (2012). *Häufig gestellte Fragen zur Berücksichtigung des EU-Beihilfenrechts bei der Kulturförderung.* Verfügbar unter: www.bmwi.de/BMWi/Redaktion/PDF/B/arbeitshilfe-kultur foerderung,property=pdf,bereich=bmwi,sprache=de,rwb=true.pdf [10.02.2012].

Bundesregierung. (2011). *Im Bund mit der Kultur. Kultur- und Medienpolitik der Bundesregierung Deutschland.* Downloadbar unter: http://www.bundesregie rung.de/Content/DE/StatischeSeiten/Breg/BKM/2011-11-17-neue-broschuere. html?nn=402656 [15.02.2012].

Haselbach, D., Hempel, L., Gerecht, C. & Kutz, S. (2010). *Evaluation Stadtteilkultur. Bericht.* Verfügbar unter: http://www.hamburg.de/contentblob/2329580/data/ evaluationsbericht-icg-stadtteilkultur.pdf [26.03.2012].

Hemmerich, L. (2010). *Hamburger Kulturgipfel: Altonaer Museum soll vorerst nicht geschlossen werden.* Verfügbar unter: www.nmz.de/kiz/nachrichten/ham burger-kulturgipfel-altonaer-museum-soll-vorerst-nicht-geschlossen-werden [26.03.2012].

Kulturkreis der deutschen Wirtschaft. (2012). *Positionen Arbeitskreis Kultursponsoring.* Verfügbar unter: http://www.kulturkreis.eu/index.php?option=com_con tent&task=blogcategory&id=44&Itemid=177 [20.02.2012].

NRW. (2010). *Koalitionsvertrag 2010–2015*. Verfügbar unter: http://www.spd-fraktion.landtag.nrw.de/spdinternet/www/startseite/Dokumentenspeicher/Dokumente/Pressestelle/Dokumente/Koalitionsvertrag_Rot-Gruen_NRW_2010-2015.pdf [01.05.2012].

Sachsen-Anhalt. (2011). *Sachsen-Anhalt geht seinen Weg: Wachstum, Gerechtigkeit, Nachhaltigkeit. 2011–2016*. Verfügbar unter: http://www.sachsen-anhalt.de/fileadmin/Elementbibliothek/Bibliothek_Politik_und_Verwaltung/Politik%2BVerwaltung/Dokumente/11-04-13_koalitionsvertrag_neu.pdf [01.05.2012].

Statistische Ämter des Bundes und der Länder. (2010). *Kulturfinanzbericht 2010*. Verfügbar unter: www.statistik-portal.de/statistik-portal/kulturfinanzbericht_2010.pdf [20.02.2012].

Spiegel. (2010). *Kultur-Kahlschlag in Hamburg. Altonaer Museum wird geschont*. Verfügbar unter: www.spiegel.de/kultur/gesellschaft/0,1518,725849,00.html [20.02.2012].

Thalia 21. *Gegen die Schließung des Thalia Theaters Halle*. Verfügbar unter: www.thalia21.de [15.2.2012].

Wirkungsforschung in der Kulturellen Bildung

Vanessa-Isabelle Reinwand

Zusammenfassung

Kulturelle Bildung hat in Deutschland Konjunktur, vor allem seit der PISA-Schock zur letzten Jahrhundertwende eine Diskussion um das optimale Bildungssystem neu entfacht hat. Obwohl Bildungs-, Kultur-, Sozialpolitiker sowie Experten aus Wissenschaft und Praxis immer wieder die Notwendigkeit und den Nutzen Kultureller Bildung für eine umfassende Allgemeinbildung proklamieren, wird z.b. in den allgemeinbildenden Schulen den Künsten ein eher geringer Stellenwert beigemessen und künstlerische Fächer werden sogar in der Stundenzahl abgebaut.

Während die einen Kulturelle Bildung allein im außerschulischen Bereich als Freizeitbeschäftigung verortet sehen und Wirkungen lediglich *in* den Künsten erwarten, gehen andere von überhöhten Bildungserwartungen *durch* die Künste aus, denen meist der wissenschaftlich eindeutige Nachweis fehlt. Die Künste werden also einerseits als Allheilmittel betrachtet und andererseits wird ihr wahres Potenzial zu wenig gekannt und genutzt. Grund genug, um eine datenreiche wissenschaftliche Argumentationsgrundlage für die sinnvolle rezeptive und produktive Auseinandersetzung mit den Künsten in Deutschland zu generieren und damit professionelle kulturelle Bildungsprogramme als Teil einer umfassenden Allgemeinbildung allen Menschen zur Verfügung zu stellen.

Der folgende Artikel versucht eine erste Vermessung des Feldes der Wirkungsforschung in der Kulturellen Bildung. Neben einer Bestimmung der wesentlichen Begrifflichkeiten, werden systematische Zugänge zu diesem in Deutschland kaum wissenschaftlich entwickelten Bereich aufgezeigt und wenige bedeutsame Studien in ihrer Methodik und einigen Ergebnissen vorgestellt. Der Artikel endet mit einem Plädoyer für eine vernetzte, interdisziplinäre Forschungslandschaft, die es erst ermöglicht, genauere Kenntnisse über Wirkungen der Künste in Theorie und Praxis zu erlangen und damit Kultureller Bildung eine größere Durchsetzungskraft im öffentlichen Diskurs um ‚die richtige' Bildung zu verschaffen.

1. Einleitung

Infolge des PISA-Schocks um das Jahr 2000 wird in Deutschland wieder vermehrt über die Qualität unserer allgemeinbildenden Institutionen nachgedacht. Das Programme for International Student Assessment (Programm zur internationalen Schülerbewertung) bescheinigte Deutschlands Mittelstufenschülern unterdurchschnittliche Leistungen im internationalen Vergleich in den Naturwissenschaften, in Mathematik sowie in der Lesekompetenz und im Textverständnis (literacy). Verschiedene fachspezifische Aktivitäten wurden daraufhin unternommen, um die Kompetenzen der Schüler in den getesteten Fächern zu verbessern. Neben didaktischen und curricularen Änderungen wird immer wieder auch über die Organisation des Schulsystems an sich nachgedacht. Ähnlich den reformpädagogischen Bemühungen um 1900 sucht man solche Impulse im außerschulischen Bildungsbereich, z.B. in der Kulturellen Bildungsarbeit – und kann sie finden.

Angeregt durch die seit ungefähr den 1970er Jahren kontinuierlich stattfindende Lobbyarbeit der Fachverbände Kultureller Bildung, insbesondere der Bundesvereinigung für kulturelle Kinder- und Jugendbildung BKJ e.V., und im Zuge der vermehrten Einführung von verschiedenen Formen der Ganztagesschulen nimmt man aus der außerschulischen Kulturellen Bildungsszene zahlreiche Impulse zur Gestaltung einer umfassenden Allgemeinbildung und zur Stärkung unterschiedlichster Kompetenzen bei Kindern, Jugendlichen, aber auch Erwachsenen wahr. Ein Modell die individuelle Wirksamkeit Kultureller Kinder- und Jugendprojekte zu bescheinigen, transparent zu machen und zu erforschen ist beispielsweise der Kompetenznachweis Kultur (KNK), von dem später noch die Rede sein wird. Man verspricht sich von der rezeptiven und produktiven Beschäftigung mit den Künsten neben einer Bildung *in den Künsten* (Ausbildung und Professionalisierung der jeweiligen Kunsttechnik) vor allem auch eine Bildung *durch die Künste*, d.h. zahlreiche Transfereffekte wie die Förderung von Schlüsselkompetenzen, die sich auch auf nichtkünstlerische Fächer direkt oder indirekt auswirken. Die Enquete-Kommission des Deutschen Bundestages „Kultur in Deutschland" bringt solche Erwartungen an Kulturelle Bildung Ende 2007 folgendermaßen auf den Punkt:

„Eine ganzheitliche Bildung, die Musik, Bewegung und Kunst einbezieht, führt, wenn diese Komponenten im richtigen Verhältnis stehen, im Vergleich zu anderen Lernsystemen bei gleicher Informationsdichte des Unterrichts für den Lernenden zu höherer Allgemeinbildung. Gleichzeitig werden höhere Kreativität, bessere soziale Ausgeglichenheit, höhere soziale Kommunikationsfähigkeit, höhere Lernleistungen in den nichtkünstlerischen Fächern (Mathematik, Informatik), bessere Beherrschung der Muttersprache und allgemein bessere Gesundheit erreicht. Durch kulturelle Bildung werden grundlegende Fähigkeiten und Fertigkeiten erworben, die für die Persönlichkeitsentwicklung des jungen Menschen, die emotionale Stabilität, Selbstverwirklichung und Identitätsfindung von zentraler Bedeutung sind: Entwicklung der Lesekompetenz, Kompetenz im Umgang mit Bildsprache, Körpergefühl, Integrations- und Partizipationskompetenz und auch Disziplin, Flexibilität, Teamfähigkeit" (Deutscher Bundestag, 2007, S. 379).

Dieses Zitat macht einerseits deutlich, dass wenig Konkretes über die Wirkung Kultureller Bildung ausgesagt werden kann, da z.B. das „richtige Verhältnis der Komponenten" nicht bestimmt wird und allgemein auch kaum bestimmt werden kann. Andererseits zeigt es, wie hoch und umfassend dennoch die Wirkungserwartungen an Kulturelle Bildung ausfallen. Man kann sich anhand dieser – bis zur Unglaubwürdigkeit – verdichteten Beschreibung der Forschungsergebnisse über Wirkungen Kultureller Bildung fragen, warum Kulturelle Bildung noch nicht *das* zentrale Kernfach einer jeden Allgemeinbildung darstellt.

Theoretische Sonntagsreden und Praxis klaffen hier eklatant auseinander. Die Legitimation der künstlerischen Schulfächer wie Musik, Bildende Kunst oder in einzelnen Bundesländern auch Theater/Darstellendes Spiel gegenüber den sogenannten Kernfächern wie Deutsch und Mathematik scheint dringend notwendig, um den Abbau der künstlerischen Fächer im schulischen Curriculum aufzuhalten und auch die außerschulischen Kulturellen Bildungsangebote zu stärken.

Dieser Artikel beschäftigt sich demnach mit unterschiedlichen Formen der Wirkungsforschung in der Kulturellen Bildung. Zunächst sollen zentrale Begrifflichkeiten geklärt werden, da an ihnen ein bestimmtes Verständnis und damit eine wissenschaftliche Herangehensweise an die Kartographierung des weiten Feldes der Wirkungsforschung deutlich wird. Des Weiteren wird versucht, einen aktuellen Einblick in den Forschungsstand bzw. zentrale Studien der Wirkungsforschung im Feld Künstlerisch-Ästhetisch-Kultureller Bildung zu geben und grundlegende Forschungsprobleme und Forschungslücken aufzuzeigen. Abschließend sollen auf dieser Grundlage zukünftige Forschungs- und Praxisherausforderungen identifiziert und benannt werden.

2. Kulturelle Bildung – ein Begriff, viele Konzepte!

Um das (Praxis-)Feld Kultureller Bildung ranken sich zahlreiche Begrifflichkeiten, die im Folgenden zunächst näher bestimmt werden sollen.

Sprechen wir von „Künstlerischer Bildung" meinen wir meist die Ausbildung in den Künsten selbst. Das Erlernen einer spezifischen künstlerischen Technik wie z.b. Klavierspielen oder Zeichnen orientiert sich an einem professionellen künstlerischen Maßstab und misst die Lernerfolge, zumindest bis zu einem gewissen Grad, an der Erreichung dieser technischen Kunstfertigkeit. Ob jemand Klavierspielen kann oder nicht, lässt sich also relativ leicht feststellen. Wie gut jemand Klavier spielen kann, vielleicht auch im Gegensatz zu einem anderen Klavierspieler, ist – zumindest für den musikalischen Laien – wesentlich schwerer festzustellen. Am ehesten könnte man bei der künstlerischen Bildung also auch von künstlerischer „Erziehung" sprechen. Ein bestimmtes Erziehungsziel ist klar erkennbar, nämlich die möglichst professionelle Beherrschung der jeweiligen künstlerischen Technik. Einem Lehrer kommt hier zunächst die Aufgabe zu, durch entsprechende Übungen und Übungsmaterialien den Schüler auf dieses Ziel hin anzuleiten. Natürlich gibt es auch Autodidakten, die sich Instrumente selbstständig ohne Lehrer aneignen. Mit einem Lehrer geschieht dies in der Praxis wohl aber wesentlich öfter und sicherlich auch schneller. Jeder intendierte Erziehungsprozess muss aber scheitern, wenn sich das Individuum gegen diesen Prozess wehrt. Die Motivation und Selbsttätigkeit des Subjektes ist also bei Lernprozessen nie zu unterschätzen und führt uns zum Konzept von Bildung.

Der Bildungsbegriff, zurückgehend auf das Bildungsverständnis des deutschen Idealismus, unterscheidet sich wesentlich von dem Erziehungsbegriff und ist umfassender angelegt. „Bildung", folgt man z.B. Wilhelm von Humboldt, ist immer als Selbst-Bildung gedacht und äußert sich durch ein Wechselverhältnis zwischen Selbst und Welt. Das Subjekt bestimmt selbsttätig, welche Inhalte zum Lerngegenstand werden und wie der Aneignungsprozess erfolgt. Nach Humboldt sind „Freiheit" und „Mannigfaltigkeit" (von Humboldt, 1792/1967, S. 22ff.) Voraussetzungen für Bildungsprozesse. Das Individuum soll in Freiheit entscheiden, was es sich wie aneignen möchte und dazu vielfältigste Anregungen aus seiner sozialen Umwelt erhalten und wahrnehmen. Denn nur durch die stetige Auseinandersetzung des Selbst mit der Welt wird Bildung erst möglich. Dem Lehrer oder Erzieher kommt in diesem Bildungsverständnis lediglich die Rolle „eines Anderen" zu. Dieser „Andere" spiegelt das eigene (Lern-)Verhalten, fungiert als Begleiter und Berater. Es ist nicht grundsätzlich nötig, dass er über einen Wissensvorsprung verfügt oder ein bestimmtes Curriculum bzw. eine bestimmte Didaktik vorgibt. Dieses Grundverständnis von „Bildung" prägt den deutschen und auch internationalen Diskurs um Kulturelle Bildung (oder „arts education") und er ist wichtig, um zahlreiche Wirkungsdiskussionen um Kulturelle Bildung und die strikte Ablehnung mancher Praktiker der ‚Verzweckung' und Beanspruchung von Kultureller Bildung für außerhalb der Künste liegende Kompetenzen zu verstehen.

Auch der Begriff der „Ästhetischen Bildung" oder auch „Ästhetischen Erziehung" fällt oft im Zusammenhang mit Kultureller Bildung. Ästhetisch, von dem griechischen „aisthêtos" (sinnlich wahrnehmbar), bezieht sich auf unsere Sinne, Sinnlichkeit und unsere Wahrnehmung. Somit stellt Ästhetische Bildung immer eine (Aus-)Bildung der Sinne, eine Wahrnehmungsschule dar und muss nicht zwangsläufig auf künstlerische Gegenstände begrenzt sein. Ästhetische Bildung meint also „die Prozesse und Resultate derjenigen reflexiven und performativen Praxen, die sich aus der Auseinandersetzung mit kunstförmigen und als ästhetisch qualifizierten Gegenständen und Formen ergeben" (Liebau, Klepacki & Zirfas, 2009, S. 104). „Ästhetisch qualifizierte Gegenstände" können Subjekte, Objekte, Formen oder Handlungen sein, die unter ästhetischem Gesichtspunkt zur Anschauung kommen. So kann selbst ein spezifischer Geruch oder Baulärm Gegenstand ästhetischer Betrachtung werden und die reflexive Auseinandersetzung damit zu einer ästhetischen Erfahrung führen. Die Künste scheinen aber besonders gut geeignet, ästhetische Erfahrungen zu ermöglichen, da sie verdichtete Alltagserfahrungen enthalten und universalgültig zum Ausdruck bringen. Die selbsttätige Schulung der Sinne und die Verbesserung der Wahrnehmungsfähigkeit in Auseinandersetzung mit der sozialen Umwelt sind die zentralen Inhalte Ästhetischer Bildung. Ästhetische Bildung ist jedoch ohne Ästhetische Erziehung, eine Schulung der ästhetischen Urteilsfähigkeit und des Geschmacks, die sozial und kulturell abhängig ist, kaum denkbar.

Ein erster Schritt jeder Ästhetischen Erziehung stellt die „ästhetische Alphabetisierung" dar. Der Pädagoge Klaus Mollenhauer definiert sie als einen Lernvorgang, „in dem nicht-sprachliche kulturell produzierte Figurationen in einem historisch bestimmten Bedeutungsfeld lokalisiert, das heißt als bedeutungsvolle Zeichen ‚lesbar' werden" (Mollenhauer, 1990, S. 11). Ästhetische Gegenstände können demnach erst vollumfänglich beurteilt werden, wenn sie historisch ‚lokalisiert', d.h. als Zeichen für etwas und in einem spezifischen Zusammenhang lesbar werden. Ich verstehe z.B. die volle Bedeutung und damit die sinnliche Ausdruckskraft einer weißen Flagge erst, wenn ich gelernt habe, dass sie in bestimmten Kulturen ‚Friede' bzw. ‚Kapitulation' bedeutet.

Die Künstlerische wie auch die Ästhetische Bildung (einschließlich Künstlerischer und Ästhetischer Erziehung, da in der Praxis kaum klar abzugrenzen) sind nun in dem weiten Begriff der „Kulturellen Bildung" enthalten. Kulturelle Bildung geht aber noch darüber hinaus, indem zu der Ausbildung *in* den Künsten und *durch* die Künste, als verdichtete Alltagswahrnehmungen, eine soziale, gesellschaftliche Komponente hinzukommt. Kulturelle Bildung tritt mindestens seit den 1970er Jahren mit dem Anspruch einer „Kultur für alle" (Hoffmann, 1979, S. 11), und von allen mit der Forderung nach Partizipation und Teilhabe sowie mit dem Versprechen der Entwicklung von Lebenskunst (vgl. Schmid, 1998 und Fuchs, 2005) auf. Ein ethisch-moralischer Anspruch wird also heute mit Kultureller Bildung ebenso verbunden wie ein ästhetischer. Diese Verbindung des Ästhetischen mit dem Moralischen ist nicht neu. Schon Friedrich Schiller sah in dem ästhetischen Staat einen „Zwischenzustand", der den Weg zu einem moralischen Staat ebnen sollte: „Mit einem Wort es gibt keinen anderen Weg den sinnlichen Menschen vernünftig zu machen, als dass man denselben zuvor ästhetisch macht" (Schiller, 1795/1964, 23. Brief, S. 236).

Folgt man der Idee Kultureller Bildung, sollen alle Individuen – gleich welcher Altersgruppe und sozialen Schicht – die Möglichkeit erhalten, an kulturellen Bildungsangeboten produktiv wie rezeptiv teilzunehmen und damit befähigt werden, ihr Leben selbstverantwortlich und kreativ zu gestalten. Ein produktiver Umgang mit Kultur und kulturellen Gütern ist wesentliche Voraussetzung für ein Leben in Würde und die persönliche Weiterbildung im Sinne der Selbst-Bildung. Nimmt man den Capabilities Approach, entwickelt zunächst von Amartya Sen und später auch von Martha Nussbaum weiterentwickelt, ernst, ist Kulturelle Bildung nicht nur Voraussetzung, sondern der Ausdruck eines Lebens in Würde (vgl. z.B. Nussbaum & Sen, 1993). Erst durch die Auseinandersetzung mit Kultur (Welt), den objektiven Seiten von Bildung, wird der Mensch in die Lage versetzt, seine doppelte Wesensstruktur (Natur und Kultur) voll zu entwickeln, ‚ganz' Mensch zu werden und sich damit als Gattung von den Tieren zu unterscheiden.

Kulturelle Bildung geht also über die reine (Aus-)Bildung in und durch die Künste hinaus, sondern beschreibt ein (pädagogisches) Programm der humanen Menschwerdung für alle. Kulturelle Bildung kann demnach auch als pädagogische Haltung betrachtet werden, da der Praxis – sich orientierend an Prinzipien wie Selbstbildung, Partizipation, Freiwilligkeit oder Selbsttätigkeit

– ein humanes Menschenbild zugrunde liegt, das den Erzieher, Lehrer oder Anleiter in eine Lern- und Bildungsprozesse unterstützende Haltung setzt und dem Lernenden damit maximale Freiheit und Selbstbestimmung ermöglicht.

Vor dem Hintergrund dieses Begriffsverständnisses sind im Folgenden, wenn von einer „Wirkungsforschung in der Kulturellen Bildung" die Rede ist, die Inhalte der künstlerischen und ästhetischen Bildung eingeschlossen. Nur wenn explizit ein bestimmtes Konzept gemeint ist, wird dies einzeln erwähnt werden. Diese oben nur angerissene Begriffsvielfalt und -historie, die im alltäglichen öffentlichen, politischen und wissenschaftlichen Diskurs um Kulturelle Bildung selten differenziert und transparent gemacht wird und über die noch keine wirkliche Einigung erzielt wurde, ist mit dafür verantwortlich, warum es so schwierig ist, über Wirkungen Kultureller Bildung angemessen zu sprechen und zu forschen. Der nächste Abschnitt widmet sich daher noch einmal einem ähnlich komplizierten Begriff, dem der Wirkungsforschung.

3. Wirkungsforschung und Wirkungsanalyse in der Kulturellen Bildung

Kulturelle Bildung kann, wie oben beschrieben, einerseits einen individuellen Lern- und/oder Bildungsprozess beschreiben, der in Auseinandersetzung mit den Künsten oder kunstförmigen Gegenständen passiert; andererseits bezeichnet Kulturelle Bildung aber auch das Feld, die Struktur und Organisation der Orte und Räume, in denen diese Lern- und Bildungsprozesse stattfinden. Wenn wir über Wirkungen Kultureller Bildung nachdenken, muss zunächst die Wirkung ‚*auf wen oder was*' geklärt sein und damit eine Verortung im Feld Kultureller Bildung vorgenommen werden. Es lässt sich hier meines Erachtens unterscheiden in eine Wirkung auf

- das Individuum oder die Individuen, die sich mit Kunst/Kultur oder kunstförmigen Gegenständen beschäftigen (wohl das häufigste Forschungsinteresse der Wirkungsforschung in der Kulturellen Bildung);
- das soziale Feld, in dem produktive oder rezeptive Prozesse Kultureller Bildung stattfinden (z.B. das Museum, die Schule oder der öffentliche Stadtraum);
- den politischen und gesellschaftlichen Raum, in dem Kulturelle Bildung stattfindet (Wirkung Kultureller Bildung auf ein Land, auf dessen Wirtschaft, auf das soziale Klima/Atmosphäre).

Diese Wirkungen auf Mikro-, Meso- und Makroebene sind zu unterscheiden, um deutlich zu machen, in welcher Ebene und in welchem Umfang Wirkungen untersucht bzw. erwartet werden. Werden Wirkungen auf mehreren Ebenen erforscht, kann man von einer breiteren „Wirkungsanalyse" eines Phänomens sprechen. Zusätzlich zu diesen Ebenen muss geklärt sein, welche *Art von Wirkung* untersucht werden soll. Ästhetische Wirkungen, soziale Wirkungen, emotionale Wirkungen, kognitive Wirkungen, gesellschaftliche Wirkungen, politische Wirkungen etc. um nur einige zu nennen.

In der Frage „Was bringt diese (künstlerische) Beschäftigung für …?" sind implizit gewisse Wirkungserwartungen enthalten, die oft über rein ästhetische Wirkungen hinausgehen. Sogenannte Transferwirkungen auf der Mikroebene beziehen sich z.B. auf etwas, das außerhalb der eigentlichen Fähigkeiten und Fertigkeiten liegt, die mit der jeweiligen Tätigkeit in erster Linie und offensichtlich geschult werden. Niemand fragt bei Mathematik oder Chemie danach, welche sozialen oder emotionalen Wirkungen sich über die mathematischen oder chemischen Fähigkeiten hinaus einstellen (vgl. Bilstein, 2007). Bei Kultureller Bildung ist dies durchaus eine (berechtigte) Frage, wie durch die obige Definition gezeigt werden konnte. Es geht bei Kulturellen Bildungsprozessen auf der Mikroebene neben der noch relativ gut beobachtbaren und mess- bzw. vergleichbaren künstlerischen Bildung, eben auch um eine ästhetische Empfindung, eine Sinnes- und Wahrnehmungsschulung, die von außen schwer in derselben Art und Weise wahrnehmbar oder überprüfbar ist. Zudem geht es um individuelle, komplexe soziale Verhaltens- und Handlungsmuster, die erst durch sprachliche und ästhetische Äußerungen oder wiederum Handlungen beobachtbar werden. Wenn diese Wirkungen vom Forscher individuell nachempfunden werden können, muss immer noch eine Übersetzungsleistung stattfinden, die die Empfindungen und das Verhalten angemessen beschreiben und eventuell sogar eine Übertragbarkeit auf allgemeingültige Aussagen zulassen. Die Herausforderungen also der *Individualität* (auf den Fall bezogen, also auch Meso- und Makroebene), der *Komplexität* und der *Darstellung* von Wirkungen Kultureller Bildung erschweren neben der genauen Bestimmung der Wirkungsebene eine Forschung in diesem Bereich. Wenn im Folgenden die Begriffe „Wirkungsforschung" und „Wirkungsanalyse" in der Kulturellen Bildung gebraucht werden, bleibt daher jeweils genau zu bestimmen, *auf welcher Ebene* Wirkungen untersucht werden, *welche Art von* Wirkungen untersucht werden (ästhetische, emotionale etc.) und *wie*, mit welchen Vorannahmen, welchen Methoden und welchen Zielen, dies geschieht.

Diese Form der differenzierten und systematischen Betrachtung von Wirkungsforschung auf einer bestimmten Ebene, Wirkungsanalysen, die meist einen größeren Wirkungskreis, also mehrere Ebenen miteinschließen, und Evaluationen, das heißt Wirkungsforschung in Bezug auf ein konkretes (Praxis-)Projekt im Bereich der Kulturellen Bildung, hat bislang kaum stattgefunden. Es existieren zahlreiche Studien die sich ‚irgendwie' mit Wirkungen Künstlerischer, Ästhetischer oder Kultureller Bildung und Erziehung beschäftigen. Eine systematische Aufarbeitung und Kartografierung dieses Wissens steht jedoch bislang aus, was es Forschern unterschiedlicher Disziplinen erschwert, ihre Ergebnisse in einen Fachdiskurs einzuordnen oder an bereits existierende Ergebnisse anzuknüpfen. Die Ergebnisse dieser Sachlage für das wissenschaftliche Feld der Kulturellen Bildung sind verheerend. Es ist bislang kaum entwickelt und besitzt keine Diskursplattformen bzw. institutionalisierte wissenschaftliche Gremien. Das im Herbst 2010 an der Universität Hildesheim gegründete „Netzwerk Forschung Kulturelle Bildung" hat bislang mit zwei Tagungen unter dem Motto „Die Kunst über Wirkungen Kultureller Bildung zu forschen" dazu beigetragen, diese Lücke sichtbar zu machen. Ob es dem Netzwerk aus Wissenschaftlern und Fachleuten gelingt, einen interdisziplinären Diskurs über Wirkungsforschung anzustoßen und qualifiziert weiterzuentwickeln, wird sich erst in den kommenden Jahren zeigen.

4. Stand der Forschung – Chancen und Herausforderungen unterschiedlicher Ansätze von Wirkungsforschung

Nichtsdestotrotz gibt es, wie bereits erwähnt, zahlreiche Studien zu Wirkungen Kultureller Bildung, die jedoch im Einzelnen unterschiedliche Bezugsdisziplinen aufweisen, demnach sehr verschiedene methodische Ansätze verfolgen und sich auf unterschiedliche Ebenen konzentrieren. Es gibt daher verschiedene Möglichkeiten, sich der Wirkungsforschung in der Kulturellen Bildung systematisch zu widmen:

- über die Bezugsdisziplinen: z.B. Pädagogik, Psychologie, Kunst- und Kulturwissenschaft, Sportwissenschaft, Neurowissenschaft, Soziologie etc.;
- über die einzelnen Kunstsparten: Wirkungen in der Musik, dem Tanz, auf dem Theater, im Museum, in den Bildenden Künsten etc.;

- über die einzelnen Zielgruppen: frühe Kindheit, Kindes- und Jugendalter, Erwachsene, Senioren (dritten und vierten Lebensalters);
- über die unterschiedlichen Methoden: qualitative Studien versus quantitative Studien, Beobachtungsverfahren oder Testverfahren etc.;
- über die drei Ebenen: Mikro-, Meso- und Makroebene (wiewohl hier die Mikroebene sicherlich die meisten Studien liefern wird);
- über Evaluationen: d.h. über die Untersuchung konkreter Praxisprojekte Kultureller Bildung, nur um ein paar Ansatzpunkte zu nennen.

Es existiert bislang noch keine Metastudie, die diese umfassende Arbeit leisten würde. Alle existierenden Studien konzentrieren sich auf eine bestimmte Art der Forschung, ohne das ganze Feld der Wirkungsforschung in der Kulturellen Bildung in den Blick zu nehmen. Dennoch soll hier ein knapper Überblick über die bekanntesten und damit einflussreichsten Studien, vor allem in Bezug auf die deutschsprachige Diskussion gegeben werden. Diese Ausführungen entbehren jeder Vollständigkeit, sondern sollen vielmehr einen Einblick geben, in die unterschiedlichen (empirischen) Ansätze von Wirkungsforschung, die fachlichen Perspektiven der Forschenden, über Chancen und Erkenntnisse, aber auch Defizite und Probleme.

Christian Rittelmeyer schlägt in seiner Metastudie zu Transferwirkungen künstlerischer Tätigkeiten (2010) Zugänge von Wirkungsforschung vor, die ich hier als Orientierung nehme, um die vorzustellenden Studien zu ordnen. Er fordert, mindestens folgende Arten von Wirkungsforschung zu berücksichtigen, will man insgesamt zu aussagekräftigen und belastbaren Ergebnissen kommen: Transferforschung, Evaluationen von Praxisbeispielen, „Strukturanalysen ästhetischer Bildung und künstlerischer Objekte" (Rittelmeyer, 2010, S. 19) (z.B. phänomenologische Untersuchungen), biografische Forschungen sowie Theorien ästhetischer Erfahrung. Angefügt werden soll dieser Systematik noch ein weiteres Feld der Forschung, das sich in den letzten Jahren im Bereich der Kulturellen Bildung entwickelt hat: die Prozessorientierte Forschung. Des Weiteren sind für die Wirkungsforschung auch Kulturstatistiken und Internationale Vergleichsstudien von Interesse.

4.1 Theorien ästhetischer Erfahrung

Eine der ersten Studien, die sich im aktuellen Kontext empirisch mit der Wirkung von Ästhetischer Bildung auf Kinder befasst, ist die Untersuchung von Klaus Mollenhauer „Grundfragen der ästhetischen Bildung" von 1996. Er und sein Forscherteam konzentrieren sich auf die Mikroebene, auf „„kunstförmige' ästhetische Erfahrung, d.h. auf diejenige Erfahrung, die sich einstellt (einstellen kann), wenn es um symbolische Präsentationen geht" (Mollenhauer, 1996, S. 253). Mollenhauer et al. wählen ein hermeneutisches Vorgehen, das heißt, sie möchten verstehen, was bei der ästhetischen Erfahrung mit Musik und Bildern mit den 10- bis 14-jährigen Kindern passiert. Sie führen unterschiedliche Versuchsanordnungen durch, so z.b. Gespräche mit den Kindern über Kunst und Kunstwerke, Nachzeichnen oder Nachspielen von bekannten Bildern und Musikstücken, sie untersuchen hermeneutisch die Bild-Gestalt der Zeichnungen und Malereien von Kindern der Orientierungsstufe und von Kindern aus therapeutisch-heilpädagogischen Einrichtungen oder untersuchen ästhetisch scheinbar zufällig entstehende „Kritzeleien", auch von Erwachsenen.

Die Ergebnisse lassen aufgrund der geringen Fallzahlen der Versuchsanordnungen (ca. jeweils 10 bis 60 Untersuchte) kaum Verallgemeinerungen zu. Es gelingt dem Forscherteam jedoch unter Einbezug zahlreicher pädagogischer und philosophischer Theorien allgemeine und grundlegende Beobachtungen über den ästhetischen Weltzugang von Kindern zu generieren, die hier kurz in den Kernaussagen zusammengefasst werden: Es handelt sich bei der ästhetischen Tätigkeit immer um ein produktives Handeln im Sinne der Hervorbringung eines Neuen und Anderen. Die Entfernung vom jeweiligen Vorbild (Bild oder Musikstück) ermöglicht eine Form der Differenzerfahrung und über eine bloße Abbildung hinausgehende Konstruktion einer Fiktion (vgl. Mollenhauer, 1996, S. 254ff.). Es scheint in der eigenen Hervorbringung von ästhetischen Symbolen schon bei Kindern eine „vorbewußte Bezugnahme auf Gestaltregeln" (a.a.O., S. 255) zu geben und damit ist eine ästhetische Erfahrung, eine „Erfahrung mit den anthropologischen Vorgaben, die das Subjekt in seinem Organismus vorfindet" (ebd.). Des Weiteren ist interessant, dass Mollenhauer die „soziale Mitteilungsgeste" (ebd.) der Kinder in ästhetischen Produkten betont. Das Kind will sich also durch eine ästhetische Figuration mitteilen, will verstanden werden in seinem Ausdruck. Kunst ist demnach also immer auch sozial.

Die Differenz zwischen Individuellem und Allgemeinen ist ein zentraler Punkt im ästhetischen Tun, den nicht nur Mollenhauer betont. Durch diese Differenz zwischen innen und außen entsteht erst die für einen Bildungsprozess notwendige Selbst-Welt-Vermittlung, d.h. auch ein „Reservoir für Kritik" (a.a.O., S. 257) – das Individuum stellt sich selbst und seine eigene Differenz zur Außenwelt in einem künstlerischen Produkt dar. Kunst ist also auch „nichtsprachliche Weltvergewisserung" (a.a.O., S. 260). Ästhetische Symbole nehmen für Kinder nach Mollenhauer demnach sogar die Funktion von „Übergangsobjekten" nach Donald W. Winnicott (vgl. z.B. Winnicott, 1996) ein. Ein zentrales Fazit der Studie ist, dass Kunst und künstlerischer Ausdruck als „conditio humana" (a.a.O., S. 258), als Bedingung des Menschseins angesehen werden kann. Künstlerisches Tun verbindet und trennt uns von unserer sozialen Umwelt und beschreibt damit den Kern der Ermöglichung von Bildungsprozessen.

Mollenhauer et al. erforschen in dieser Studie anhand von spezifischen ästhetischen Aufgabengabenstellungen Grundformen ästhetischen Handelns bei Kindern mit unterschiedlichen Lerndispositionen. Aufgrund der geringen Fallzahlen und der mangelnden objektiven Kategorien zur Beurteilung der ästhetischen Figurationen, geht die Studie nicht über detaillierte Beschreibungen und eine Einordnung dieser Beschreibung in vor allem pädagogische und philosophische, d.h. geisteswissenschaftliche Theorien, hinaus. Dennoch liefert sie ein systematisches Nachdenken und Erforschen von frühen ästhetischen Weltzugängen und versucht das Besondere dieser menschlichen Ausdrucksform theoretisch und empirisch zu beschreiben. Die Forschungsfrage der Studie „Was erfahren Kinder unserer Kultur, wenn sie ästhetisch tätig sind?" (a.a.O., S. 20) ist damit sicherlich nicht zufriedenstellend beantwortet, allerdings findet die Studie schnell weitere Nachahmer, die den empirischen Zugang stärker machen.

4.2 (Kunstspartenspezifische) Strukturanalysen

Georg Peez widmet sich in seinen Forschungsarbeiten ebenso den bildhaften Erzeugnissen von Kindern und kombiniert die Interpretation dieser Ergebnisse mit Interviews und von den Kindern aufgeschriebenen Geschichten. In seinem Büchlein „Evaluation ästhetischer Erfahrungs- und Bildungsprozesse. Beispiele zu ihrer empirischen Erforschung" untersucht er qualitativ die ästhetischen Äußerungen von zehn Kindern zweier sechster Klassen und stellt seine Ergebnisse exemplarisch an Fallbespielen dar, um ästhetische Erfahrungen im Kunstunterricht zu rekonstruieren. Er kommt unter anderem zu dem Schluss: „Die ästhetischen Fächer bieten die Möglichkeit einer ‚anderen' Sicht auf die Welt, aber auch eines ‚anderen' Umgangs mit Materialien und Geräten, hier vor allem der Digitalkamera. ‚Anders' bedeutet in diesem Zusammenhang, dass nicht eine zweck- und zielorientierte Nutzung vorherrscht, wie etwa in dem Schulfach Informatik, in welchem meist lehrgangsartig ganz bestimmte Kompetenzen für den Umgang mit den digitalen Medien antrainiert werden. Sondern ein offener, assoziativer, zunächst ‚zweckfreier' Umgang mit dem

Digitalen ganz neue Einsichten eröffnen, ästhetische Erfahrungen ermöglichen und ästhetisch bedeutsame Kompetenzen fördern" [sic!] (Peez, 2005, S. 39). So versucht er nachzuweisen, dass es zu ästhetischen Erfahrungen („lustbezogene und subjektive Empfindung mit einer auf Erkenntnis gerichteten Wahrnehmung", a.a.O., S. 24) in diesem Unterricht bei den Kindern gekommen ist und stellt darüber hinaus eine Förderung von sozialem Verhalten fest.

Problematisch sind an Peez' Forschung seine starken Interpretationen der Bildinhalte und ästhetischen Gestaltung der Schülerprodukte, unterstützt durch Interviews mit den Schülern zu ihren eigenen Produkten. Sie sind und bleiben Interpretationen des Forschers, die nur schwer zu allgemeingültigen Aussagen führen. Die detaillierten Fallanalysen ermöglichen jedoch eine intersubjektive Nachvollziehbarkeit der durchlaufenen ästhetischen Prozesse und generieren so wertvolle Ergebnisse über die Art von Wirkungen eines so strukturierten Unterrichtsangebotes auf ca. 12-jährige Kinder. Eine Strukturanalyse des ästhetischen Erlebens *einer* spezifischen Kunstsparte und *eines* bestimmten Angebotes sowie die Wirkung auf *eine* ausgewählte Zielgruppe werden durch solche qualitativen Studien möglich. Diese Untersuchungen besitzen allerdings für sich alleine genommen noch keine besonders hohe Aussagekraft, die Wirkung einer Kunstsparte generell betreffend. Sie liefern dennoch „Mosaiksteinchen" zu einem Wissens- und Erfahrungskomplex unterschiedlicher ästhetischer Angebotsformen und sind als solche dringend notwendig.

In den letzten Jahren, vor allem nach 2005, sind dieser Art Vorläuferstudien (Mollenhauer, Peez) zahlreiche Untersuchungen auch im Bereich des Theaters (Bauer & Marquard, 2008; Domkowsky, 2010 oder den eher theoretischen Sammelband Pinkert, 2008 und eine grundlegende auch theoretische Betrachtung von Hentschel, 2010) oder des Tanzes (Freytag, 2010; Behrens, 2011; Fink, 2012) entstanden bzw. sind im Entstehen. Auch Wirkungsforschung in musealen Kontexten rückt in Deutschland zunehmend in den Fokus des Forscherinteresses. Hier sind vor allem die Arbeiten der Arnold-Vogt-Preisträger (vgl. http://www.arnold-vogt.de/Preisverleihungen.html) zu beachten, deren Studien leider jedoch nicht alle veröffentlicht sind. Durch teilnehmende Beobachtungen, dichte Beschreibungen, Tagebuchaufzeichnungen der Teilnehmenden, unterschiedliche Interviewformen, Fallstudien, also überwiegend durch ein sozialwissenschaftliches und vor allem ethnografisches Methodenrepertoire wird versucht, die individuellen Erlebniswelten der Beteiligten zu rekonstruieren und transparent zu machen. Diese Untersuchungen haben sich zum Ziel gesetzt, die Eigenart und die Bildungspotenziale, die in einer jeden Kunstsparte liegen, zu ergründen und gelungene Lern- und Bildungsmomente oder -prozesse sichtbar zu machen. Die meisten dieser Arbeiten gehen qualitativ vor, d.h. sie arbeiten mit kleinen Fallzahlen und eingeschränkten Untersuchungssettings sowie Samples, um möglichst nahe die individuellen sozialen Bedingungen („Rahmen" nach Goffman), Verhaltensweisen und Entwicklungsprozesse zu beleuchten. Nur wenige Studien wählen ein quantitatives Vorgehen (z.B. Domkowsky, 2010), welches eine stärkere Verallgemeinerung ermöglicht, jedoch andererseits oft zu wenig differenziert über o.g. Punkte Auskunft gibt. Bei vielen dieser „Wirkungsstudien" steht die Zielgruppe der Kinder und Jugendlichen im Schulalter im Mittelpunkt, obwohl Kulturelle Bildung sich an alle Lebensalter wendet. Gerade über Kulturelle Bildung im Erwachsenenalter gibt es noch kaum Befunde. Es werden zudem häufig nur relativ kurze Zeiträume von maximal zwei Jahren, innerhalb welcher die Untersuchungszeitpunkte stattfinden, in den Forscherblick genommen, was natürlich meistens der Logik der Vergabe von Forschungsgeldern, kurzen wissenschaftlichen Zeitverträgen und den Zeiträumen für Qualifizierungsarbeiten geschuldet ist. So fehlen in Deutschland weitestgehend spartenspezifische Längsschnittstudien, welche Aussagen auch über längerfristige Wirkungen Kultureller Bildungsmomente erlauben. Einen Kompromiss bildet in dieser Hinsicht die Biografieforschung.

4.3 Biografieforschung in der Kulturellen Bildung

Biografieforscher befragen aus einer Retrospektive die künstlerisch rezeptiv oder produktiv Tätigen zu ihren Erfahrungen (z.B. Haring, 2007; Karl, 2005; Reinwand, 2008; Thünemann, 2009). Die so entstandenen biografischen Untersuchungen im Feld der Kulturellen Bildung, die durchgehend mit biografischen Interviews arbeiten, liefern eine längerfristige Perspektive auf Wirkungen Kultureller Bildung, die jedoch schwer verallgemeinerbar ist, da sie aus der persönlichen Erfahrungsverarbeitung und den Bearbeitungsmustern der Befragten entsteht und komplexe psychische, genetische und soziale Einflüsse darin zum Ausdruck kommen, die im Einzelnen kaum zu rekonstruieren sind. Zudem wird das Sample oft eingeschränkt auf Personen, die sowieso positive und reflektierte Erfahrungen mit Kunst gemacht haben und daher auch bereit sind, darüber zu berichten.

Als Beispiel führe ich hier eine meiner eigenen Forschungsarbeiten an, in der ich 15 seit mehreren Jahren aktive Amateurschauspieler verschiedenen Alters zu ihren Erfahrungen mit dem Theaterspiel befragt habe. In Bezug auf die Sparte Theater sind z.B. folgende Ergebnisse relevant: „Erfahrungen ästhetischen Erlebens zeigen sich vor allem in der Auseinandersetzung von Rolle und Selbst und können gerade im Versuch der Herstellung einer Differenz zwischen diesen Zuständen vom Individuum als ästhetische Erfahrung wahrgenommen werden. Diese nehmen je nach biografischer Situation und Entwicklungsstand des Individuums sowie sozialen Rahmenbedingungen verschiedene Bedeutung für das Subjekt ein" (Reinwand, 2008, S. 198). Alle Befragten beschreiben persönliche Entwicklungsprozesse in Bezug auf ihr Theaterspiel, auch wenn sie dies zunächst verneinen. „Der Verlauf der Entwicklung hängt [...], stark vom Vorwissen und der Dauer bzw. Intensität [und also vom Angebot] der Beschäftigung mit theatralen Inhalten ab" (ebd.). Zusätzlich müssen die Hintergründe der Motivation für das Theaterspiel beachtet werden.

Ästhetische Erfahrung lässt sich also, auch innerhalb derselben Kunstsparte, in kein Muster pressen, wenn auch gezeigt werden kann, dass ästhetische Schlüsselerfahrungen durchaus einen großen, längerfristigen Einfluss auf die Lebensgestaltung haben können. Hier sollte aber Unterschieden in der Erfahrungsstruktur verschiedener Kunstsparten noch mehr Beachtung geschenkt werden. Biografische Studien, die sich mit der Wirkung künstlerischer Betätigungen beschäftigen, widmen sich bislang vor allem den Sparten Musik und Theater. Einige Studien sind aktuell als Dissertationen in der Sparte Bildende Kunst im Entstehen. In Bezug auf andere Kunstsparten existieren bislang meines Wissens noch keine biografischen Untersuchungen.

4.4 Transferforschung

Eine der wohl bekanntesten Studien zu musikalischer Bildung eröffnete in Deutschland eine öffentlichkeitswirksame Debatte um Transferwirkungen der Künste. Mit dem Medien-Schlagwort „Musik macht klug" wurde die Langzeitstudie (über einen Zeitraum von sechs Jahren) „Musikerziehung und ihre Wirkung" (Bastian, 2000/2002) zunächst als Beweis für die Steigerung des Intelligenzquotienten, der Konzentrationsfähigkeit und der Entwicklung des Sozialverhaltens durch zusätzlichen Musikunterricht bei Kindern der 5. und 6. Jahrgangsstufe gefeiert, bis immer mehr Kritik aus wissenschaftlichen Fachkreisen an der Studie auftauchte, zu denen der im letzten Jahr verstorbene Günter Bastian u.a. 2008 Stellung nimmt (Bastian, 2008). Die Kritik an der Studie soll hier nicht im Einzelnen aufgeführt, aber ein Aspekt hervorgehoben werden, der die Schwierigkeit eines empirisch nachgewiesenen positiven Zusammenhangs zwischen z.B. Musikunterricht und kognitiven Fähigkeiten (z.B. IQ-Test) markiert. Bastian wurde u.a. vorgeworfen, dass die signifikant positiven Werte der Kontrollgruppe nicht ursächlich auf den zusätzlichen Musikunterricht zurückzuführen seien, sondern vielmehr auch aus der erhöhten pädagogischen Intensität, die der Versuchsgruppe zuteil wurde, erklärt werden können (Hawthorne- und John Henry-Effekt, vgl. Bastian, 2002, S. 111) und vielleicht auch eine andere Intervention wie z.b. erhöhter Sportunterricht dieselben Wirkungen gezeigt hätte. Ein Vorwurf, dem die Forscher mit unterschiedlichen Kontrollklassen (Sport-Schwerpunkt, sprachlicher Schwerpunkt) zu begegnen versuchten, dem sich allerdings immer wieder Forscher im Feld der Wirkungen Kultureller Bildung stellen müssen.

Bastian macht weiter auf notwendigen Forschungsbedarf aufmerksam, indem er betont, dass es interessant und notwendig wäre, wenn man „in der künftigen Testforschung die Konstrukte ‚Musikalität' und ‚Intelligenz' theoretisch genauer analysierte, definierte und ggf. neu operationalisierte und konsequenterweise ‚Musikalität' als Teilaspekt intelligenten Verhaltens in entsprechenden Intelligenztests konzeptualisieren würde. Dieser Grundsatzfragen sollten wir uns dringend annehmen, um zu validieren und aussagekräftigeren Korrelationen zwischen beiden Variablen zu finden" (a.a.O., S. 4). Gerade bei diesen „Grundsatzfragen" sind die oben genannten kunstspartenspezifischen Strukturanalysen sehr hilfreich, die auf kunstferne Fächer ebenso ausgedehnt werden müssten.

Ein weiteres grundsätzliches Problem, mit dem die datenreiche und methodisch zumindest im Nachhinein reflektierte „Bastian-Studie" zu kämpfen hat, ist die Frage nach der Qualität eines „guten" künstlerischen Unterrichts. Diese Frage ist noch unzureichend geklärt. Des Weiteren liegen forschungstechnische Herausforderungen in der Praxisforschung, für die geeignete Versuchs- und Kontrollgruppen erst gefunden und „bei der Stange" gehalten werden müssen. Laborexperimente scheinen hier einfacher.

Ein Überblick über Studien zu Transfereffekten bei künstlerischer Betätigung ist 2010, wie oben schon erwähnt, von Rittelmeyer erschienen, der vor allem den am gründlichsten erforschten Bereich der Transferwirkungen von Musik darstellt. Eine der bekanntesten Studien „entdeckt" 1993 den sogenannten Mozart-Effekt.[7] Nach zehnminütigem Hören einer Passage aus einer Mozart-Klaviersonate wurde bei den teilnehmenden Studenten das räumliche Vorstellungsvermögen getestet. Es zeigte sich ein gesteigertes räumliches Vorstellungsvermögen bei den Mozart-Hörern im Vergleich zu Hörern eines

---

7   Erwähnt sei hier auch die Expertise des Bundesministeriums für Bildung und Forschung (BMBF) von 2007.

anderen Musikstücks/-genres oder einer Geschichte. Diese Studie hatte große Auswirkungen auf öffentliche Musikförderprogramme in den USA, obwohl die Ergebnisse durch keine Folgestudie bestätigt werden konnten. Diese wiesen vielmehr nach, dass der Mozart-Effekt nur auftritt, wenn die Hörer eine Präferenz für diese klassische Musik haben oder für eben eine andere akustische Intervention und der Effekt nicht nachhaltig wirkt.

Aus der neurologischen Forschung weiß man heute, dass die Hirnregionen für das räumliche Vorstellungsvermögen und Tonhöhenunterscheidungen nahe beieinander liegen (vgl. Rittelmeyer, 2010, S. 28). Ein interessanter Hinweis, der sicherlich auch andere Studieneffekte plausibel macht. Rittelmeyer nennt und beschreibt zahlreiche ähnliche Studien zu Transferwirkungen von Musik und kommt zu dem Schluss: „Überblickt man die zahlreichen Forschungsberichte zu Transferwirkungen musikalischer Bildung, dann fällt die Bilanz überwiegend positiv aus, d.h. Wirkungen dieser künstlerischen Disziplin auf kognitive, soziale und emotionale Kompetenzen wurden immer wieder festgestellt. Dennoch gibt es nach wie vor [...] auch Kontroversen um die wissenschaftliche Güte zahlreicher Studien. Diese sind teilweise berechtigt, häufig beruhen kritische Einlassungen aber auch auf einer ungenügenden Reflexion der beanstandeten Methoden und Forschungsergebnisse" (a.a.O., S. 59).

Auch im Hinblick auf mögliche Transferwirkungen im Bereich des Theaters und des Tanzes soll hier nur ein Aspekt der Rittelmeyer-Metastudie herausgehoben werden. Elizabeth Spelke kommt anhand einer interdisziplinären Untersuchung künstlerischer Fähigkeiten an der Harvard University an 14- bis 19-jährigen Schülern zu dem Ergebnis, dass „mathematisch-geometrische Denkleistungen [...] auch in künstlerischen Tätigkeiten wie dem Theaterspiel, der Musik oder der Skulpturenbildung gefordert [sind], so dass in beiden Bereichen, dem wissenschaftlich-technischen wie dem künstlerischen, die gleichen Hirnareale gefordert und bei längerer Aktivierung (z.B. länger andauerndem Tanzunterricht) komplexer ausgebildet werden" (a.a.O., S. 75). Die „organischen Grundlagen" (ebd.) beider untersuchter Disziplinen sind also dieselben und natürlicherweise ergeben sich dadurch in beiden Feldern bessere Leistungen bei nachhaltiger Intervention.

Schon Ende der 1970er Jahre begann die USA Aspekte Kultureller Bildung öffentlich zu fördern (vgl. Morgan Management Systems, 1981) und natürlich auch genauer zu untersuchen. Ein Bericht der US-Regierung „Reinvesting in Arts Education" von 2011, ein Plädoyer für mehr Kulturelle Bildung für Kinder und Jugendliche, fasst noch einmal die prägnantesten Forschungsergebnisse der letzten Jahre in Bezug auf (Transfer-)Wirkungsforschung in der Schule, vor allem auch von Langzeitstudien, zusammen: Akademische Fähigkeiten und soziales Verhalten werden durch ein kunstbetontes Schulcurriculum verbessert, die Wirksamkeit der Lehrer erhöht sowie das gesamte Schulklima positiv beeinflusst. Amerikanische Studien stellen bei Schülern, die frühe Kulturelle Bildungsmaßnahmen erfahren haben, eine verbesserte Aufmerksamkeit und höhere Intelligenz sowie ein besseres Kurz- und Langzeitgedächtnis im Gegensatz zu Kontrollgruppen ohne künstlerische Förderung fest. Nicht zuletzt profitieren besonders sozial benachteiligte Schüler (für den Forschungsüberblick siehe President's Committee on the Arts and the Humanities, 2011, 15ff.). Aber auch bereits sehr erfolgreichen Schülern bieten die Künste neue Herausforderungen, die quasi einen unbegrenzten Lernhorizont eröffnen. Dass selbst die Lehrer durch die Künste mit bislang nicht gekannten Lernaufgaben konfrontiert werden und somit durch die Dynamik zwischen jüngeren und älteren Lernenden die ganze Schule von einem kulturellen Angebotsschwerpunkt profitiert, betont der Bericht Champions of Change schon 1999 in seinem Executive Summary unterschiedlicher (Forschungs-)Beiträge zu außerschulischen und schulinternen kulturellen Bildungsangeboten (vgl. Fiske, 1999, S. 13f.).

Neben den interessanten Beobachtungen, welche Studien zu Transferwirkungen hervorbringen, müssen sie in einigen Punkten kritisch betrachtet werden: So werfen sie ein oftmals sehr einseitiges, die künstlerischen Fähigkeiten „verzweckendes" Bild auf die zu untersuchenden Gegenstände und nehmen kaum das umfassende Begriffsverständnis Kultureller Bildung, das eingangs skizziert wurde, zur Kenntnis. Zudem machen sie meist nur unzureichend sichtbar, was in den einzelnen Interventionen pädagogisch und ästhetisch geschieht. Hier kann man sich nur wiederholend Rittelmeyer anschließen, der für eine breite Wirkungsforschung und unterschiedliche Forschungsansätze, die sich gegenseitig wahrnehmen und ergänzen müssen, plädiert.

4.5 Evaluationen

Nach Reinhard Stockmann sind Evaluationen vor allem von Grundlagenforschung abzugrenzen, weil sie einer „Entscheidungsvorbereitung" (vgl. Stockmann, 2010, S. 66) dienen und Informationen zu dieser Entscheidung gewinnen und interpretieren. Evaluationen besitzen – in Bezug auf Wirkungsforschung – gerade ihre Stärke darin, dass sie meist nur wenige kulturelle (Praxis-)Projekte vor Ort intensiv begleiten und erforschen können und damit umfassende Aussagen gerade auch über Rand- und Nebenbedingungen der

Kulturellen Bildungspraxis generieren können. Die BKJ hat 2010 ein Heft herausgegeben, das sich Instrumenten der Qualitätssicherung in der Kulturellen Bildung widmet (Liebald & Münter, 2010) und u.a. auch den Kompetenznachweis Kultur (Timmerberg & Schorn, 2010) aufführt. Er soll hier exemplarisch für unzählige Evaluationen im Feld Kultureller Bildung stehen, die in den letzten Jahren, in denen Kulturelle Bildung auch politisch und damit finanziell eine stärkere Förderung erfahren durfte, entstanden sind. Sie operieren meist mit gängigen sozialwissenschaftlichen Methoden und beziehen die zu evaluierenden Projektteilnehmer mal mehr, mal weniger ein (partizipative Forschung).

Der Kompetenznachweis Kultur ist ein Verfahren, das auf der Grundlage von spartenspezifischen, normativen und empirischen Kompetenztableaus eine Folie zur Verfügung stellt, vor der individuelle Kompetenzsteigerungen sichtbar gemacht werden können. Das Besondere dabei ist, dass der „zu begutachtende" Jugendliche, der eine bestimmte Stundenzahl an einem kulturellen Bildungsprojekt teilgenommen hat, selbst ein großes Mitspracherecht bei der Reflexion und Bewertung seiner Leistungen erhält. Dieses Instrument verknüpft also eine allgemeingültige Norm (Kompetenztableaus) mit einer Außenperspektive (begleitender Fachmann/Fachfrau für den Kompetenznachweis) und einer Innenperspektive, der individuellen Sichtweise des Jugendlichen. Informell und nonformal erworbene Kompetenzen im kulturellen Feld sollen so transparent und nachweisbar gemacht und die individuelle Wirksamkeit evaluiert werden.

Evaluationen sind meist Auftragsarbeiten entweder des Durchführenden selbst oder einer fördernden Institution. Die Forscher können so fortwährend in dem Dilemma stehen, positive Ergebnisse aus sozialer Erwünschtheit heraus produzieren zu müssen und, weil sie selbst oft aus kulturellen oder kulturnahen (Berufs-)Feldern stammen und eine Entscheidungsvorbereitung im Sinne der Sache unterstützen, somit nicht wirklich objektiv, distanziert und unabhängig beobachten können. Geschätzt über 90% der veröffentlichten Evaluationen im Feld Kultureller Bildung ziehen eine überwiegend positive Bilanz und äußern wenig grundlegende Kritik am Vorgehen der Handelnden. Dies kann insgesamt kaum als stark belastbare Forschungsaussage festgehalten werden. Dennoch zeigt sich in vielen in den letzten Jahren erschienenen Evaluationsberichten[8] eine geradezu begeisterte und überzeugte Grundhaltung

---

8 Verwiesen sei an dieser Stelle auf zahlreiche Evaluationen der BKJ, der zughörigen Landesvereinigungen, auf Evaluationen des Zentrums für Kulturforschung (ZfKf) in Bonn sowie auf Berichte des österreichischen Instituts EDUCULT.

der Evaluierenden dem jeweiligen Projekt oder den Projekten gegenüber, was sicherlich zumindest als weiches Argument für positive Gesamtwirkungen Kultureller Bildungsprojekte festgehalten werden kann.

Neben den Zugängen, die Rittelmeyer in seiner Metastudie im Bereich der Wirkungsforschung Kultureller Bildung für notwendig hält, möchte ich hier – wie bereits angekündigt – noch weitere Perspektiven anfügen, die neue Wege der Wirkungsforschung aufzeigen (Prozessorientierte Forschung) oder unter die bekannten Studien, die ihrerseits einen eigenen Beitrag zur Wirkungsforschung leisten, subsumiert werden können: die Kulturstatistiken wie auch internationale Vergleichsstudien.

4.6 Prozessorientierte Forschung

Die sogenannte Prozessorientierte Forschung ist wahrscheinlich am ehesten zwischen spartenspezifischen Strukturanalysen und Evaluationen angesiedelt. Es handelt sich hierbei meist um (Modell-)Projekte im Feld der Kulturellen Bildung, welche intensiver als es eine Evaluation vorsieht, beforscht werden und damit nicht nur der (politischen) Entscheidungsfindung wie oben beschrieben, sondern vor allem auch der angewandten Grundlagenforschung dienen. Ein gutes Beispiel für ein Forschungsprojekt, das in diesem Bereich anzusiedeln ist, bildet das „Praxisforschungsprojekt – Leben lernen" (dokumentiert in Biburger & Wenzlik, 2009), das von 2006 bis 2008 als Kooperation zwischen außerschulischen Trägern kulturpädagogischer Praxis, sechs Münchner Schulen und der Ludwig Maximilian Universität München sowie der Hochschule München durchgeführt wurde. Entwicklungen in der Praxis werden in der Prozessorientierten Forschung wissenschaftlich begleitet, aber Analysen gemeinsam mit Praktikern angestellt, so dass gleichzeitig eine Reflexion der Praxis erfolgt. Die Fragestellungen ergeben sich aus den aktuellen ‚Daten' bzw. Geschehnissen wie Konflikten, Entwicklungen oder Interaktionen und nicht aus vorab angestellten Hypothesen. Der Ansatz ist insofern als Grundlagenforschung zu bezeichnen, weil er gemeinsam mit den Akteuren ‚verstehen' will, was in der Praxis geschieht, mit welchen Annahmen und Methoden dort gearbeitet wird und welche Strukturen in Hinblick auf den Erfolg kultureller Bildungsprozesse förderlich oder hinderlich wären.

4.7 Kulturstatistiken

Um adäquate und gültige Wirkungsanalysen Kultureller Bildung zu erstellen, ist deutlich geworden, dass unterschiedlichste Perspektiven notwendig sind.

Kulturstatistiken können über das beschreibende Zahlenmaterial hinaus interessante Einblicke in einzelne Aspekte von Wirkungsforschung bieten. Die meisten der in den letzten Jahren veröffentlichten statistischen Bevölkerungsumfragen, Kultur und Kulturelle Bildung in Deutschland betreffend, stammen aus dem Zentrum für Kulturforschung in Bonn. Zu erwähnen seien hier nur beispielhaft Ergebnisse aus dem „Jugendkulturbarometer", eine Studie, deren Ergebnisse 2006 vorgelegt wurden. 2004 wurde hierzu ein repräsentativer Anteil an 14- bis 24-jährigen in Deutschland lebenden Personen anhand eines standardisierten Fragebogens zur Kulturnutzung befragt.

So kann man beispielsweise aus dieser weitgehend quantitativen Untersuchung Rückschlüsse auf eine frühe Förderung durch Kulturelle Bildung ziehen. Diejenigen Befragten, die angaben, schon früh (im Kindergartenalter) in Kontakt mit Kultur gekommen zu sein, gaben auch später im Jugendlichenalter ein erhöhtes Interesse an kulturellen Angeboten an (vgl. Keuchel & Wiesand, 2006). Ob dies aber an einem fördernden Elternhaus liegt oder tatsächlich durch die frühzeitige Beschäftigung mit Kunst und Kultur entsteht, kann die Studie alleine nicht beantworten. Durch Kombination mit anderen Forschungsergebnissen lassen sich jedoch zuverlässige Erkenntnisse gewinnen. Zu diesen Zusammenhängen wird 2012 ein Artikel von Susanne Keuchel in dem Sammelband „Die Kunst über Wirkungen Kultureller Bildung zu forschen" (hrsg. von Fink/Hill/Reinwand/Wenzlik) erscheinen.

4.8 Internationale Vergleichsstudien

Der erste ambitionierte Versuch, eine weltweite Bestandsaufnahme der Qualität künstlerischer Bildung zu machen, hat Anne Bamford 2006 (deutsche Ausgabe 2010) mit ihrer Studie „The WOW-Factor" vorgelegt. An der Umfrage beteiligten sich mehr als 40 Länder, in denen Experten zu ihrem Begriff von „arts education", zu Angeboten und zur Angebotsstruktur und zu ihrer persönlichen Einschätzung der Wirkung Kultureller Bildung befragt wurden. Zusätzlich sollte jedes Land drei seiner besten Projekte Kultureller Bildung kurz darstellen. Die Methodik kombinierte ein quantitatives Verfahren mit qualitativen Forschungsfragen. Aufgrund der zahlreichen Probleme, die das Design und die Forschungsinstrumente der Studie aufwerfen (mangelnde Erprobung von geeigneten Testverfahren, das Bestimmen des „richtigen Ansprechpartners" in den einzelnen Ländern, die verschiedenen Begriffsverständnisse von „arts education" die Vollständigkeit der Fragebögen und Angaben etc.) werden die Ergebnisse kaum vergleichbar wiedergegeben, aber es werden dennoch in Bezug auf Wirkungsforschung interessante Aspekte vom Forscherteam festgehalten. Ein künstlerisches Programm kann vor allem dann als ‚gutes' bzw. wirksames Kulturelles Bildungsprogramm begriffen werden, wenn nachhaltige Partnerschaften zwischen allgemeinbildenden Institutionen und professionellen Kulturschaffenden gegründet werden; wenn den Kindern und Jugendlichen (auch hier wurden vorwiegend Kinder und Jugendliche untersucht) Gelegenheit zur Aufführung/Präsentation ihrer Endresultate gegeben wird; wenn Reflexion und Problemlösungsstrategien einhergehen mit Risikobereitschaft und einem Fokus sowohl auf die künstlerische Bildung (in den Künsten) als auch auf eine Bildung durch die Künste (kreative Lernansätze); wenn über die Fortschritte der Kinder und Jugendlichen Rechenschaft abgelegt wird und sich die professionellen Akteure stetig weiterbilden (vgl. Bamford, 2010, S. 174). Die internationalen Daten, die Bamford sammelt, fasst sie in Bezug auf die Wirkungen Kultureller Bildung wie folgt zusammen. Gute (im obigen Sinne) künstlerische und kulturelle Erfahrungen können mit einem der folgenden positiven Wirkungsaspekte in Verbindung gebracht werden:

- „persönliche/emotionale Wirkung (Selbstvertrauen, Ehrgeiz, Erwartungen etc.)
- Soziale Wirkung (Netzwerke, Kooperationen, Partnerschaften, Web-Kontakte etc.)
- Kulturelle Wirkung (größere Erreichbarkeit, gemeinsame Identitäten etc.)
- Bildungswirkung (neue Kenntnisse, formales und informelles Lernen etc.)
- Innovative Wirkung (Talentförderung, Gelegenheiten zur Darstellung, öffentliche Aufmerksamkeit, mediale Aufmerksamkeit etc.)
- Ethische Wirkung (Änderungen in der Haltung, Nachhaltigkeit etc.)
- Katalytische Wirkung (Flow-Effekte, Transformationen, Reisen etc.)" (vgl. Bamford, 2010, S. 190).

Dass diese zahllosen Wirkungserwartungen einer „wasserdichten" und überzeugenden empirischen Grundlage in dieser Studie entbehren, wird jeder leicht feststellen können. Das methodische Repertoire reicht hierzu sicherlich nicht aus. Dennoch ist es notwendig, bessere international vergleichende Methoden und Standards „arts education" betreffend zu entwickeln und also in den unterschiedlichsten Kulturen über die Wirkung von Kultureller Bildung zu forschen. Die Unterschiede sind hier sicherlich interessanter als die Gemeinsamkeiten. Zwei Welt-Konferenzen zur Kulturellen Bildung, 2006 in

Lissabon und 2010 in Seoul, konnten sich bislang nur zu groben politischen Absichtserklärungen hinreißen lassen. Es bleibt zu hoffen, dass ein internationaler Austausch und eine vernetzte Forschungsdatenbasis in den nächsten Jahren, angestoßen durch weitere Konferenzen, entstehen werden. Bislang arbeitet die UNESCO immer noch an einem Glossar Kultureller Bildung.

5. Zusammenfassung und Ausblick: Warum und wozu innovative Wirkungsforschung?

Wie in den bisherigen Ausführungen deutlich wurde, gibt es bislang keinen interdisziplinären wissenschaftlichen Austausch im Feld der Wirkungen Kultureller Bildung. Es gibt zwar bereits zahlreiche Studien, die sich diesem Forschungsbereich zuordnen lassen, allerdings sind diese über verschiedene Disziplinen verteilt, untersuchen unterschiedliche Kunstsparten und verfolgen unterschiedliche Ziele mit ihren Ergebnissen. Es fehlen wissenschaftliche Gremien und Arbeitsgruppen, die sich dieser Art der Wirkungsforschung verschrieben haben und einen kontinuierlichen Diskurs gewährleisten. Es fehlen Professuren und wissenschaftliche Mitarbeiterstellen für Kulturelle Bildung an Universitäten. Im Moment verfügen lediglich der UNESCO-Lehrstuhl für kulturelle Bildung an der Universität Erlangen-Nürnberg unter der Leitung von Prof. Dr. Eckart Liebau und die Universität Hildesheim am Institut für Kulturpolitik über einen Forschungsschwerpunkt, der sich dezidiert „Kulturelle Bildung" auf die Fahnen schreibt. Natürlich forschen auch andere Universitäten und Hochschulen zu diesem Thema, ohne sich jedoch direkt mit dem Label „Kulturelle Bildung" zu identifizieren. Dadurch werden sie nicht unbedingt sichtbar für das wissenschaftliche und praktische Feld Kultureller Bildung.

Eine erste Tagung des neu gegründeten Netzwerks Forschung Kulturelle Bildung in Hildesheim hat 2010 sehr großen Anklang und Interesse bei den Teilnehmern gefunden, weshalb 2011 direkt die zweite Tagung in München unter dem Titel „Die Kunst über Wirkungen Kultureller Bildung zu forschen II. Perspektiven der Bildungsforschung" stattgefunden hat, die ebenfalls Forscher und Praktiker aus unterschiedlichen Disziplinen anzog. Die Tagung hatte sich zum Ziel gesetzt, eine Systematisierung des Feldes aus einem geistes- und kulturwissenschaftlichen Blickwinkel, einer sozialwissenschaftlichen, einer naturwissenschaftlichen und einer künstlerischen Perspektive heraus anzubieten. Diese Systematisierung erwies sich allerdings im Diskurs und in der Praxis als wenig sinnvoll, aufgrund zahlreicher notwendiger Untergruppierungen und Überschneidungen zwischen diesen Perspektiven, die eine sinnvolle Ordnung der bisherigen und zukünftigen Forschungsarbeiten kaum zulässt. Zudem fehlt es an einer klaren Begriffsbestimmung und -abgrenzung, einer gründlichen Aufarbeitung des deutschen und internationalen Forschungsstandes zu Wirkungen Kultureller Bildung sowie an einer breiten wissenschaftlichen Nachwuchsförderung in diesem Feld.

Eine weitere Herausforderung der Wirkungsforschung zu Kultureller Bildung stellt der Wissenstransfer in die Praxis dar. Wie bereits oben erwähnt, ist der Status der außerschulischen Kulturellen Bildung in Deutschland ein Verdienst der unterschiedlichen künstlerischen Verbände und Organisationen, die über Jahre hinweg Bildungsangebote entwickelt haben. Forschung über Wirkungen sollte einen schnellen Praxistransfer gewährleisten können, um auch direkt Eingang in die kulturelle Bildungsarbeit in Kitas, Schulen, Erwachsenenbildungszentren und Angeboten für Senioren zu finden. Praktiker Kultureller Bildung sind ungemein interessiert an Ergebnissen aus der Wissenschaft, ein gemeinsamer Diskurs über die zentralen Fragestellungen und Vorgehensweisen muss jedoch stärker als bislang erst etabliert werden. Eine gemeinsame Sprache und Einigkeit über Begrifflichkeiten sind bislang schwer herzustellen.

Auch sollte dafür gesorgt werden, dass langjährig erfahrene, in der Kulturellen Bildung professionell Tätige immer wieder am aktuellen Wissensstand partizipieren können und qualifizierte Fort- und Weiterbildungen ein unverzichtbarer Teil für die Entwicklung des praktischen Feldes, auf der Grundlage wissenschaftlicher Erkenntnisse darstellen. Einrichtungen wie die Bundesakademie für kulturelle Bildung in Wolfenbüttel könnten hier konkreter Ansprechpartner sein.

Die Bemühungen um eine innovative Wirkungsforschung Kultureller Bildung gehen also über den rein wissenschaftlichen Forschungs- und Lehrprozess hinaus. Eine gegenseitige Befruchtung von Wissenschaft und Praxis ist kein Dialog „auf Augenhöhe", sondern lebt von der Unterschiedlichkeit der Perspektiven und dem interprofessionellen Austausch.

Literatur

Bamford, A. (2010). Der Wow-Faktor. Eine weltweite Analyse der Qualität künstlerischer Bildung. New York, München, Berlin: Waxmann.

Bastian, H.-G. (2000/2002). Musikerziehung und ihre Wirkung. Eine Langzeitstudie an Berliner Grundschulen (3. Auflage). Mainz: Schott.
Ders. (2008). Nach langem Schweigen: Zur Kritik an der Langzeitstudie „Musikerziehung und ihre Wirkung". Verfügbar unter: http://www.dirk-bechtel.de/wiki/images/e/e7/Zur_Kritik_an_Wirkungsstudie.pdf [4.01.2012].
Bauer, T. & Marquard, K. (2008). Wie Theater bildet. Eine vergleichende Studie im Theatergrundkurs an Gymnasien. In: V. Jurké, D. Linck & J. Reiss (Hrsg.), Zukunft Schultheater. Das Fach Theater in der Bildungsdebatte (S. 61–68). Hamburg: edition Körber-Stiftung.
Behrens, C. (2011). Bewegungsgestaltung aus Schülerperspektive – eine empirische Studie zum Erleben von Gestalten, Tanzen und Darstellen. Dissertation, Deutsche Sporthochschule Köln.
Biburger, T. & Wenzlik, A. (2009). „Ich hab gar nicht gemerkt, dass ich was lern". Untersuchungen zu künstlerisch-kulturpädagogischer Lernkultur in Kooperationsprojekten mit Schulen. München: kopaed.
Bilstein, J. (2007). Paradoxien des Unnützen. In: J. Bilstein, B. Dornberg & W. Kneip (Hrsg.), Curriculum des Unwägbaren. I. Ästhetische Bildung im Kontext von Schule und Kultur (S. 165–180). Oberhausen: Athena.
Bundesministerium für Bildung und Forschung (BMBF). (2007). (Hrsg.). Macht Mozart schlau? Die Förderung kognitiver Kompetenzen durch Musik. Berlin.
Deutscher Bundestag (2007). Schlussbericht der Enquete-Kommission „Kultur in Deutschland". Drucksache 16/7000. Deutscher Bundestag: Berlin.
Domkowsky, R. (2010). Erkundungen über langfristige Wirkungen des Theaterspielens: Eine qualitative Untersuchung – Auf Spurensuche. Saarbrücken: VDM Verlag.
Fink, T. (2012). Lernkulturforschung in der Kulturellen Bildung. Eine videografische Rahmenanalyse der Bildungsmöglichkeiten eines Theater- und Tanzprojektes. In Veröffentlichung. München: kopaed.
Fink, T., Hill, B., Reinwand, V.-I. & Wenzlik, A. (2012). Die Kunst über Wirkungen Kultureller Bildung zu forschen. In Veröffentlichung. München: kopaed.
Fiske, E. B. (Hrsg.). (1999). Champions of Change: The Impact of the Arts on Learning. President's Committee on the Arts and the Humanities. Washington D.C.: Arts Education Partnership.
Fuchs, M. (2005). Kulturelle Bildung. München: kopaed.
Freytag, V. (2010). Zwischen Nullbock und Höhenflug: Eine explorative Studie zum tänzerischen Gestalten. In: Sportunterricht, 59 (8), 227–232.
Haring, S. (2007). Altern ist (k)eine Kunst. Biografische Bildungsprozesse älterwerdender Künstlerinnen. Saarbrücken: VDM Müller.
Hentschel, U. (2010). Theaterspielen als ästhetische Bildung: Über einen Beitrag produktiven künstlerischen Gestaltens zur Selbstbildung. Uckerland: Schibri Verlag.
Hoffmann, H. (1979). Kultur für alle. Frankfurt am Main: Fischer.
Humboldt, W. von. (1792/1967). Ideen zu einem Versuch die Grenzen der Wirksamkeit des Staates zu bestimmen. Stuttgart: Phillip Reclam.
Karl, U. (2005). Zwischen-Räume. Eine empirisch-bildungstheoretische Studie zur ästhetischen und psychosozialen Praxis des Altentheaters. Münster: Lit.

Keuchel, S. & Wiesand, A.J. (2006). Das 1. Jugend-KulturBarometer: Zwischen Eminem und Picasso. Bonn: ARCult Media.

Liebald, C. & Münter, U. (2010). Studie zur Qualitätssicherung in der Kulturellen Bildung. Remscheid: BKJ.

Liebau, E., Klepacki, L. & Zirfas, J. (2009). Theatrale Bildung. Juventa: München.

Mollenhauer, K. (1990). Die vergessene Dimension des Ästhetischen in der Erziehungs- und Bildungstheorie. In: D. Lenzen (Hrsg.), Kunst und Pädagogik. Erziehungswissenschaften auf dem Weg zur Ästhetik (S. 3–17). WBG: Darmstadt.

Ders. (1996). Grundfragen ästhetischer Bildung. Weinheim: Juventa.

Morgan Management Systems. (1981). CETA and the arts and humanities. Fifteen case studies. Washington, DC: U.S. Departement of Labor.

Nussbaum, M. & Sen, A. (Hrsg.). (1993). The Quality of Life. Oxford: Clarendon Press.

Peez, G. (2005). Evaluation ästhetischer Erfahrungs- und Bildungsprozesse. Beispiele zu ihrer empirischen Erforschung. München: kopaed.

Pinkert, U. (2008). Körper im Spiel: Wege zur Erforschung theaterpädagogischer Praxen. Uckerland: Schibri Verlag.

President's Committee on the Arts and the Humanities. (Hrsg.). (2011). Reinvesting in Arts Education. Winning America's Future through Creative Schools. Washington D.C.

Reinwand, V.-I. (2008). „Ohne Kunst wäre das Leben ärmer" Zur biografischen Bedeutung aktiver Theater-Erfahrung. München: kopaed.

Rittelmeyer, C. (2010). Warum und wozu ästhetische Bildung? Über Transferwirkungen künstlerischer Tätigkeiten. Ein Forschungsüberblick. Oberhausen: Athena.

Schiller, F. (1795/1964). Über die ästhetische Erziehung des Menschen in einer Reihe von Briefen. Schriften zu Philosophie und Kunst. München: Goldmann.

Schmid, W. (1998). Philosophie der Lebenskunst. Berlin: Suhrkamp.

Stockmann, R. (2007). Konkurrierende und komplementäre Ansätze zur Evaluation. In: Ders. (Hrsg.), Handbuch zur Evaluation: eine praktische Handlungsanleitung (S. 71–107). Münster u.a.: Waxmann.

Thünemann, S. (2009). Künstlerischer Selbstausdruck und kreative Wandlung. Eine biographieanalytische Studie zu Lebensgeschichten von Berufsmusikerinnen und Berufsmusikern. Opladen: Verlag Barbara Budrich.

Timmerberg, V. & Schorn, B. (Hrsg.). (2009). Anerkennungsformen von Kompetenzen in der Kulturellen Bildung. Der Kompetenznachweis Kultur in Theorie und Praxis. München: kopaed.

Winnicott, D. W. (1969). Übergangsobjekte und Übergangsphänomene. Eine Studie über den ersten, nicht zum Selbst gehörenden Besitz. In: Psyche, 23, 666–682.

Zielvereinbarungen und Evaluation als Instrumente zur strategischen Steuerung der Mittlerorganisationen in der Auswärtigen Kultur- und Bildungspolitik Deutschlands

Vera Hennefeld

Zusammenfassung

Zur Umsetzung der Auswärtigen Kultur- und Bildungspolitik Deutschlands (AKBP) kooperiert das Auswärtige Amt mit den sogenannten Mittlerorganisationen. In den vergangenen Jahren war zu beobachten, dass das Auswärtige Amt zur strategischen Steuerung dieser Mittlerorganisationen zunehmend das Instrument der Zielvereinbarung einsetzt, in deren Rahmen auch Evaluation eine wichtige Rolle einnimmt. Ziel dieses Beitrags ist es, die strategische Steuerung durch Zielvereinbarungen unter Einsatz von Evaluationen näher zu beleuchten und den potenziellen Nutzen und Mehrwert, der hierdurch in der Praxis erzielt werden kann, herauszustellen.

Hierzu erfolgt zunächst eine Einführung in das betriebswirtschaftliche Konzept der Zielvereinbarungen und es werden seine auf die öffentliche Verwaltung übertragbaren Vorteile herausgearbeitet. Anschließend werden der aktuelle Stand der Dinge in der AKBP beleuchtet und Optimierungspotenziale der bestehenden Praxis identifiziert. Die qualitativen Anforderungen, die an eine Zielhierarchie als wichtigem Bestandteil einer Zielvereinbarung zu stellen sind, werden an einer beispielhaften Zielpyramide verdeutlicht. Hierbei wird insbesondere auch auf die Bedeutung von Indikatoren als Grundlage zur Überprüfung der Zielerreichung eingegangen. Abschließend werden die Vorteile sowie die Herausforderungen diskutiert, die mit der Etablierung einer adäquaten Zielvereinbarung als Instrument zur strategischen Steuerung der Mittlerorganisationen in der Praxis verbunden sind.

Vera Hennefeld

1. Einleitung

Die Auswärtige Kultur- und Bildungspolitik (AKBP) ist aus Sicht der Bundesregierung eine tragende Säule der deutschen Außenpolitik und unterstützt deren Ziele: Europa stärken, Frieden sichern, alte Freundschaften pflegen, neue Partnerschaften gründen (vgl. Auswärtiges Amt, 2011a, S. 3). Mittels der AKBP soll Raum für Dialog, Vertrauen und gegenseitiges Verständnis geschaffen werden, um so den Boden für langfristige internationale Partnerschaften zu bereiten (vgl. Auswärtiges Amt, 2011b, S. 7). Mit der Konzeption *‚Auswärtige Kultur- und Bildungspolitik in Zeiten der Globalisierung – Partner gewinnen, Werte vermitteln, Interessen vertreten'* reagierte der Bundesminister des Auswärtigen, Dr. Guido Westerwelle, im Jahr 2011 auf die mit der Globalisierung verbundenen Veränderungen und die daraus resultierenden Herausforderungen an die AKBP: „Die Welt verändert sich rasant und ist unübersichtlich geworden. Alte Gewissheiten sind geschwunden, globale Gewichte verschieben sich. Wirtschaftlich erstarkte Mächte beanspruchen mehr politische Mitsprache. […] Es geht für Deutschland darum, Einfluss in der Welt zu sichern und die Globalisierung verantwortlich mitzugestalten. Die Auswärtige Kultur- und Bildungspolitik (AKBP) kann als ‚cultural diplomacy' mehr denn je einen substanziellen Beitrag dazu leisten" (Auswärtiges Amt, 2011a, S. 2). Dieser Beitrag der AKBP soll geleistet werden, indem sie Dialog, Austausch und die Zusammenarbeit zwischen Menschen und Kulturen fördert, ein positives und wirklichkeitsgetreues Deutschlandbild im Ausland lanciert, Maßnahmen zur Lösung regionaler und lokaler Konflikte initiiert und Menschen nach Deutschland bringt, die temporär oder dauerhaft hier bleiben wollen (vgl. Auswärtiges Amt, 2011a, S. 3). Hierbei orientiert sich das Auswärtige Amt (AA) „am Leitbild einer global nachhaltigen Entwicklung" (Auswärtiges Amt, 2009, S. 3).

Im Rahmen der Umsetzung der Ziele der AKBP und der damit verbundenen Aufgaben nehmen die sogenannten Mittlerorganisationen, neben verschiedenen anderen öffentlichen und privaten Akteuren, eine zentrale Rolle ein: Das AA kooperiert mit überwiegend privatrechtlich oder als Stiftung organisierten Mittlerorganisationen, wobei die Ausgestaltung der eingesetzten Maßnahmen für jede Organisation gemäß ihrer spezifischen Aufgabenprofile, also Ziele bzw. Zwecke und Zielgruppen, sowie auf Basis von Vereinbarungen mit dem AA erfolgt. In der konkreten Ausgestaltung von Maßnahmen sind die Mittlerorganisationen „weitgehend frei" (Auswärtiges Amt, 2011b, S. 13). Dies bedeutet, dass in den „Organen, Beiräten und Gremien der Staat überall vertreten [ist], [er] aber nirgends die Mehrheit der Stimmen" (Maaß, 2009, S. 270) auf sich vereint. Dieses in Deutschland verfolgte Modell der Umsetzung der AKBP kann im europäischen Vergleich als das „Modell mit der weitestgehenden Staatsferne" (ebda., S. 269) bezeichnet werden.

Wird die Höhe der Finanzierung durch das AA als Maßstab für die Größe einer Mittlerorganisation zu Grunde gelegt, sind das Goethe-Institut (GI), der Deutsche Akademische Austauschdienst (DAAD), die Alexander von Humboldt-Stiftung (AvH), das Institut für Auslandsbeziehungen (ifa) sowie die Zentralstelle für das Auslandsschulwesen (ZfA) die größten Mittlerorganisationen der AKBP.

Die Kooperation zwischen dem AA und den Mittlerorganisationen ist formal auf unterschiedliche Arten geregelt. Ein Teil der Mittlerorganisationen stellt zur Durchführung ihrer Aktivitäten Einzelanträge, während ein Teil mit dem AA strategische Zielvereinbarungen geschlossen hat, die auch die Durchführung von Evaluierungen einschließen. Diese Zielvereinbarungen beziehen sich auf den überwiegenden Teil der Aktivitäten der Mittlerorganisationen, schließen allerdings nicht aus, dass darüber hinaus auch andere Einzelzuwendungen gewährt oder weitere Vereinbarungen geschlossen werden.

In den vergangenen Jahren ist zu beobachten, dass die inhaltliche Abstimmung mit den Mittlerorganisationen seitens des AA zunehmend über Zielvereinbarungen erfolgt. Denn aus Sicht der Bundesregierung dienen die Zielvereinbarungen dazu, „Flexibilität und Transparenz zu erhöhen und damit die Ressourcen zielgerichteter und effizienter einzusetzen" (Deutscher Bundestag, 2007b, S. 65). Inzwischen wurden u.a. mit dem GI, dem DAAD, der AvH, der Deutschen UNESCO-Kommission, dem ifa sowie mit Villa Aurora Zielvereinbarungen geschlossen (vgl. Deutscher Bundestag, 2007a, S. 7). Während die Zusammenarbeit zwischen den Mittlerorganisationen und dem AA in einigen Fällen durch Zuwendungen geregelt ist, erfolgt sie bei anderen über vertragliche Vereinbarungen und eine Budgetierung: So ist beispielsweise der Haushalt des GI seit dem Jahr 2008 budgetiert, während das ifa und die Deutsche UNESCO-Kommission Zuwendungen erhalten. Basiert die Kooperation auf einem Zuwendungsbescheid, werden die jährlichen Zahlungen seitens des AA durch Zuwendungsbescheide geregelt; dieses Verfahren beinhaltet eine ebenfalls jährliche Prüfung der Rechtmäßigkeit der Verausgabung (§44 BHO).

Diese zunehmende Hinwendung zu neuen Steuerungsmodellen in der AKBP kann auch auf Ebene der Bundesländer für die Kulturpolitik beobachtet werden, wie aus dem Beitrag von Armin Klein in diesem Band deutlich wird: Er beschreibt dabei eine Initiative des Landes Schleswig-Holstein, dessen Ministerium für Bildung, Wissenschaft und Forschung eine Arbeitsgruppe *Evaluation der Kulturförderung* einsetzte, die im Jahr 2000 ihre Arbeit aufnahm. Ziel der Arbeitsgruppe war es, gesetzte Ziele, erreichte Wirkungen und gewährte Zuwendungen der schleswig-holsteinischen Kulturförderung in einen Zusammenhang zu bringen und zu überprüfen. In dem Bericht der Arbeitsgruppe wurde unter anderem die Einigkeit der Beteiligten darüber hervorgehoben, dass die Förderung kultureller Verbände nach transparenten Kriterien erfolgen sollte und daher Zielvereinbarungen dazu dienen können, den Begründungszusammenhang der Förderung zu verdeutlichen.

Während es im Falle der Mittlerorganisationen also vor allem darum geht, über die Zielvereinbarung und die damit verbundenen Evaluations- und Berichtspflichten gegenüber dem Geldgeber Rechenschaft abzulegen und die Aktivitäten zu legitimieren, wird anhand des Beispiels in Schleswig-Holstein ein weitergehender Mehrwert von Evaluationen im Rahmen von Steuerungsprozessen deutlich: Eine auf fundierten Evaluationsergebnissen fußende Berichterstattung kann zu kohärenten Analysen eines Politikfeldes bzw. von Teilen eines Politikfeldes eingesetzt und damit auch zur strategischen Steuerung auf einer übergeordneten Ebene genutzt werden.

Die zunehmende Bedeutung der Steuerung über Zielvereinbarungen in der AKBP spiegelt sich allerdings nicht in einer verstärkten Durchführung von Evaluationen wider (vgl. hierzu auch den Beitrag von Kurt-Jürgen Maaß in diesem Band). Dies überrascht insofern als der Einsatz von Zielvereinbarungen inhaltliche Überprüfungen ex-post (also im Nachhinein)[1] erfordert und Evaluationen hierfür ein wichtiges Instrument darstellen.

Vor diesem Hintergrund ist es Ziel dieses Beitrags, aufzuzeigen, wie die strategische Steuerung durch Zielvereinbarungen unter Einsatz von Evaluation realisiert und welcher praktische Mehrwert hierdurch erzielt werden kann. Hierzu erfolgt zunächst eine Einführung in das Konzept der Zielvereinbarung. Im Anschluss daran wird der aktuelle Stand der Dinge in der AKBP beleuchtet und davon ausgehend werden Optimierungspotenziale identifiziert. Im Anschluss wird eine beispielhafte Zielformulierung erarbeitet, um die qualitativen Anforderungen zu verdeutlichen, die daran zu stellen sind. In einem nächsten Schritt werden verschiedene, bei der Umsetzung einer solchen strategischen Steuerung in der Praxis relevante Aspekte diskutiert. Im abschließenden Fazit wird aufgezeigt, welcher Nutzen für die beteiligten Akteure der

---

1 Im Gegensatz dazu erfolgt die inhaltliche Prüfung bei Einzelzuwendungen ex-ante, also vorab.

AKBP aus einer strategischen Steuerung durch Zielvereinbarungen unter Einsatz von Evaluation resultieren kann.

2. Das Konzept der Zielvereinbarungen

Bei Zielvereinbarungen handelt es sich um ein strategisches Steuerungsinstrument aus dem Unternehmensbereich (vgl. Schimank, 2006, S. 7; für einen Überblick siehe z.b. auch Kolb, 2010; Schmuck, 2010), das inzwischen auch unter dem Sammelbegriff der *neuen Steuerungsmodelle* in die öffentliche Verwaltung Einzug gehalten hat. Zielvereinbarungen können auf unterschiedlichen Ebenen eingesetzt werden: Zur Steuerung ganzer Organisationen oder von Organisationseinheiten genauso wie zur Mitarbeiterführung. Ziel des Einsatzes von Instrumenten der zielorientieren Steuerung in der öffentlichen Verwaltung ist es, Effektivitäts- und Effizienzgewinne zu erzielen.

Die Ursprünge des Konzepts der Zielvereinbarungen sind im ‚Management by Objectives', einem weit verbreiteten betriebswirtschaftlichen Ansatz zur Führung, zu verorten. Wesentliche theoretische Grundlagen hierzu wurden nach Watzka bereits in den 1970er Jahren gelegt und er bezeichnet dieses Managementsystem gar als „das wichtigste und wirkungsvollste Führungsinstrument überhaupt" (Watzka, 2011, S. 16).

Werden Zielvereinbarungen zur strategischen Steuerung eingesetzt, hat dies in der praktischen Umsetzung zur Konsequenz, dass Entscheidungskompetenzen und Verantwortlichkeiten dezentralisiert werden – sie werden also von der zentralen Einrichtung in die dezentralen Einheiten verlagert. Für die AKBP bedeutet dies, dass Entscheidungen und Verantwortlichkeiten für die Umsetzung der AKBP aus dem AA als übergeordneter, für die deutsche Außenpolitik und damit auch die AKBP zuständiger Behörde in die mit der Umsetzung der AKBP betrauten Mittlerorganisationen übergeben werden. Durch die Vereinbarung von Zielen verbleibt die eigentliche Verantwortung für die politische Steuerung auch im Rahmen von Zielvereinbarungen dennoch beim AA (vgl. Zechlin, 2005).

Hinter dieser Verlagerung der Zuständigkeit für die Umsetzung steht „die Annahme, dass die Akteure, die das betreffende Handeln zu realisieren haben, besser darüber Bescheid wissen, welche Maßnahmen zur Erreichung der Ziele adäquat sind, als die hierarchisch übergeordneten Steuerungsinstanzen" (Schimank, 2006, S. 8). Zugleich stellen Zielvereinbarungen das Produkt eines Verhandlungsprozesses dar. Schimank betont in diesem Zusammenhang, dass diese Verhandlung zugleich als „partizipative Komponente" (ebda.; vgl. auch Ziegele, 2006, S. 22) angesehen werden kann: Partizipation gilt nicht nur in diesem, sondern auch in vielen anderen Kontexten als wichtige Methode zur Generierung und/oder Steigerung von Akzeptanz und damit auch von Motivation bei den für die Umsetzung in der Praxis wichtigen Stakeholdern (vgl. hierzu auch den Beitrag von Stockmann in diesem Band).

Watzka identifiziert für den Einsatz von Zielvereinbarungen als Instrument der Mitarbeiterführung in Unternehmen vielfältige Vorteile, deren Kerngedanken zum überwiegenden Teil auch auf strategische Steuerungs- und Abstimmungsmechanismen in der öffentlichen Verwaltung übertragen werden können, denn: „Organisationen existieren einzig und allein, um Ziele zu erreichen. [...] [Dies gilt] für gewinnorientierte, privatwirtschaftliche Unternehmen, für Non-Profit-Organisationen und für die öffentliche Verwaltung gleichermaßen" (Watzka, 2011, S. 15).

Es können drei Bereiche unterschieden werden, in denen sich durch den Einsatz strategischer Steuerungsinstrumente Vorteile ergeben können: (a) Motivationssteigerung, (b) Leistungssteigerung sowie (c) Verbesserung der Organisationssteuerung (vgl. Watzka, 2011, S. 43ff.). Im Folgenden werden jene Vorteile, die auch für die hier interessierenden Steuerungsprozesse in der öffentlichen Verwaltung bedeutsam sein können, selektiert und in Bezug zur strategischen Steuerung von Mittlerorganisationen gesetzt. Vorteile, die Zielvereinbarungen im Rahmen der Mitarbeiterführung erbringen können, werden hier also auf die strategische Steuerung von Organisationen bezogen.

Zu (a): Watzka identifiziert in der Summe sechs Motivationsmechanismen, von denen mindestens die drei folgenden auch für Steuerungsprozesse in der AKBP gelten können: Einvernehmlich vereinbarte Ziele tragen zur *Aufgabenidentifikation* bei, weil die Ziele in eine Hierarchie gebracht und so Zusammenhänge klarer dargestellt werden – hier kann auch von Sinnstiftung gesprochen werden, da die Ziele der AKBP auf Basis des Profils der jeweiligen Mittlerorganisation spezifiziert werden. Darüber hinaus sind die Ziele zwischen AA und den Mittlerorganisationen gemeinsam vereinbart, so dass ein *Selbstverpflichtungseffekt* (Commitment) eintritt. Letztlich wird auch die *Handlungsinitiierung* gefördert, indem in Zielvereinbarungen Meilensteine oder Fristen festgehalten werden, so dass ein klarer Handlungsrahmen abgesteckt wird.

Zu (b): Die Leistungssteigerung soll in der Mitarbeiterführung durch neun Mechanismen gefördert werden, von denen sich insbesondere die nachfolgenden drei auf die Steuerung von Organisationen in der öffentlichen Verwaltung übertragen lassen: Zielvereinbarungen können eine *Lupenfunktion* einnehmen, indem in ihnen ausgehend von den Zielen einer Organisation Schwerpunkte in den Zielsetzungen generiert werden, die sich nachfolgend auf die Ressourcenallokation auswirken. In enger Verbindung damit steht die *Sog- und Fokussierungswirkung*. Hiermit ist gemeint, dass von Zielen eine Wirkung ausgeht, die zur „Konzentration auf das Wesentliche" (ebda., S. 57) und damit zur Bündelung von Handlungsenergien führt. Zielvereinbarungen leisten zugleich einen Beitrag zur Verbesserung der *Handlungsregulation*, indem durch sie eine Zielhierarchie gebildet wird: Aus übergeordneten Zielen werden konkrete Handlungsziele abgeleitet, aus denen sich das Arbeitsprogramm einer Organisation oder einer Organisationseinheit ableiten lässt.

Zu (c): Werden Zielvereinbarungen in einer Organisation als Instrument der Mitarbeiterführung genutzt, wirkt sich dies auch auf die Steuerung der Organisation insgesamt aus: „die Steuerung der Gesamtorganisation [wird] stringenter" (ebda., S. 68). Watzka identifiziert folgende Einzelfunktionen dieses Steuerungsinstruments, die alle auf den hier vorliegenden Kontext übertragbar sind (ebda., S. 68ff.):

- ✓ *Effektivitätsfunktion*: Durch Zielvereinbarungen wird sichergestellt, dass alle Aktivitäten auf das Erreichen der Oberziele einer Organisation ausgerichtet sind.
- ✓ *Effizienzfunktion*: Durch die Festlegung von Handlungszielen werden indirekt (oder aber auch direkt) die einzusetzenden Ressourcen spezifiziert und damit erfolgt eine Sensibilisierung für effizientes Handeln.
- ✓ *Planungsfunktion*: Alle Aktivitäten werden vor dem Hintergrund der gesetzten Ziele systematisch geplant.
- ✓ *Koordinationsfunktion*: Durch die Ausrichtung auf die in Zielvereinbarungen gesetzten Ziele werden die Aktivitäten verschiedener Bereiche oder Organisationseinheiten arbeitsteilig aufeinander abgestimmt und so koordiniert und integriert.
- ✓ *Optimierungsfunktion*: Zielvereinbarungen sind nur für einen bestimmten Zeitraum gültig und werden daher immer wieder neu verhandelt. Dies bietet die Möglichkeit, Schwachstellen zu identifizieren und geeignete Gegenmaßnahmen zu ergreifen sowie die Stärken weiter auszubauen.
- ✓ *Allokationsfunktion*: Durch die Vereinbarung von Zielen (und ggf. konkreten Maßnahmen) ist für deren Erreichen immer auch die Zuweisung von Ressourcen verbunden. Mit der Orientierung an einer Zielvereinbarung werden solche Allokationen objektiviert und rationalisiert.
- ✓ *Kontrollfunktion*: Mit Zielvereinbarungen sind immer auch Kontrollprozesse verbunden (Zwischen- und Endkontrollen), die dazu beitragen,

Probleme frühzeitig zu erkennen und geeignete Gegenmaßnahmen zu ergreifen.
✓ *Flexibilisierungsfunktion*: Strategische Steuerung durch Zielvereinbarungen erfordert auch eine Kommunikation über das Erreichen oder Nichterreichen von Zielen und lenkt damit den Blick zugleich auf das Umfeld einer Organisation und die die Zielerreichung unterstützenden oder hemmenden externen Faktoren. Diese Bewertung der Umfeldbedingungen ist Voraussetzung für die Einleitung von Anpassungs- und Flexibilisierungsprozessen.
✓ *Entlastungsfunktion*: Die übergeordnete, eine Politik oder Strategie verantwortende Einheit (hier: das AA) wird durch den Einsatz von Zielvereinbarungen insofern entlastet, als dass sie sich nicht mehr mit operativen Details auseinandersetzen muss. Die Aufgabe übergeordneter Einheiten ist vielmehr auf der strategischen Ebene angesiedelt.

Diese von Watzka identifizierten potenziellen Vorteile strategischer Steuerungsinstrumente verdeutlichen, dass durch den Einsatz von Zielvereinbarungen in unterschiedlichen Bereichen und auf völlig unterschiedlichen Ebenen einer Organisation positive Effekte erzeugt werden können, die allesamt zu einer Optimierung der internen wie externen Steuerung von Organisationen beitragen. Zudem wurde deutlich, dass viele dieser Effekte nicht nur in Unternehmen und der Privatwirtschaft, sondern auch in der öffentlichen Verwaltung zu erwarten sind.

In einem wichtigen öffentlichen Sektor liegen bereits umfangreiche Erfahrungen mit diesem Instrument vor: Im Hochschulbereich werden Zielvereinbarungen seit Ende der 1990er Jahre eingesetzt und haben inzwischen in allen Bundesländern Anwendung gefunden (vgl. Schmuck, 2010, S. 39f.). Dabei ist zu unterscheiden zwischen den hier besonders interessierenden Zielvereinbarungen zwischen den Hochschulen und den jeweils zuständigen Wissenschaftsministerien zur strategischen politischen Steuerung der ‚Organisation Hochschule' sowie Zielvereinbarungen, die innerhalb einer Hochschule (z.B. zwischen der Leitung und Fakultäten oder innerhalb von Fakultäten oder Fachbereichen) geschlossen werden.[2] Analysen bestehender Zielvereinbarungen zwischen Ministerien und Hochschulen zeigen allerdings, dass diese sich von Fall zu Fall in ihrer Reichweite und Ausgestaltung sehr stark voneinander

---

2   Zum Themenfeld ‚Zielvereinbarungen als Instrument der Mitarbeiterführung in der öffentlichen Verwaltung' liegen umfangreiche Erfahrungen vor, die in der Literatur verarbeitet wurden (z.B. Knopp, Peine, Nowacki & Schröder, 2010; Nickel, 2007; Kracht, 2006).

unterscheiden und dass auch die Funktionalität dieses Instruments in der Praxis daher sehr unterschiedlich bewertet wird[3] (vgl. Schmuck, 2010, 79ff. sowie z.B. Zechlin, 2005; Ziegele, 2006; Stock, 2006). Verallgemeinerbare Befunde können aus diesem Grund bislang kaum generiert werden. Die Tatsache, dass Zielvereinbarungen im Hochschulsektor eine zunehmende Verbreitung finden und Hochschulen und Ministerien auslaufende Vereinbarungen durch neue ersetzen, lässt jedoch den Schluss zu, dass Zielvereinbarungen zwar im Grundsatz als sinnvolles Instrument zur strategischen Steuerung angesehen werden, dieses sich jedoch noch in einer Erprobungs- bzw. zum Teil auch bereits in einer Optimierungsphase befindet.

In der Einleitung zu diesem Beitrag wurde bereits dargestellt, dass das AA zur Umsetzung der politischen Ziele der AKBP inzwischen mit verschiedenen Mittlerorganisationen Zielvereinbarungen geschlossen hat und zum Teil auch bereits Folgevereinbarungen ausgehandelt wurden. Dies bedeutet, dass auch hier eine grundsätzliche Befürwortung des Einsatzes von Zielvereinbarungen zu beobachten ist, die Akteure dieses Politikfelds (ähnlich wie im Hochschulsektor) mit dem Instrument allerdings noch experimentieren.

3. Strategische Steuerung durch Zielvereinbarungen in der AKBP

3.1 Stand und Optimierungspotenziale

Werden seitens des AA mit Mittlerorganisationen bislang geschlossene Zielvereinbarungen einer genaueren Betrachtung unterzogen,[4] zeigt sich, dass alle Aspekte, die zu einer Zielvereinbarung gehören, enthalten sind. In den Dokumenten werden Ziele vereinbart, die unterschiedlichen Ebenen zugeordnet werden können. So kann zwischen strategischen, übergeordneten Zielen und

---

3   Hierbei ist allerdings darauf zu verweisen, dass weniger das Instrument der Zielvereinbarung selbst in Frage gestellt wird. Vielmehr sind es verschiedene Aspekte der praktischen Umsetzung und Ausgestaltung von Zielvereinbarungen, die die tatsächliche Funktionalität und den Mehrwert dieses Instruments in der Praxis bestimmen (vgl. u.a. Zechlin, 2005; Ziegele, 2006; Watzka, 2011).
4   Die Zielvereinbarungen zwischen dem AA und den Mittlerorganisationen sind nicht publiziert. Der Autorin liegt aus verschiedenen Forschungsprojekten eine Vielzahl von Zielvereinbarungen (aus verschiedenen Jahren und von insgesamt fünf Mittlerorganisationen) vor, auf die sich die nachfolgenden Ausführungen beziehen.

daraus abgeleiteten konkreteren Zielsetzungen unterschieden werden. Überdies werden spezifische Maßnahmen und Aktivitäten benannt, die zum Erreichen der Ziele initiiert und umgesetzt werden sollen und ergänzend werden Indikatoren aufgeführt, die im Weiteren als Grundlage der Berichterstattung seitens der Mittlerorganisationen an das AA dienen.

Konkret bedeutet dies, dass ausgehend von den übergeordneten außenpolitischen Zielen der Bundesregierung die mit der AKBP verfolgten Ziele abgeleitet und vor dem Hintergrund des jeweiligen Aufgabenprofils einer Mittlerorganisation weiter konkretisiert werden. Dies kann zugleich als Schwerpunktsetzung der Zusammenarbeit zwischen AA und einer Organisation verstanden werden. Ergänzend dazu werden in der Praxis zwischen dem AA und den Mittlerorganisationen Strategiegespräche und Planungsbesprechungen realisiert, so dass ein mehr oder weniger intensiver formeller und informeller Austausch zu beobachten ist.

Aufgabe der Mittlerorganisationen ist es, auf Basis der Zielvereinbarungen und der dort formulierten Indikatoren jährliche Berichte zu erstellen, die der Legitimation und Rechenschaftslegung gegenüber dem AA als Mittelgeber dienen. Hierbei können verschiedene Optimierungspotenziale identifiziert werden:

So ist festzustellen, dass in den Zielvereinbarungen zwar Ziele formuliert sind, die theoretisch unterschiedlichen analytischen Ebenen zugeordnet werden können; in der Umsetzung erfolgt eine solche analytische Trennung jedoch oftmals nicht, sondern die verschiedenen Ebenen werden teils stark miteinander vermischt. Zwar werden – wie beschrieben – auch Indikatoren zur Messung der Zielerreichung identifiziert und festgehalten, diese spiegeln aber in keinem der vorliegenden Fälle die unterschiedlichen Zielebenen wider. Diese beiden Probleme hängen eng miteinander zusammen: Werden die verschiedenen Zielebenen in der Darstellung miteinander vermischt, wird es deutlich schwieriger, Indikatoren abzuleiten, die auch tatsächlich über die Zielerreichung auf den unterschiedlichen Ebenen erschöpfend Auskunft geben können. Vielmehr scheint es, dass ausgehend von Outputindikatoren, die über erfolgte Maßnahmen oder erstellte Leistungen und auch über erreichte Zielgruppen informieren, (implizit) Plausibilitätsüberlegungen zur Zielerreichung auf übergeordneten Ebenen angestellt werden.

Bei einer näheren Betrachtung der Indikatoren ist auffällig, dass die Verwendung quantitativer Indikatoren stark dominiert: Viele Indikatoren beziehen sich auf die Zahl durchgeführter Maßnahmen oder den Umfang der erreichten Zielgruppen (z.B. Anzahl durchgeführter Veranstaltungen, Anzahl von Vorträgen, Anzahl geförderter Stipendiaten oder Wissenschaftler, Anzahl von Sprachkursteilnehmern, Anzahl von Besuchern einer Ausstellung, Anzahl von Publikationen etc.). Hierbei handelt es sich um klassische Output-Indikatoren, die zwar einen ersten Hinweis auf den Erfolg einer Maßnahme geben können (z.b. Nachfrage der Zielgruppe nach einem bestimmten Angebot), den tatsächlichen Erfolg im Sinne erreichter Wirkungen aber nicht weiter spezifizieren (z.b. Was hat sich wie bei einer Zielgruppe durch die Inanspruchnahme einer Leistung verändert? Welche weiteren Effekte über die eigentliche Zielgruppe hinaus wurden erzielt? Sind Multiplikatorwirkungen zu beobachten?).

Gerade wenn es darum geht, Wirkungen näher zu spezifizieren und gegenüber einem Mittelgeber nachzuweisen, sind neben den quantitativen insbesondere auch qualitative Indikatoren von Bedeutung. Solche Indikatoren, die Auskunft über erzielte Veränderungen und damit über die Wirksamkeit von Maßnahmen geben, können z.B. sein: Vorhandensein eines differenzierten Deutschlandbilds, Realisierung gemeinsamer Forschungsvorhaben von deutschen und ausländischen Wissenschaftlern, Verbreitung deutscher Positionen oder deutscher Beiträge in internationalen Gremien oder Strategiepapieren, Reichweite und Qualität der ausländischen Medienberichterstattung über spezifische Maßnahmen etc. Derartige Indikatoren lassen sich gerade in aktuelleren Zielvereinbarungen zwar vereinzelt finden, allerdings verschwimmen diese dann wieder, wenn dazu – wie in einem Fall – vermerkt ist, dass als Nachweis eine Auswertung mittels eines ‚qualifizierenden Berichts' erwartet wird. Ob ein solcher Bericht auf methodisch adäquat erhobenen Daten basieren soll oder auch Plausibilitätsüberlegungen als Nachweis ausreichend sind, wird allerdings nicht näher spezifiziert. Daher ist die Frage zu stellen, ob anhand solcher Berichte letztlich ein fundierter Nachweis über die erzielten Wirkungen erbracht werden kann.

Es ist daher anhand der vorliegenden Zielvereinbarungen festzustellen, dass die der jährlichen Berichterstattung der Mittlerorganisationen zu Grunde liegenden Indikatoren und Daten überwiegend nur Auskunft über die erbrachten Leistungen geben, indem zahlenmäßig nachgewiesen wird, zu welchen Zwecken die Mittel durch die Mittlerorganisationen eingesetzt wurden. Daher kann hier kaum von einer echten strategischen Steuerung gesprochen werden. Vielmehr handelt es sich dabei um eine – durchaus notwendige und nicht in Frage zu stellende – Rechenschaftslegung über die Verwendung von Geldern, allerdings nicht um den Nachweis darüber, ob mit den umgesetzten Maßnahmen Veränderungen im intendierten und in der Zielvereinbarung festgehaltenen Sinne erzielt wurden. In diesem Zusammenhang ist allerdings zugleich hervorzuheben, dass seit Einführung der Zielvereinbarung als strategisches Steuerungsinstrument in der AKBP in den vorliegenden Dokumenten auch einige sehr positiv zu wertende Entwicklungen zu beobachten sind: Während sich die ersten Zielvereinbarungen jeweils über einen Zeitraum von nur einem Jahr erstreckten, wurden neuere Vereinbarungen über Laufzeiten von drei bis zu fünf Jahren geschlossen. Das ist insofern wichtig, als dies den Mittlerorganisationen zum einen eine mittelfristige Planung erlaubt und zum anderen können gerade übergeordnete Zielsetzungen nur über längere Zeiträume hinweg erreicht werden. Über die verschiedenen ‚Generationen' von Zielvereinbarungen hinweg ist überdies eine stärkere Ausdifferenzierung der Ziele der Zusammenarbeit zwischen AA und Mittlerorganisation zu beobachten. Zwar folgen die Ziele noch nicht in allen bekannten Fällen einer strengen hierarchischen Gliederung, es scheint aber ein Bewusstsein für die verschiedenen Zielebenen vorhanden zu sein. Des Weiteren wird in neueren Zielvereinbarungen klar zwischen qualitativen und quantitativen Indikatoren unterschieden und es werden auch über die Outputebene hinausgehende Indikatoren festgelegt, die Auskunft über die Wirksamkeit der Aktivitäten geben können, sofern die hierfür erforderlichen Daten generiert werden.[5] Zwar wären die bestehenden Indikatoren in allen bekannten Fällen auf Basis einer streng hierarchischen Zielsystematik noch zu erweitern und zu vervollständigen, um zu allen vereinbarten Zielen auch Indikatoren vorzuhalten. Aber auch hier ist eine Entwicklung in Richtung einer stärker differenzierenden und wirkungsorientierten Sichtweise erkennbar.

Wie bereits dargelegt, werden Zielvereinbarungen als Instrument zur Steigerung von Effektivität und Effizienz eingesetzt, wobei die Dezentralisierung der Verantwortung für die Umsetzung hierbei eine wichtige Komponente darstellt. Dies würde also bedeuten, dass in Zielvereinbarungen tatsächlich nur strategische Ziele formuliert werden und auf die Benennung konkreter Maßnahmen zum Erreichen der Ziele verzichtet wird. Allerdings wird dies in der Praxis keineswegs so gehandhabt: In allen vorliegenden Zielvereinbarungen finden sich ganz konkrete, seitens der Mittler zu realisierende Maßnahmen, die nicht nur außenkultur- und bildungspolitische Aktivitäten umfassen, sondern sich teilweise sogar auf organisationsinterne Prozesse beziehen. Dies

---

5 In einer vorliegenden Zielvereinbarung wurden sogar explizit Evaluationen zum Erbringen des Wirkungsnachweises vereinbart.

widerspricht zwar den Grundgedanken einer Zielvereinbarung und kann nicht unter den Begriff der ‚strategischen Steuerung' gefasst werden, in der Praxis müssen allerdings die involvierten Akteure individuell entscheiden, welche Aspekte tatsächlich Eingang in eine Zielvereinbarung finden sollen und welche nicht.

In der Summe kann damit festgehalten werden, dass mit dem Instrument der Zielvereinbarung in der AKBP bereits vielfältige Erfahrungen gesammelt wurden und für die vergangenen Jahre auch schon viele Lerneffekte zu beobachten sind, die in neueren Zielvereinbarungen ihren Niederschlag finden. Die grundsätzliche Nützlichkeit des Instruments scheint von keinem der beteiligten Akteure in Frage gestellt zu werden. Dennoch ist zugleich feststellbar, dass noch nicht alle Potenziale dieses Instruments ausgeschöpft werden: Die Nutzung von Zielvereinbarungen in der AKBP als strategisches Steuerungsinstrument ist also weiter optimierungsfähig.

3.2 Beispielhafte Entwicklung einer Zielhierarchie und Hinweise für die Praxis

Im vorangegangen Abschnitt wurde deutlich, dass die Ausarbeitung einer hierarchischen Zielpyramide wichtiger Bestandteil für die Ausformulierung einer Zielvereinbarung ist. Durch ein solches Zielsystem kann klar festgelegt werden, welche Ziele kurz- oder mittelfristig angestrebt werden und zu welchen übergeordneten Zielsetzungen längerfristig ein Beitrag geleistet werden soll. Überdies stellt es die Basis für die systematische Ableitung aussagekräftiger leistungs- und wirkungsbezogener Indikatoren und damit für die Bildung eines kohärenten Indikatorensystems dar.

Die Bedeutung klar ausformulierter Zielsetzungen wird auch von Knüsel in seinem viel zitierten Beitrag „Der Teufel der Evaluation" betont: Er fordert die Politik dazu auf, „die Aufgaben der Kulturförderung genauer zu umreißen, Wirkungsziele festzulegen und für ihre Überprüfung zu sorgen" (Knüsel, 2003). Überdies sieht er den Nutzen einer durch Ziele klar definierten Partnerschaft zwischen Sponsor und Gesponsertem insbesondere darin, dass fundierte Steuerungsentscheidungen getroffen werden können und diese Partnerschaft durch eine gemeinsame strategische Steuerung gefestigt werden kann.

Die Ausarbeitung eines hierarchisch gegliederten Zielsystems und eines daraus abgeleiteten stringenten Indikatorensystems, das zur Überprüfung der Zielerreichung geeignet ist, ist also zentrale Voraussetzung zur Nutzung einer Zielvereinbarung als strategisches Steuerungsinstrument. Nachfolgend wird daher eine beispielhafte Zielhierarchie entwickelt.

Soll die Steuerung von Einrichtungen wie den Mittlerorganisationen der AKBP über Zielvereinbarungen erfolgen, ist in einem ersten Schritt zwischen Mittelgeber und Mittelempfänger festzulegen, welche Ziele im Rahmen der Zusammenarbeit erreicht werden sollen. Angesprochen sind hier also die Aushandlungsprozesse zwischen dem AA als übergeordneter und für die AKBP zuständiger Behörde und den Mittlerorganisationen mit dem Zweck, Ziele zu identifizieren und festzulegen, die aus Sicht beider Akteure zur erfolgreichen Umsetzung der politischen Ziele der AKBP vor dem Hintergrund des jeweiligen Aufgabenprofils einer Mittlerorganisation bedeutsam sind und daher von den Beteiligten als gemeinsamer Handlungsrahmen für einen spezifizierten Zeitraum betrachtet werden.

Bei der Ausarbeitung einer Zielvereinbarung ist darauf zu achten, dass die verschiedenen Ziel- und Wirkungsebenen sowie die seitens der Mittlerorganisationen zu erbringenden Aktivitäten und Leistungen ausreichend differenziert werden: So ist zunächst zu unterscheiden zwischen Zielen, die auf einer allgemeinen, globalen Ebene angesiedelt sind und auf die durch die Aktivitäten der Mittlerorganisationen nicht direkt Einfluss genommen werden kann (wie die Ziele der AKBP: z.B. „Stärkung des Bildungsstandorts Deutschland", „Verbreitung der deutschen Sprache in Europa und der Welt", „Förderung der europäischen Integration" oder „Erhalt der kulturellen Vielfalt auf der Welt", Auswärtiges Amt, 2012) und Zielen, die deutlich konkreter formuliert sind und sich diesen Oberzielen unterordnen lassen: z.B. Förderung von Dialog, Austausch und Zusammenarbeit zwischen Menschen und Kulturen, Vermittlung eines positiven und wirklichkeitsgetreuen Deutschlandbilds im Ausland etc. (vgl. Auswärtiges Amt, 2011a, S. 3). Diese konkreter formulierten Zielsetzungen der AKBP lassen sich wiederum vor dem Hintergrund des Aufgabenprofils einer Mittlerorganisation weiter spezifizieren.

In nachfolgender Abbildung wird eine solche Zielhierarchie auf Basis der Ausführungen der AKBP-Konzeption ‚Auswärtige Kultur- und Bildungspolitik in Zeiten der Globalisierung' (vgl. Auswärtiges Amt, 2011a) sowie des Berichts der Bundesregierung zur Auswärtigen Kultur- und Bildungspolitik 2010/2011 (vgl. Auswärtiges Amt, 2011b) beispielhaft aufgezeigt.[6] Hierbei ist allerdings zu beachten, dass sich diese Ausarbeitung auf die AKBP allgemein bezieht, also nicht nur die Aktivitäten und Aufgaben einer speziellen Mittlerorganisation aufgegriffen werden.

---

6   Zur Entwicklung einer Zielhierarchie vgl. auch Schneider, 2007.

Zielvereinbarungen und Evaluation

Abbildung 1: Beispielhafte Zielpyramide

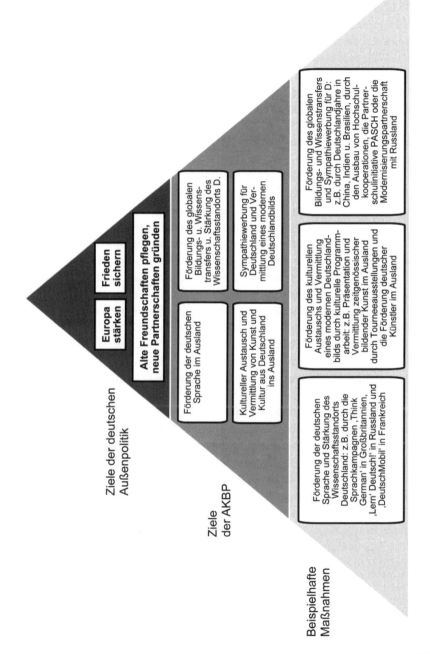

In Abbildung 1 sind in der Spitze der Pyramide die allgemeinen Ziele – hier: die Ziele der deutschen Außenpolitik – verortet, die auf der darunter liegenden Ebene für die AKBP konkretisiert sind. Prinzipiell ist in dieser Pyramide zwischen der zweiten und dritten Ebene eine weitere Zielebene denkbar, auf der die Ziele der AKBP ausgehend von dem Aufgabenprofil einer spezifischen Mittlerorganisation weiter spezifiziert werden können. Auf der hier dargestellten dritten Ebene finden sich in diesem Zielsystem bereits beispielhafte Maßnahmen, mit denen einerseits eigene konkrete Ziele verfolgt werden und die andererseits zugleich zum Erreichen der Ziele auf der darüber liegenden Ebene beitragen sollen. Mit Blick auf den Anspruch, dass diese in Zielvereinbarungen einfließenden Zielsysteme der strategischen und nicht der operativen Steuerung dienen sollen, ist in der Praxis zwischen den Partnern auszuhandeln, ob und inwieweit überhaupt operative Zielsetzungen in eine Vereinbarung aufgenommen werden.

Grundsätzlich ist an solche Zielhierarchien der Anspruch zu stellen, dass das Erreichen untergeordneter Ziele einen Beitrag zum Erreichen der Ziele auf der nächst höheren Ebene leistet. Wie aus der Darstellung auf der untersten Ebene hervorgeht, können die hier gelisteten Maßnahmen einen Beitrag zu verschiedenen Zielen leisten:[7] Die genannten Sprachkampagnen tragen nicht nur zur Förderung der deutschen Sprache bei, sondern leisten zugleich einen Beitrag zur Stärkung des Wissenschaftsstandorts Deutschland (vgl. Auswärtiges Amt, 2011b, S. 30). Die kulturelle Programmarbeit im Ausland dient dem kulturellen Austausch und der Vermittlung von Kunst und Kultur aus Deutschland im Ausland genauso wie der Sympathiewerbung für Deutschland und der Vermittlung eines aktuellen Deutschlandbilds. Je nach Inhalt und Ausgestaltung eines Vorhabens können Projekte der kulturellen Programmarbeit aber sicher auch einen Beitrag zur Förderung des globalen Bildungs- und Wissenstransfers leisten. Im dritten Maßnahmenbeispiel werden verschiedene Vorhaben gebündelt, die der Förderung des globalen Bildungs- und Wissenstransfers dienen und zur Stärkung des Wissenschaftsstandorts Deutschland beitragen, zugleich aber auch als Sympathiewerbung für Deutschland verstanden werden können und die Vermittlung eines modernen Deutschlandbilds

---

7 Es wird in dieser Darstellung kein Anspruch auf Vollständigkeit erhoben. Vielmehr wäre im Rahmen der Ausformulierung einer Zielhierarchie für eine spezielle Mittlerorganisation herauszuarbeiten, wie sich die Zusammenhänge der Zielkaskade vor dem Hintergrund des Aufgabenprofils einer Organisation in dem speziellen Fall gestalten.

unterstützen. Die Partnerschulinitiative PASCH leistet überdies zugleich einen wichtigen Beitrag zur Förderung der deutschen Sprache im Ausland.

Da die Maßnahmen also das Erreichen verschiedener Ziele fördern können, wurde in dieser Darstellung bewusst darauf verzichtet, diese Zusammenhänge grafisch darzustellen. Dies wäre auch erst dann sinnvoll, wenn die hier bewusst allgemein gewählten Beispiele für Maßnahmen weiter konkretisiert würden. Ziel dieser Darstellung ist es vielmehr, die zwei Bedingungen, die eine gut ausgearbeitete Zielhierarchie erfüllen sollte, zu verdeutlichen: „In der *vertikalen* Betrachtung müssen alle Ziele in einem strengen Zweck-Mittel-Verhältnis zueinander stehen [und] in der *horizontalen* Betrachtung ist auf jeder [...] [Ebene] idealerweise eine völlige Widerspruchsfreiheit zwischen den einzelnen Zielen zu fordern" (Watzka, 2011, S. 29).

Wichtig ist es zu betonen, dass Ziele – unabhängig davon, auf welcher Ebene sie in einer Zielpyramide anzusiedeln sind – so präzise wie möglich zu formulieren sind, um eine Grundlage für Soll-Ist-Vergleiche und damit zur Überprüfung der Zielerreichung zu schaffen. Watzka führt folgende *fünf W-Fragen* auf, auf die eine gute Zielformulierung Antwort geben soll (vgl. Watzka, 2011, S. 92):

Wer?	→ präzise Benennung des Zielerfüllungsträgers
Was?	→ präzise Beschreibung des Zielinhalts
Wie viel?	→ präzise Beschreibung des Zielausmaßes
Wann? Bis wann?	→ präzise Angabe des Zielzeitbezugs
Womit?	→ präzise Angabe verfügbarer Ressourcen

Liegt eine Zielhierarchie vor, die die genannten Ansprüche erfüllt, erfolgt in einem nächsten Schritt die Bestückung mit Indikatoren. Diese können als weitere Konkretisierung der Erwartungen an die Zusammenarbeit zwischen den Partnern verstanden werden: Sie sind Ausdruck des seitens Mittelgeber und Mittelempfänger geteilten Verständnisses über die mit der Kooperation angestrebten Ergebnisse. Zugleich nehmen sie in einer Zielvereinbarung einen bedeutsamen Stellenwert ein: Sie sind die Kriterien, anhand derer über die Zielerreichung oder auch Zielverfehlung entschieden wird. Aus diesem Grund ist an die Qualität von Indikatoren auch ein hoher Anspruch zu stellen, der anhand der folgenden vier Anforderungen konkretisiert werden kann (vgl. Meyer, 2007, S. 203f.):[8]

---

[8] Für eine ausführliche Einführung in die Operationalisierung und Indikatorenentwicklung siehe z.B. Schnell, Hill & Esser, 2011; Bortz & Döring, 2006; Kromrey, 2009.

Aus *theoretischer Perspektive* ist die Güte der Operationalisierung bedeutsam. Das bedeutet, dass der durch einen Indikator gemessene Sachverhalt in einem logischen Zusammenhang zu dem in einem Ziel formulierten Konstrukt stehen muss (z.B. Anzahl der Schüler eines Landes, die die deutsche Sprache erlernen, als ein Hinweis auf die Tatsache, dass die deutsche Sprache in einem Land gefördert wird; das Konstrukt ‚Förderung der deutschen Sprache' kann dagegen nicht direkt gemessen werden). Aus *methodischer Sicht* ist bedeutsam, dass ein Indikator auch tatsächlich das misst, was er messen soll (z.B. wäre die Anzahl der Deutschlehrer in einem Land alleine kein geeigneter Indikator für die Förderung der deutschen Sprache, wenn unklar ist, ob, in welchem Umfang und für wie viele Schüler diese Deutschunterricht anbieten) und dass bei wiederholten Messungen auch die gleichen Ergebnisse produziert werden (z.B. sollten die zu Rate gezogenen Statistiken von Deutschlernern in einem Land vollständig sein, um adäquate und die Realität widerspiegelnde Zeitreihen erstellen zu können, an denen die Entwicklung der Förderung der deutschen Sprache abgelesen werden kann). Aus praktischer Perspektive sind die folgenden beiden Anforderungen wichtig: Ein Indikator muss so gewählt sein, dass mit den zur Verfügung stehenden zeitlichen, personellen und finanziellen Ressourcen die Erhebungen überhaupt realisiert werden können. Dieser Anspruch an die *Güte der Durchführung* beinhaltet also auch eine pragmatische Komponente, was in der Praxis durchaus bedeuten kann, dass theoretisch und methodisch adäquate Indikatoren verworfen werden müssen, da der zur Erhebung der Daten erforderliche Aufwand nicht zu rechtfertigen oder schlicht nicht zu leisten ist. Letztlich ist auch die *Akzeptanz* eines Indikators bedeutsam, d.h. die zugehörigen Messergebnisse müssen seitens der Beteiligten als Entscheidungsgrundlage anerkannt werden. Mittelgeber und Mittelempfänger müssen sich darüber einig sein, dass z.B. die Entwicklung der Anzahl der Deutschlerner in einem Land ein Kriterium (oder besser: eines von mehreren Kriterien) zur Bewertung des Erreichens des Ziels Förderung der deutschen Sprache ist.

Im Rahmen einer Zielvereinbarung sind derartige Indikatoren Grundlage der Berichterstattung des Mittelempfängers an den Mittelgeber. Sie dienen also dem Nachweis, in welchem Maße es gelungen ist, die vereinbarten Ziele mit den zur Verfügung gestellten Geldern zu erreichen. Diese Berichterstattung ist im Weiteren Entscheidungsgrundlage für die Ausgestaltung der zukünftigen Zusammenarbeit und damit auch ggf. für sich anschließende Zielvereinbarungen zwischen den beiden Partnern. Insofern sind Zielvereinbarungen auch nicht als starres Instrument zu betrachten, das – einmal geschlossen – in dieser Form langfristig Bestand haben muss oder soll. Im Gegenteil: Gerade durch die zeitliche Befristung der Vereinbarung kann beispielsweise flexibel auf Veränderungen politischer Ziel- und Schwerpunktsetzungen oder den Wandel von Kontextbedingungen reagiert werden. Insofern sollten Zielvereinbarungen auch nicht nur als Instrument für einen Soll-Ist-Abgleich verstanden werden, sondern zugleich als Anstoß für eine regelmäßige Reflexion der Zielsetzungen in der Zusammenarbeit zwischen Mittelgeber und -empfänger.

Zusammenfassend ist damit festzuhalten, dass eine Zielvereinbarung zwei zentrale Komponenten beinhalten muss, wenn sie zur strategischen Steuerung von Organisationen eingesetzt werden soll: Dies ist erstens eine den genannten qualitativen Ansprüchen genügende Zielhierarchie, die genaue Auskunft darüber gibt, welche Ergebnisse in welchem Zeitraum durch die Kooperation zwischen Mittelgeber und -nehmer angestrebt werden. Zweitens sind die vereinbarten Ziele mit Indikatoren zu bestücken, die sowohl wissenschaftlichen als auch pragmatisch-politischen Ansprüchen gerecht werden. Die auf Basis dieser Indikatoren gewonnenen Erkenntnisse sind damit Grundlage für Entscheidungen hinsichtlich der weiteren Ausgestaltung der Zusammenarbeit zwischen Mittelgeber und -empfänger.

In der Praxis zeigt sich, dass der Erfolg einer strategischen Steuerung über Zielvereinbarungen in hohem Maße von deren Akzeptanz seitens der zentralen Akteure abhängig ist. Daher sollte die Ausarbeitung von Zielhierarchien sowie vor allem auch die Auswahl und Festlegung von Indikatoren zur Überprüfung der Zielerreichung in einem gemeinsamen Aushandlungs- und Diskussionsprozess und im Konsens erfolgen: Denn alle Beteiligten müssen damit einverstanden sein, dass die Gewährung der Mittel mit dem Anspruch des Erreichens dieser Ziele verknüpft ist. Dies bedeutet, dass die Ziele aus Sicht des Mittelgebers ausreichend präzise formuliert und im Zielsystem der eigenen Einrichtung klar verortet werden müssen, um sie letztlich auf politischer Ebene auch vertreten zu können. Aus Perspektive der Mittelempfänger muss eine Zielvereinbarung mit den Zielen, Strukturen und Ressourcen der jeweiligen Organisation vereinbar sein. Darüber hinaus muss die Zielerreichung natürlich von beiden Seiten als realistisch angesehen und vor dem Hintergrund der Höhe der Finanzierung als angemessen empfunden werden.

4. Fazit

In den vorangegangenen Ausführungen wurde deutlich, dass die Ausarbeitung und Aushandlung einer qualitativ hochwertigen Zielvereinbarung, die sinnvoll als Instrument zur strategischen Steuerung eingesetzt werden kann, eine theoretisch, methodisch und vor allem auch politisch anspruchsvolle und damit auch in der Praxis zeitintensive Angelegenheit ist. Inwiefern ist dieses Instrument also der bisherigen Förderpraxis, in der individuelle Programm- oder Projektprüfungen einen wichtigen Stellenwert einnahmen, überlegen?

Zwar ist der Prozess bis zum Abschluss einer Zielvereinbarung aufwändig, danach entfallen jedoch die sonst erforderlichen Prüfungen und Bewilligungen von Einzelvorhaben. Denn einigen sich die beiden Kooperationspartner – hier: AA und Mittlerorganisation – auf strategische Ziele, sind die Mittelempfänger im Weiteren frei in der Wahl der Instrumente, die zum Erreichen dieser Ziele eingesetzt werden. Dies gibt den Mittlerorganisationen also zusätzliche Freiheiten und eine höhere Flexibilität in der Konzeption von Maßnahmen. Zugleich ist der Mittelgeber in diese durchaus zeitintensiven Prozesse nicht mehr eingebunden. Dieser Aspekt kann zugleich auch zur Effektivitätssteigerung der Aktivitäten der Mittlerorganisationen beitragen, indem diese freier und flexibler und damit auch schneller auf aktuelle Ereignisse reagieren können: Sie können selbst über die Angemessenheit von Maßnahmen entscheiden und so im besten Fall deren Effektivität günstig beeinflussen. Zugleich ist der mit solchen Steuerungsentscheidungen verbundene Aufwand relativ gering, weil er nicht mit dem Mittelgeber abzustimmen ist und daher auch auf die damit üblicherweise verbundenen bürokratischen Verfahren verzichtet werden kann.

Mit Blick auf die strategische Steuerung ist die Berichterstattung seitens der Mittelempfänger von zentraler Bedeutung. Sind die verschiedenen Zielebenen einer Zielhierarchie mit Indikatoren bestückt, zu denen Bericht zu erstatten ist, ist auch dies eine anspruchsvolle Aufgabe für die Mittlerorganisationen: Denn gerade zu Wirkungszielen werden im Programm- oder Projektverlauf oftmals nicht routinemäßig Daten erhoben und erfasst. Hierzu sind in der Regel eigene Evaluationsstudien – seien sie intern oder extern angelegt – durchzuführen, in deren Rahmen beispielsweise Daten zu erzielten Veränderungen bei den Zielgruppen oder auch zu Wirkungen in einem bestimmten Sektor erhoben werden.

Ziel muss es also sein, eine Systematisierung in der Berichterstattung zu erreichen, durch die die Effizienz dieser Prozesse optimiert werden kann.

Zielvereinbarungen und Evaluation

Hierzu bietet es sich an, ein systematisiertes Monitoring- und Evaluationssystem zu entwickeln und zu etablieren, welches folgenden Ansprüchen gerecht wird:

In einem Monitoringsystem sind zunächst alle grundlegenden Kennzahlen von Programmen und Projekten zu erfassen, die Auskunft über die mit den bereitgestellten Mitteln umgesetzten Aktivitäten geben. Dazu gehören beispielsweise die Anzahl durchgeführter Maßnahmen (z.B. Anzahl von Sprachkursen, Informationsveranstaltungen oder Ausstellungen, Anzahl geförderter Schulen, Universitäten oder geförderter Schüler und Studierender), die Angabe der Durchführungsorte, Angaben zu Werbe- und Informationsmaßnahmen, Angaben zum Umfang der erreichten Zielgruppen (z.B. Anzahl der Besucher von Tagungen, Ausstellungen, Veranstaltungen oder Anzahl erfolgreicher Deutschprüfungen und erfolgreich abgeschlossener Studiengänge) etc. Es ist also jeweils zu entscheiden, anhand welcher Zahlen und Daten sinnvoll nachgewiesen werden kann, dass die Mittel im Sinne der vereinbarten Zielsetzungen eingesetzt wurden.

Daten dieser Art werden aktuell bereits seitens der Mittlerorganisationen, die mit dem AA Zielvereinbarungen geschlossen haben, erhoben und dem AA berichtet. Dies ist im Sinne einer Rechenschaftslegung auch wünschenswert und notwendig, reicht alleine aber noch nicht als Grundlage für eine strategische Steuerung aus. Daher sind auch Wirkungsindikatoren zu bilden und Daten hierzu zu erheben. Dies bedeutet, dass festzulegen ist, woran z.B. die ‚Stärkung des Wissenschaftsstandortes Deutschland' oder die ‚Vermittlung von Kunst und Kultur aus Deutschland ins Ausland' festzumachen ist. Wirkungsindikatoren für die Stärkung des Wissenschaftsstandortes Deutschland könnten z.B. sein: Kooperationen zwischen deutschen und ausländischen Wissenschaftlern im Rahmen von Projekten oder Publikationen, Integration ausländischer Wissenschaftler in deutsche Forschungseinrichtungen oder internationale Wahrnehmung deutscher Forschungsergebnisse durch international beachtete Publikationen; Wirkungsindikatoren für die Vermittlung von Kunst und Kultur aus Deutschland ins Ausland könnten z.B. sein: Aktive Nachfrage nach Kunstausstellungen durch wichtige internationale Akteure der Branche, positive Medienresonanzen auf Ausstellungen in wichtigen Medien, nachweisbare Impulse in die Kunst- und Kulturszenen anderer Länder etc.

Anhand dieser Beispiele wird deutlich, dass es sich hierbei um Daten handelt, die in der Regel nicht über das klassische Programm- oder Projektmonitoring erfasst werden können, weil hierzu zusätzliche Datenerhebungen erforderlich sind. Ergänzend zum Monitoring ist also die Durchführung von

Evaluationsstudien erforderlich, in deren Rahmen die Wirkungen von Maßnahmen systematisch erforscht werden können. Wichtig ist, dass im Rahmen von Evaluationen nicht nur untersucht werden sollte, welche intendierten Wirkungen eingetreten sind, sondern vor allem nach nicht intendierten Wirkungen geforscht wird, die positiver sowie durchaus auch negativer Natur sein können. Darüber hinaus können Evaluationen nicht nur die Zielerreichung von Programmen und Projekten in den Fokus nehmen, sondern auch die Arbeitsweisen und -prozesse, die internen Strukturen sowie die Ziele selbst auf den Prüfstand stellen. Evaluationen fragen also nicht nur danach, ob wir die Dinge richtig machen, sondern auch, ob wir die richtigen Dinge tun!

Gegen die Durchführung von Evaluationen wird oftmals eingewandt, dass diese selbst wiederum Kosten verursachen. Unabhängig davon, dass die durch Evaluationen generierten Erkenntnisse nicht nur der Rechenschaftslegung und Legitimation dienen, sondern vor allem auch zur Optimierung der initiierten Maßnahmen beitragen können und dadurch der Nutzen die Kosten einer Evaluation rechtfertigt, sollte ein systematisches Evaluationssystem diesen Aspekt im Grundsatz berücksichtigen und daher selbst auf Effizienz angelegt sein.

Ein adäquates Monitoring- und Evaluationssystem muss in der Praxis also sowohl theoretisch-methodischen als auch praktisch-pragmatischen Anforderungen gerecht werden. Da viele Mittlerorganisationen der AKBP bereits Monitoring- und Evaluationsaktivitäten entfaltet haben und zum Teil schon über langjährige Erfahrungen mit diesen Instrumenten verfügen, sind oftmals nur noch Optimierungen und Anpassungen erforderlich, um diese als Grundlage für die Berichterstattung im Rahmen von Zielvereinbarungen zu nutzen: Die bereits bestehenden Monitoringsysteme zur Datenerfassung durch die Mittelempfänger sind entsprechend der in den Zielvereinbarungen festgelegten Indikatoren anzupassen und zu erweitern. Dies bedeutet, dass die im Rahmen des klassischen Programm- und Projektmonitorings routinemäßig erfassten Daten um durch Evaluationen generierte Daten und Befunde zu ergänzen sind. Um dem Anspruch der Effizienz gerecht zu werden, bietet es sich an, eine Evaluationssystematik zu erarbeiten. Ziel einer solchen Systematik ist es, über einen mittel- bis langfristigen Zeitraum hinweg umfassende Erkenntnisse über die Leistung und Wirksamkeit[9] einer Mittlerorganisation zu gewinnen.

---

9 Da sich die meisten Mittlerorganisationen aus unterschiedlichen (Drittmittel-)Quellen finanzieren, ist individuell zu entscheiden, welche Bereiche und Aktivitäten in einem Monitoring- und Evaluationssystem Berücksichtigung finden.

Das bedeutet nicht, dass in jedem Jahr zu jedem Wirkungsindikator Daten zu generieren und zu berichten sind. Dies würde sowohl die Mittlerorganisationen als auch den Mittelgeber überfordern und Kosten und Nutzen in ein ungünstiges Verhältnis rücken. Eine adäquate Monitoring- und Evaluationssystematik sollte vielmehr Schwerpunktsetzungen beinhalten und sicherstellen, dass über einen Zeitraum von mehreren Jahren hinweg alle zentralen Bereiche vertieften Analysen unterzogen werden. In der Systematik sollte daher festgelegt sein, welche Arbeitsbereiche, Programme und Projekte zu welchen Zeitpunkten durch interne und externe sowie ex-ante, formative und summative Evaluationen analysiert werden.[10] Auf diese Weise kann gewährleistet werden, dass Daten und Befunde nur in einem Umfang generiert werden, der von den Beteiligten auch verarbeitet werden kann, um systematische organisationale Lernprozesse auf beiden Seiten zu befördern.

Haben sich ein solches Monitoring- und Evaluationssystem sowie die darauf aufbauende Berichterstattung eingespielt, reduziert sich auch der für die Berichterstattung erforderliche finanzielle und personelle Aufwand. Aus Sicht des AA kann eine systematisierte Berichterstattung seitens der Mittlerorganisationen in einer mittelfristigen Perspektive überdies auch Grundlage für eine Metaanalyse des Politikfeldes sein: Beispielsweise zur Analyse der Kohärenz der AKBP – insbesondere vor dem Hintergrund jeweils aktueller politischer Schwerpunktsetzungen. In einem weiteren Schritt wäre es natürlich auch wünschenswert, wenn Evaluationsberichte veröffentlicht würden und so mehr Transparenz für die interessierte Öffentlichkeit geschaffen würde.

Literatur

Auswärtiges Amt. (2009). Nachhaltigkeit als Aufgabe der internationalen Kultur- und Kommunikationspolitik. Nachhaltigkeitsbericht des Auswärtigen Amtes. Berlin.

Auswärtiges Amt. (2011a). Auswärtige Kultur- und Bildungspolitik in Zeiten der Globalisierung – Partner gewinnen, Werte vermitteln, Interessen vertreten. Berlin.

Wichtig ist, dass alle von einer Zielvereinbarung betroffenen Bereiche und Aktivitäten, über die gegenüber dem AA Bericht zu erstatten ist, enthalten sind.

10 Mit Blick auf die Unabhängigkeit von Evaluationen sollte nicht nur ein Mix aus internen und externen, sondern auch aus durch das AA sowie durch die Mittelempfänger beauftragten Evaluationen realisiert werden.

Auswärtiges Amt (2011b). Bericht der Bundesregierung zur Auswärtigen Kultur- und Bildungspolitik 2010/2011. Berlin.

Auswärtiges Amt (2012). Ziele und Aufgaben der Auswärtigen Kulturpolitik. Verfügbar unter: http://www.auswaertiges-amt.de/DE/Aussenpolitik/KulturDialog/ZieleUndPartner/ZielePartner_node.html [07.09.2012].

Bortz, J. & Döring, N. (2006). Forschungsmethoden und Evaluation für Human- und Sozialwissenschaftler (4., vollst. überarb. u. erw. Aufl.). Berlin: Springer.

Deutscher Bundestag (2007a). Bericht der Bundesregierung zur Auswärtigen Kulturpolitik 2006/2007 (Bundestagsdrucksache 16/7086). Berlin.

Deutscher Bundestag (2007b). Auswärtige Kulturpolitik. Antwort der Bundesregierung (Bundestagsdrucksache 16/4024). Berlin.

Kolb, M. (2010). Führen mit Zielen – ein wiederentdecktes und bewährtes Haus- bzw. (All-)Heilmittel?! In: M.-O. Schwaab (Hrsg.), Führen mit Zielen: Konzepte – Erfahrungen – Erfolgsfaktoren (3., akt. u. überarb. Aufl.) (S. 3–19). Wiesbaden: Gabler.

Knopp, L., Peine, F.-J., Nowacki, K. & Schröder, W. (Hrsg.). (2010). Ziel- und Ausstattungsvereinbarungen auf dem Prüfstand: Eine Analyse ressourcenpolitischer Steuerungsinstrumente in einer Hochschulpolitik im Wandel. Baden-Baden: Nomos.

Knüsel, P. (2003). Der Teufel der Evaluation. In: Zeitschrift für KulturAustausch 4/2003.

Kracht, S. (2006). Das neue Steuerungsmodell im Hochschulbereich: Zielvereinbarungen im Spannungsverhältnis zwischen Konsens und hierarchischem Verwaltungsaufbau. Baden-Baden. Nomos.

Kromrey, H. (2009). Empirische Sozialforschung (12. Aufl.). Stuttgart: Lucius & Lucius.

Maaß, K.-J.. (2009). Das deutsche Modell – Die Mittlerorganisationen. In: K.-J. Maaß (Hrsg.), Kultur und Außenpolitik. Handbuch für Studium und Praxis (2., vollst. überarb. u. erw. Aufl.) (S. 269–280). Baden-Baden: Nomos.

Meyer, W. (2007). Messen: Indikatoren – Skalen – Indizes – Interpretationen. In: R. Stockmann (Hrsg.), Handbuch zur Evaluation. Eine praktische Handlungsanleitung (S. 195–222). Münster u.a.: Waxmann.

Nickel, S. (2007). Partizipatives Management von Universitäten. Zielvereinbarungen – Leistungsstrukturen – Staatliche Steuerung. Mering: Rainer Hampp Verlag.

Schimank, U. (2006). Zielvereinbarungen in der Misstrauensfalle. In: K. König (Hrsg.), Verwandlung durch Verhandlung? Kontraktsteuerung im Hochschulsektor (die hochschule. journal für wissenschaft und bildung 2/2006), 7–17.

Schmuck, S. (2010). Zielvereinbarungen im Hochschulbereich: Ein Beitrag zum neuen Steuerungsinstrument zwischen dem Staat und seinen Hochschulen. Berlin: BWV.

Schneider, V. (2007). Evaluation als Instrument der kulturpolitischen Steuerung: Methodische Überlegungen am Beispiel der AKBP. In: F. Loock & O. Scheytt (Hrsg.), Kulturmanagement und Kulturpolitik (D 3.3) (S. 1–14). Berlin: Raabe Verlag.

Schnell, R., Hill, P. B. & Esser, E. (Hrsg.). (2011). Methoden der empirischen Sozialforschung (9. Aufl.). München: Oldenbourg.

Stock, M. (2006). Zwischen Organisation und Profession: Das neue Modell der Hochschulsteuerung in soziologischer Perspektive. In: K. König (Hrsg.), Verwandlung durch Verhandlung? Kontraktsteuerung im Hochschulsektor (die hochschule. journal für wissenschaft und bildung 2/2006), 67–79.

Watzka, K. (2011). Zielvereinbarungen in Unternehmen: Grundlagen, Umsetzung, Rechtsfragen. Wiesbaden: Gabler Verlag.

Zechlin, L. (2005). Produktorientierte versus prozessorientierte Steuerung. In: hochschule innovativ, 15/2005, 3–4.

Ziegele, F. (2006). Erfolgreich verhandeln. Bedingungen effizienter Zielvereinbarungen. In: K. König (Hrsg.), Verwandlung durch Verhandlung? Kontraktsteuerung im Hochschulsektor (die hochschule. journal für wissenschaft und bildung 2/2006), 18–33.

A Survey of Surveys: Eine international vergleichende Metastudie repräsentativer Bevölkerungsstudien zur Kulturnutzung

Volker Kirchberg, Robin Kuchar

Zusammenfassung

Der vorliegende Beitrag thematisiert Gemeinsamkeiten und Unterschiede national repräsentiver Studien zum Kulturbesuch. Im Rahmen einer Metastudie wurden 16 Arbeiten aus zwölf Ländern in den Bereichen Inhalt, Methodik und Theoriegehalt auf Vergleichbarkeit hin analysiert und Best Practices identifiziert. Die Untersuchung basiert dabei nicht auf den einzelnen Ergebnissen, sondern auf Aspekten wie dem inhaltlichen Aufbau und der Ausführlichkeit, Unterschieden im methodischen Vorgehen und der Erfassung der berücksichtigten theoretischen Grundlagen. Ziel der Studie ist es, die Vergleichbarkeit von Ergebnissen und Studien im internationalen Rahmen bereits in der Anlage zu evaluieren und Best Practice Beispiele für inhaltlich, methodisch und theoretisch hochwertige Durchführungen dieser Art von Analysen zu identifizieren. Wie die Ergebnisse zeigen, gibt es im Bereich der Publikumsforschung durchaus Arbeiten, die wissenschaftlichen Ansprüchen genügen. In der Breite und vor allem auf die Vergleichbarkeit derartiger Untersuchungen bezogen steht das Forschungsfeld jedoch noch vor einer Reihe von Problemen, die es zu lösen gilt.

1. Einleitung

Das Hauptanliegen der empirischen Kulturnutzungs- und Kulturbesucherforschung besteht in der Erklärung der Zusammenhänge von Sozialstruktur und den Geschmackspräferenzen bezüglich bzw. der Nutzung von Kulturstätten. Seit den 1970er Jahren nimmt die Zahl der empirischen Analysen zum Kulturbesuch sowohl auf nationaler wie auch auf internationaler Ebene stetig zu (vgl. Glogner & Föhl, 2010). Trotz der Vielzahl der gegenwärtigen Forschungsergebnisse offenbart das Feld der Besucherforschung aber offensichtliche Schwächen – vor allem hinsichtlich der Vergleichbarkeit und Kohärenz der international vorhandenen Daten (vgl. Rössel & Otte, 2010; Kirchberg, 2009c). Deutliche Differenzen der grundlegenden Definitionen kultureller Nutzung und deren Bewertungen, unterschiedliche oder fehlende theoretische Fundamente sowie unklare, suboptimale und teilweise fehlerhafte Anwendungen von Erhebungs- und Analysemethoden erschweren den Vergleich repräsentativer Arbeiten erheblich.

Die in diesem Beitrag dargestellte Metaanalyse vergleicht repräsentative Bevölkerungsstudien zur Kulturrezeption, zur Kulturkonsumption und zum Kulturgeschmack aus zwölf Ländern, stellt deren Differenzen im Einzelnen vor und interpretiert sie im Zusammenhang. Das Ziel ist es, aus dem Vergleich Kriterien für verbesserte Studien formulieren zu können. Es liegt zum einen also in einer möglichst detaillierten Identifikation von Schwächen der verglichenen Studien und den dafür zu Grunde liegenden Ursachen. Zum anderen ist diese Metastudie konkret als Benchmarking-Studie angelegt: Best Practices in den zentralen Bereichen der inhaltlichen Zweckorientierung, der methodischen Gestaltung und des wissenschaftlich-theoretisch geleiteten Forschungsdesigns sollen Anregungen zur Verbesserung der Qualität empirischer Studien zur Kulturnutzung geben. Darüber hinaus ist diese Metaanalyse als Anregung zu verstehen, sich im Rahmen der Planung, Durchführung und Auswertung solcher Bevölkerungsstudien aktiver an den vorhandenen guten Studien zu orientieren und deren Resultate für die Gestaltung und Auswertung eigener Studien zu nutzen. Damit wird empfohlen, ein Benchmarking vorgelagert in die eigene Kulturnutzungsforschung zu integrieren.

2. Theoretische Grundlagen der Bevölkerungsstudien zur Kulturnutzung

Der Besuch oder Nichtbesuch von Kultureinrichtungen kann grundsätzlich strukturalistisch oder individualistisch begreiflich gemacht werden, wobei es zwischen diesen beiden Polen noch weitere überschneidende Erklärungsansätze gibt. Der strukturalistische Ausgangspunkt der gegenwärtigen Forschung kann dabei exemplarisch von den Arbeiten Pierre Bourdieus abgeleitet werden, der strukturelle Aspekte wie Klassenzugehörigkeit und Habitus als entscheidend für das kulturelle Nutzungsverhalten erachtet (vgl. Bourdieu, 1982). Die seit den 1970er Jahren stattgefundenen gesellschaftlichen Transformationsprozesse und die damit verbundenen Veränderungen des Verhältnisses von

Kulturbesuch und Gesellschaft wirken sich fundamental auf die Entwicklung der Forschungsmethoden und auf die Gewichtung theoretischer Annahmen hin zu einer individualistischen Erklärung des kulturellen Nutzungsverhalten aus. Dafür können exemplarisch die Arbeiten von Beck & Beck-Gernsheim (1994) oder Lahire (2008) erwähnt werden.

Allerdings gibt es keine zwei klaren Erklärungsfronten, die den Kulturbesuch entweder nur als strukturalistische oder nur als individualistische (oder auch: kulturalistische) Konsequenz verstehen. Vielmehr beherrschen mehrere Erklärungsmodelle diesen Forschungsbereich. So stellen insbesondere Goldthorpe und Chan (2007) in einer Wiederaufnahme des Weber'schen Konzeptes (Weber, 1972) die Bedeutung von sozialem Status anstelle der Zuordnung zu einer rein strukturalistisch bestimmten Klasse heraus. Auf der anderen, eher individualistischen Seite, befindet sich (v.a. von der amerikanischen Kultursoziologie vertreten) seit den 1990er Jahren die Omnivorenthese, die im Kern von einer eher nicht strukturalistischen Erklärung des Kulturkonsums ausgeht (Peterson, 1992), auch wenn in den letzten Jahren strukturalistische Erklärungselemente in diese These aufgenommen wurden (Peterson & Rossman, 2007). Dezidiert antikollektivistisch erklären die Individualisierungsthese (vgl. u.a. Beck & Beck-Gernsheim, 1994), Lebensstilkonzepte (vgl. u.a. Schulze, 1992; Hartmann, 1999) und das Modell der kulturellen Dissonanz (vgl. Lahire, 2008) die Entscheidung für oder gegen den Kulturbesuch.

Auf der Makroebene spielen in jüngster Zeit zudem Annahmen zur demografischen Entwicklung und der damit erwarteten Diskrepanz von Kulturangebot und -nachfrage eine immer größere Rolle (vgl. u.a. Gembris, 2009; Hausmann & Körner, 2009). Zudem werden erste Überlegungen zum Phänomen der Nichtbesucher angestellt, die bislang allerdings nicht über erste Pionierstudien hinausgekommen sind (vgl. Hood, 1983; Mandel & Renz, 2010).

Diese theoretischen Ansätze bilden die Grundlage für die Kulturnutzungsforschung repräsentativer Bevölkerungen. Im Folgenden werden die fünf relevanten theoretischen Konstrukte zum Besuch sowie zum Nichtbesuch kultureller Stätten näher erläutert.

Die erste Erklärung des Kulturbesuchs verweist auf die Einbettung der Akteure in Sozialstrukturen. Die Position im sozialen Feld entspricht bestimmten Mustern der Kulturnutzung (Homologiethese). Seit den 1960er Jahren werden überwiegend, häufig ausschließlich, sozioökonomische (v.a. Bildung und Einkommen, vgl. Bourdieu & Darbel, 2006) und demografische Faktoren (v.a. Alter, Stellung im Lebenszyklus und Geschlecht, vgl. Heilbrun & Gray, 2001a, 2001b) zur Erklärung des Kulturbesuchs herangezogen. Wegen der Übereinstimmung von sozialer Position und Kulturverhalten wird diese Hypothese auch als Homologiethese bezeichnet: Kultureller Geschmack und die Nutzung kultureller Angebote richten sich, so die grundsätzliche Aussage dieser These, nach der Zugehörigkeit zu einer sozio-ökonomischen Klasse. Die Oberschichten und gesellschaftlichen Eliten nehmen somit ausschließlich an hochkulturellen, die Mittel- und Unterschichten überwiegend oder nur an massenkulturellen Angeboten teil (vgl. Bourdieu, 1982; Gerhards, 2008). Zudem bestehen Hinweise auf eine geschlechtsspezifische Zuordnung des Kulturverhaltens, die sich u.a. aus einer überproportionalen Hochkulturorientierung von Frauen ergeben (vgl. u.a. Otte, 2008). Dieses rein strukturalistische Paradigma erfährt seit einigen Jahren durch die verstärkte Untersuchung der Beziehung von sozialem Status und kulturellem Konsum allerdings eine Modifizierung und Weiterentwicklung: Entsprechend der Aussage Max Webers (1972), dass der soziale Status zu einem gewissen Grade auch klassenlosgelöst erlangt werden kann, wird der Kulturbesuch strategisch eingesetzt, um dadurch den Aufstieg des eigenen sozialen Status zu symbolisieren (v.a. Goldthorpe & Chan, 2007; Chan, 2010). Diese, „für Mitmenschen wahrnehmbare[n] Handlungsmuster" werden mehr oder weniger gezielt gewählt und ausgelebt (Otte, 2008). Obwohl hier eine strategische Willensentscheidung des Kulturbesuchers vorliegt, ist die Statusabhängigkeit des Kulturkonsums aber nicht als sozialstrukturunabhängig zu bezeichnen, wie eine Analyse von Jürgen Gerhards (Gerhards, 2008) zur statusabhängigen Hochkulturnutzung im europäischen Vergleich zeigt. Deshalb ist der Faktor der Statusverbesserung ebenfalls als eine strukturalistische Erklärung zu bezeichnen.

Diese an sozialstrukturellen Faktoren orientierten Thesen werden aber spätestens seit den 1990er Jahren in Zweifel gezogen. Es erscheint nun fraglich, ob sich Erklärungen des Kulturbesuchs und Kulturnichtbesuchs allein auf sozialstrukturelle Variablen reduzieren lassen (Kirchberg, 2004; 2005). Die Integration von individualistischen oder kulturalistischen (u.a. lebensstil- oder milieubasiert, zudem dynamisch-temporär) Merkmalen in das Erklärungsmodell des Kulturbesuchs wird vom zweiten Erklärungstypus der Kulturnutzung, dem Lebensstilmodell betont (Di Maggio, 1996; Schulze, 1992; Lahire, 2008; Peterson & Rossman, 2007). Überlegungen und Analysen hinsichtlich dieser Gesichtspunkte haben auf theoretischer Ebene bislang zu unterschiedlichen Ergebnissen geführt. Der das ‚Milieu' betonende Diskurs um die Ursachen des hochkulturellen Besuchs benennt vor allem den Faktor der „Erlebnisrationalität" (Schulze, 1992). Die entsprechende Anwendung von Erkenntnissen der neueren Lebensstilforschung wird hier vor allem als Hilfsmittel zur Voraussage von sozialem Handeln angesehen (Besuchs- oder Nichtbesuchsentscheidung) (vgl. Hartmann, 1999). Es ist für das Forschungsfeld der (Hoch-) Kulturnutzung relevant, dass Schulze Anfang der 1990er Jahre in Deutschland die „Erlebnisgesellschaft" (aufgrund empirischer Studien Ende der 1980er Jahre) ausgerufen hat; spätestens seit der Milleniumswende wird aber die Bedeutung der „Erlebnisrationalität" als Faktor des Kulturkonsums von ihm selbst revidiert (Schulze, 2000; 2003). Schulze spricht aktuell von einer Rückbesinnung der Hochkulturkonsumenten auf eine kompetenzabhängige, also de facto strukturalistische Rezeption. Dieser Rückzug ins Kontemplative leitet, so die These, eine Rekonstituierung der Hochkultur als Statussymbol ein, was negative Folgen für die Bevölkerung hätte, die sich erst aufgrund der Schwächung der Statusfunktion für die Hochkultur zu interessieren begänne.

Drittens verwirft die Individualisierungsthese (Beck & Beck-Gernsheim, 1994; Lahire, 2008) grundsätzlich sozialstrukturelle Kollektiv- oder soziale Kontext-Erklärungen des Kulturbesuchs und proklamiert stattdessen die Freiheit des Individuums, aufgrund individueller Prioritäten Kultur auszuwählen oder abzulehnen (vgl. kritisch dazu Friedrichs, 1998). Die Basis der Individualisierung bildet die Modernisierung und die damit verbundene sinkende Abhängigkeit von traditionellen Institutionen wie Gewerbeordnung, Stand, Familie, Nachbarschaft und Kirche. Beck geht davon aus, dass dadurch die Zahl von Optionen und Handlungsalternativen des Einzelnen steigt. (vgl. Beck & Beck-Gernsheim, 1994; Friedrichs, 1998). Die Bedeutung des Individuums stellt auch Lahire in seinem Ansatz der „kulturellen Dissonanz" heraus (Lahire, 2008). Den bestimmenden Faktor einer sich stärker mischenden Nutzung von Hoch- und Popkultur sieht er in den heterogenen Sozialisationseinflüssen begründet. In Kombination mit den vielen Angeboten und der Existenz zahlreicher sozialer Gruppen, an denen jedes Individuum nacheinander oder simultan partizipieren kann, geht er von individuellen Profilen des Kulturnutzungsverhaltens aus (ebd.). Die Nutzung von Kultur erfolgt dabei einerseits nach persönlichen Präferenzen und Gewohnheiten (Habitus), andererseits aber auch durch Druck und Kompromisse mit dem sozialen und beruflichen Umfeld. Die Zunahme derartiger intra-individueller Konflikte und die damit verbundene Streuung der Kulturnutzung verortet Lahire vor allem in höheren sozialen Schichten (ebd.).

Die Omnivorenthese postuliert als vierter hier vorgestellter Ansatz eine fortschreitende Auflösung des Faktors Klassenzugehörigkeit für den Kulturbesuch: Kulturelle Aktivitäten finden im Prinzip nicht mehr statuskonform, sondern statusübergreifend statt. Demnach lässt sich im Kontrast zu Bourdieu aus dem sozialen Status bzw. aus der Position in einer sozialen Schicht nicht mehr ein status- bzw. schichtabbildender kultureller Geschmack ableiten (u.a. Bryson, 1997 & 2002; Peterson, 1992; Peterson & Rossman, 2007). Vor allem aus dem Bereich der sozialen Oberschicht entwickeln sich die sogenannten „Omnivores", die ausgehend von der Hochkulturorientierung ein breites Geschmacksrepertoire aus Hoch- und Popkultur aufweisen (vgl. Otte, 2008). Die auf eine enge kulturelle Präferenz festgelegten „Univores" stammen mit Ausnahme einer kleiner werdenden Gruppe der „Highbrow-Snobs" (Peterson & Rossman, 2007) aus unteren sozialen Schichten, die eher durch popkulturelle Vorlieben gekennzeichnet sind. Aber auch hier sind Tendenzen der Ausweitung kultureller Präferenzen in Richtung Hochkultur („Low-Brow Omnivores") erkennbar (ebd.). Sozialer Status drückt sich somit vermehrt über eine breite kulturelle Kompetenz als über Klassenzugehörigkeit aus. Grenzen dieser These werden jedoch bei extremen Formen und Genreausprägungen deutlich (vgl. Bryson, 2002). In der internationalen empirischen Kultursoziologie findet die Omnivorenthese breite Akzeptanz, eine fundierte empirische Überprüfung steht in vielen Ländern, u.a. in Deutschland, allerdings noch aus.

Eine Abhängigkeit des aggregierten Kultur(nicht)besuches nicht von mikrosoziologischen personenspezifischen Faktoren, sondern von makrogesellschaftlichen Trends, postuliert die fünfte These der Demografieentwicklung als ausschlaggebend für die veränderte Nachfrage nach (Hoch-)Kultur. Zudem vermutet diese These, dass die aus demografischen Ursachen für die Kulturnachfrage nachteilige Entwicklung durch eine gleichzeitige Angebotsausweitung verschärft wird – es kommt somit zu einem immer deutlicheren Auseinanderklaffen von Kulturangebot und -nachfrage (vgl. Kirchberg, 2009c). Die Erörterung dieser mittel- bis langfristig postulierten Verringerung der Nachfrage (Museen, Theater, Konzertsäle etc.) angesichts einer trotzdem zu verzeichnenden aktuellen Angebotssteigerung (z.B. spektakuläre Museums- und Konzerthausneubauten) nimmt eine prominente Position im zivilgesellschaftlichen und wirtschaftlichen Diskurs der postindustriellen Stadt ein (vgl. u.a. Jahrbuch für Kulturpolitik, 2008). Zwar wird die Angebotssteigerung (vgl. Kirchberg, 2009a; 2009b) durch einen vermeintlichen Anstieg der Nachfrage legitimiert, dieser ist allerdings nicht statistisch evident (vgl. Kirchberg, 2009c). Es gibt im Gegenteil Anzeichen dafür, dass die Nachfrage nach Hochkultureinrichtungen in Zukunft abnehmen wird, da die Kulturnachfrage eher kohorten- als altersabhängig ist (vgl. u.a. Bertelsmann Stiftung, 2006; Gembris, 2009; Hamann, 2008). Neben einer Überalterung des Publikums im Hochkulturbereich kann als weitere Ursache des Nachfragerückgangs die relative Zunahme der Bevölkerung mit Immigrationshintergrund vermutet werden, die vom Hochkulturkonsum ausgeschlossen wird oder sich selbst davon distanziert (vgl. Stiftung Niedersachsen, 2006). Die Frage stellt sich also, ob sich mit zunehmender Integration die hochkulturelle Exklusion verringert oder ob eine weiterhin bestehende hochkulturelle Exklusion darauf verweist, dass eine kulturelle Integration auch über mehrere Generationen nicht erfolgreich ist (unter der hier kritisch gesehenen Gleichsetzung von ‚Hoch-‘ und ‚Leit-‘Kultur). Der entsprechende Nichtbesuch könnte also entweder die fehlende Integrationsleistung der deutschen Gesellschaft („Verhinderung") oder die bewusste und auch nachvollziehbare „Verweigerung" dieser Gruppen, sich entsprechend hochkulturell anzupassen, widerspiegeln (vgl. Stiftung Niedersachsen, 2006).

Theoretisch basierte Erklärungen zum Nichtbesuch wurden bisher theoretisch kaum oder gar nicht formuliert. Sie können weitgehend auf den vorangehenden Ansätzen zum Besuch von Kulturstätten aufbauen, auch wenn auf Grund der wenigen vorliegenden Erläuterungen dazu (vgl. v.a. Hood, 1983; Deutscher Bühnenverein, 2002; Mandel & Renz, 2010) nicht davon auszugehen ist, dass das Verhältnis der Hochkulturnutzung zur Nichtnutzung rein invers ist. Statistische Untersuchungen zeigen, dass von verschiedenen Abstufungen der Besuchshäufigkeiten vom Stammbesucher (vgl. Sas, 2010) über verschiedene Typen der Gelegenheitsbesucher bis hin zum aktiv ablehnenden Nicht- oder Nie-Besucher auszugehen ist (vgl. Hood, 1983; Kirchberg, 1996). Bestehende Ergebnisse zum Nichtbesuch stützen sich bislang nur auf die Negierung struktureller Besuchsfaktoren (z.B. Mangel an Bildung, geografische Entfernung von Wohnung zu Kulturinstitutionen etc.). Fundierte Erkenntnisse zu den Gründen des Nichtbesuchs hochkultureller Einrichtungen, d.h. zu den Motiven des Nichtbesuchs (Verweigerung) und den Barrieren des Besuchs (Verhinderung) liegen grundsätzlich nicht vor. Aus der Perspektive der Sozialstrukturanalyse könnte in diesem Bereich der Ansatz der sozialen Restriktionen (vgl. Rössel, 2004) neue Erkenntnisse liefern. Dieser wurde in diesem Forschungsfeld aber bisher noch nicht vorgenommen. Insgesamt ist vor allem auf diesem Feld das Fehlen qualitativer Analysen evident. Die wenigen existierenden Erkenntnisse zum Nichtbesuch basieren zumeist auf quantitativen Daten (Ausnahme bildet die explorative Studie von Mandel & Renz, 2010).

Die vorgestellten theoretischen Grundlagen bilden den Ausgangspunkt für unseren folgenden internationalen Vergleich von Bevölkerungsbefragungen zur Kulturnutzung. Wichtig sind uns bei der Bewertung der Studien deren

Inhalt und Ausformulierung von Fragestellungen und Forschungsmotiven, die methodische Qualität der Datenerhebung und -auswertung und die Nutzung theoretischer Hypothesen für die Erstellung von Erhebungsinstrumenten und Durchführung von Datenanalysen.

3. Methodik

Die Methodik der vorliegenden Analyse umfasst keine Verfahren der Metastudie im klassischen Sinn (vgl. Bortz & Döring, 2006, S. 674ff.). Vielmehr führen wir eine vergleichende Benchmarking-Studie durch. Die fehlende Kohärenz der Daten und Vergleichbarkeit der Ergebnisse vieler empirischer Studien zur Kulturnutzung erweist sich als häufiges Qualitätsdefizit. Erstens gibt es deshalb viele Missverständnisse bezüglich möglicher theoretischer Schlussfolgerungen, auf die noch einzugehen ist. Zweitens gibt es deutliche Unterschiede in der methodischen Qualität sowie in der theoretischen Orientierung, die allerdings die Bestimmung der Best Practice Arbeiten in dieser Metaanalyse erleichtern. Diese Hervorhebung einiger Arbeiten dient der Orientierung bei der Entwicklung hochwertiger und vergleichbarer Forschungsdesigns insbesondere im internationalen Rahmen. Die Metaanalyse als Vergleich der Studien richtet sich primär auf strukturelle Aspekte der untersuchten Studien (Inhalte, Methodik, Theoriebezug) und nicht auf die genuine Deutung der Ergebnisse der einzelnen Studien.

Unsere vergleichende Metaanalyse umfasst folgende Schritte: Zunächst wurde eine Datenbank mit 55 empirischen Arbeiten zum Kulturbesuch von uns erstellt. Aus dieser Grundgesamtheit wurde ein Sample von 16 Studien aus 12 Ländern gezogen (vgl. Abschnitt 4 dieses Artikels). Die ausgewählten Studien wurden in der Datenbank nach ausgewählten Vergleichskategorien strukturiert. Die in der Datenbank vorhandenen Studien wurden dabei auf drei Ebenen vergleichend untersucht.

Auf der ersten Ebene werden inhaltliche Aspekte zur Fragestellung und zum Umfang bzw. zur Qualität des Forschungsdesigns erfasst. Diese Kategorien sind die unabhängigen, erklärenden Variablen. Die ebenfalls auf dieser Ebene erfassten Nutzungen nach spezifischen Kulturgenres, nach der Vergleichbarkeit mit anderen Studien und der Offenlegung von Defiziten in der Studie sind die abhängigen, zu erklärenden Variablen. Wie weit werden andere vorliegende Vergleichsstudien (longitudinal und/oder länderspezifisch) bei der Studienkonzeption berücksichtigt? Welche Erkenntnisse zu Defiziten bei anderen Studien werden in die Studienkonzeption mit einbezogen? Weiterhin wurden Herausgeberschaft und Finanzierung der Studien erfasst, um Hinweise zur inhaltlichen Zweckgerichtetheit in Abhängigkeit von Geld- und anderen Ressourcengebern zu erhalten.

Die zweite Ebene beleuchtet methodische Fragen zum Forschungsdesign. Dies sind methodische Aspekte, u.a. die Begründung der Verwendung von Erhebungsinstrumenten, die Auswahl und Größe der Stichprobe, die Skalierungen der erhobenen Daten und die Bedeutung von a priori Problemstellungen als Rechtfertigung der Wahl von Erhebungs- und Analysemethoden. Wir gehen dabei davon aus, dass praktische, politische oder akademische Gründe die Wahl und die Qualität der Datenerhebung, der Datenanalyse und der Dateninterpretation beeinflussen.

Die dritte Untersuchungsebene bezieht sich schließlich auf die theoretische Fundierung der Studie. Welche theoretischen Grundlagen und Thesen finden Eingang in die einzelnen Arbeiten und welchen Fokus haben bzw. wie bedeutend sind die Theoriekonzepte für die Wahl des Forschungsdesigns und der Erhebungs- und Analysemethoden der Studie?

Der Gesamtvergleich gibt dann Auskunft darüber, wie weit nationale Besonderheiten, Durchführungsgründe, Studienziele, Studienmethodik und Studieninterpretationen sich gegenseitig beeinflussen.

4. Zur Liste der analysierten Studien

Die Basis der durchgeführten Studie dieses ‚Survey of Surveys' bildet eine Datenbank, für die im Frühjahr 2010 55 Studien zur Kulturnutzung und dem Kulturbesuch aus 16 Ländern zusammengetragen wurden.[1] Für die in diesem Beitrag beschriebene Vergleichsstudie wurden 16 repräsentative Studien aus zwölf Ländern ausgewählt (vgl. Tab. 1). Die analysierten Studien stammen aus Europa (Belgien, Deutschland, Frankreich, Großbritannien, Niederlande, Österreich, Schweiz), Nordamerika (Kanada, USA) sowie Asien und Ozeanien (Singapur, Australien, Neuseeland). Unsere Auswahl von 16 Studien wurde bestimmt vom Grad der nationalen Repräsentativität der erhobenen Daten und pragmatisch von der Verständlichkeit der jeweiligen Landessprache.

---

[1] Die Quellen, aus denen diese Datenbank erstellt wurde, setzen sich zum einen aus Eigenrecherchen, zum anderen aus der Durchsicht bestehender Sammlungen, insbesondere den Online-Plattformen www.kulturvermittlung-online.de der Universität Hildesheim und www.cpanda.org der University of Princeton, zusammen. Für die Situation in Deutschland war zudem die Publikation des Bandes ‚Das Kulturpublikum' (vgl. Glogner & Föhl, 2010) sehr hilfreich.

Unser Sample umfasst deshalb Publikationen in deutscher, englischer, französischer und flämischer Sprache. Den Einbezug bzw. die Übersetzung anderssprachiger Studien war durch die Begrenzung der Forschungsressourcen bislang nicht möglich. Wie die Darstellung der Ergebnisse weiter unten zeigt, ist allerdings davon auszugehen, dass mit einer Vergrößerung des Samples keine gravierenden Erkenntnisgewinne zu erwarten sind. Ein weiterer Faktor für die Zusammenstellung des Samples stellt die Aktualität der Studien dar. Hier wurde darauf Wert gelegt, möglichst die jüngsten Arbeiten aus den einzelnen Ländern in die Evaluation zu integrieren. Für diejenigen Nationen, in denen Longitudinalstudien vorhanden sind, wie z.B. in England, Frankreich und den USA,[2] wurden jeweils die letzten Durchführungen betrachtet – dies allerdings unter Berücksichtigung einer möglichen longitudinalen Vergleichbarkeit mit früheren Erhebungen.

Tabelle 1: Evaluierte Studien in diesem „Survey of Surveys" (Reihenfolge alphabetisch nach Nation)

Land	Herausgeber	Titel	Jahr
Australien	Australian Bureau of Statistics	Attendance at Selected Cultural Venues/Events.	2006
Belgien	Rudi Laermans, John Lievens, Hans Waege	Cultuurkijker 2003/2004.	2006
Deutschland	Zentrum für Kulturforschung	Achtes Kulturbarometer.	2005
Deutschland	Volker Kirchberg	Gesellschaftliche Funktionen von Museen.	2005
Frankreich	Ministère de la Culture et de la Communication	Les Pratiques Culturelles des Francais. Enquête 2008.	2009
Großbritannien	Arts Council of	Arts in England 2003.	2004

---

[2] In diesen Ländern bestehen Langzeitstudien der Kulturnutzung: In Frankreich erhebt die Studie Les Pratiques Culturelles seit 1973 regelmäßig Daten zum Kulturbesuch, in den USA existiert die Studienreihe Survey of Public Participation in the Arts seit 1982. In England wurde die Untersuchung Arts in England ebenfalls mehrfach, u.a. 2001 und 2003, durchgeführt. Seit 2005 besteht mit dem Taking Part Survey eine weiter gefasste Studie zur Kulturnutzung und Freizeitverhalten in England.

Großbritannien	England Department for Culture, Media, and Sports	Taking Part: The National Survey of Culture, Leisure and Sports 2008/2009.	2010
Großbritannien	Arts Council of England	From Indifference to Enthusiasm: Patterns of Art Attendance in England.	2008
Kanada	Statistics Canada	Patterns in Cultural Consumption and Participation.	2000
Neuseeland	Arts Council of New Zealand	New Zealanders and the Arts: Attitudes, Attendance and Participation in 2008.	2009
Niederlande	Social and Cultural Planning Office & Ministry of Education, Culture and Science	Culture-Lovers and Culture-Leavers. Trends in Interest in the Arts & Cultural Heritage in the Netherlands.	2005
Österreich	Institut für Musiksoziologie Wien	Wozu Musik? Musikalische Verhaltensweisen, Vorlieben und Einstellungen der Österreicher.	2009
Schweiz	Bundesamt für Statistik	Kulturverhalten in der Schweiz. Erhebung 2008. Erste Ergebnisse.	2009
Singapur	Ministry of Information, Communication and the Arts.	Singapore Cultural Statistics 2004–2008.	
USA	Penn, Schoen & Berland Associates, Inc.	Culture and the Arts Survey 2007.	2007
USA	National Endowment for the Arts	Survey of Public Participation in the Arts (SPPA) 2008.	2009

Die 16 ausgewählten Studien werden auf den drei Ebenen der inhaltlichen Ausrichtung, der Methodik und der theoretisch-wissenschaftlichen Fundierung verglichen.

Volker Kirchberg, Robin Kuchar

5. Studienvergleich zu Inhalten, Methoden und Theorien

Die vergleichende Analyse zeigt deutlich, dass es grundsätzlich große Diskrepanzen bezüglich der Inhalte, der Methodenwahl und des Theorienbezugs zwischen den Studien gibt. Diese Widersprüchlichkeiten der Vergleichbarkeit führen im Einzelfall zu Missverständnissen und zu umfassenden Diskursen um die Validität theoretischer Konstrukte, deren Basis aber eher in der unterschiedlichen Erhebung der Daten als in wirklich unterschiedlichen Resultaten liegt.

5.1 Unterschiede in der inhaltlichen Qualität

Diese Kategorie umfasst Aspekte des Inhalts, der Legitimierung und der Struktur der Studien. Hier scheint vor allem die Finanzierung der Forschung eine den Inhalt beeinflussende Rolle zu spielen: Die große Mehrheit der untersuchten Studien wird von öffentlichen Stellen initiiert, finanziert und/oder durchgeführt. Nur drei der analysierten Arbeiten basieren teilweise oder gänzlich auf privaten Geldgebern: Diese sind das deutsche *Kulturbarometer*, teils vom Bundesministerium für Bildung und Forschung (BMBF), teils von wechselnden privaten Geldgebern[3] finanziert, die museumsbezogene Studie *Gesellschaftliche Funktionen von Museen*, die maßgeblich mit Mitteln der Stiftung Haus der Geschichte der Bundesrepublik Deutschland realisiert wurde sowie der US-amerikanische *Culture and the Arts Survey* des Marketing- und Consulting-Unternehmens Penn, Schoen & Berland.

Dass die Art der Finanzierung Struktur und thematische Schwerpunkte beeinflussen kann, zeigt der Fall des *Kulturbarometers*. Der Fokus dieser in Deutschland einzigen regelmäßig durchgeführten repräsentativen Bevölkerungsstudie zum Kulturkonsum richtet sich nach den wechselnden privaten Geldgebern. Auf der einen Seite wird die Studie erst durch die beteiligten Organisationen ermöglicht, andererseits bedeutet der Wechsel der Schwerpunkte einen Verlust bzw. eine deutliche Einschränkung von Longitudinalvergleichen. Bei den weiteren Studien kann man die thematische Schwerpunktsetzung eher auf die Eingangsmotive der Studienprojekte zurückführen, auf die weiter unten noch eingegangen wird (vgl. Abschnitt 5.2).

---

3 Im Falle des hier betrachteten *Achten Kulturbarometers* ist die „Deutsche Orchestervereinigung" privater Finanzier; Schwerpunkt der Studie bilden Musikveranstaltungen.

Ungeachtet dieser Unterschiede zeichnen sich die untersuchten Studien alle dadurch aus, dass sie quantitative Daten zum Kulturbesuch mit standardisierten Erhebungsinstrumenten akquirieren. Mit Ausnahme von zwei Publikationen, der musikbezogenen österreichischen Arbeit *Wozu Musik?* und der Museumsstudie *Gesellschaftliche Funktionen von Museen*, die sich auf Daten spezifischer Kulturgenres fokussieren, erfassen die Studien eine große Bandbreite von Informationen bzgl. des Besuchs/der Nutzung von bzw. Einstellungen zu Kulturinstitutionen und -genres. Darunter fallen u.a. die Nutzung bildender und darstellender Kunst, der Literatur und der Musik sowie die korrespondierenden Institutionen wie Museum, Theater, Konzerthaus und Bibliothek. Die Berücksichtigung von Hoch- und Popkultur ist dabei ebenso präsent wie die Erfassung von soziodemografischen Daten der Befragten.

Insgesamt ist für die meisten Studien ein weit gestreuter Kulturbegriff festzustellen. Zahlreiche Studien erfassen eine große Breite von Freizeitaktivitäten weit über den engeren Kulturbegriff hinaus, so der britische *Taking Part Survey* und die kanadische Studie *Patterns of Cultural Consumption and Participation*. Jedoch variieren Ausgestaltung und Bestimmung dieser Felder stark und auch die Abfrage individueller und soziologischer Aspekte der Kulturnutzung offenbart große Unterschiede. Ein bislang vernachlässigtes Untersuchungsgebiet erstreckt sich hierbei auf den Einfluss neuer Medien- und Kommunikationstechnologien auf den Kulturbesuch. Lediglich die Hälfte der im Sample befindlichen Arbeiten nimmt hierauf Bezug. Dazu zählen der *SPPA*, *Les Pratiques Culturelles des Francais*, *Cultuurkijker* und *Taking Part*. In geringerem Ausmaß wird die Thematik in den Studien aus Österreich, der Schweiz, den Niederlanden und Singapur behandelt.

Hinsichtlich wichtiger Variablen wie Angaben zum kulturellen Geschmack, zu Präferenzen bzgl. kultureller und allgemeiner Freizeitgestaltung, zur Frage nach Motiven und Barrieren des Kulturbesuchs sowie zu Einstellungen gegenüber Künsten und Kulturgenres kommt es zu einer weiteren Ausdünnung des Samples: Zur Überprüfung der im Abschnitt 2 beschriebenen kultursoziologischen Theorien benötigt man zusätzlich zu den üblicherweise erhobenen soziodemografischen Daten weitere Daten zum Geschmack, zur kulturellen Sozialisation und zu individuellen Präferenzen und deren biografischen Schwankungen, um zum Beispiel Zusammenhänge von Kulturnutzung, Kulturgeschmack und Klassenzugehörigkeit sicherer zu erkennen oder verwerfen zu können. Derartige umfangreichere Daten werden im Sample nur von vier Studien (*SPPA, Culturkijker, Pratiques Culturelles des Francais, Wozu Musik?*) erhoben.

Eine noch geringere Beachtung erfährt die Abfrage von Einstellungen gegenüber Kunst und Kultur. Diese sind wichtige Indikatoren für die gesellschaftliche Wahrnehmung und die gesellschaftliche Wertschätzung von Kultureinrichtungen, die in Zusammenhang mit der tatsächlichen (Nicht-) Nutzung stehen. Lediglich in der britischen *Taking Part* Studie, im belgischen *Cultuurkijker* sowie im *New Zealand Art Survey* werden diesbezügliche Informationen gewonnen.

Stärker verbreitet ist die Abfrage von Motiven, die zur Nutzung von Kulturangeboten führen, und von Barrieren, die dieser entgegenstehen. Knapp die Hälfte der Studien fragt diese wichtigen Aspekte ab (*Cultuurkijker, Arts in England, Taking Part Survey, Gesellschaftliche Funktionen von Museen, From Indifference to Enthusiasm, Culture and the Arts Survey, SPPA*). Jedoch wird kaum nach Motiven der Nichtnutzung gefragt, die nicht als invers zu Barrieren der Nutzung interpretiert werden können.

Zusammenfassend können auf der Inhaltsebene nur Basisstatistiken zu Besuchs- und Nutzungszahlen und zu soziodemografischen Daten als zwischen den Studien vergleichbar identifiziert werden. Über diese grundlegenden Aspekte hinaus unterscheiden sich die Studien in Bezug auf Variablen, Ausführlichkeit und ordnende Struktur in großem Maße. Bereits hier wird die Vermutung deutlich, dass sich internationale Vergleiche auf sehr dünnem Eis bewegen und fundamentale Diskrepanzen bereits in der Anlage der Studien bestehen. Bisherige Analysen hierzu beziehen sich eher auf den Vergleich als auf die Vergleichbarkeit der Ergebnisse (vgl. Katz-Gerro, 2002; Pronovost, 2002).

Am offensichtlichsten sind die Unterschiede in der Ausführlichkeit der Studien. Nur eine Studie berücksichtigt alle der hier als wichtig zu erachtenden soziologischen Items – der belgische *Cultuurkijker*. Alle anderen Studien erheben nicht die ganze Bandbreite der erkenntnisrelevanten Informationen, obwohl es noch einige umfassende Studien gibt, die in puncto inhaltlicher Erhebungsbreite deutlich über den anderen stehen: Dies sind der US-amerikanische *Survey of Public Participation in the Arts* und die französische Studie *Les Pratiques Culturelles des Francais*; sie fallen nur deswegen hinter dem *Cultuurkijker* ab, weil sie einen Mangel an Fragen zu Einstellungen gegenüber Kunst und Kultur aufweisen.

Eine Analyse der Entwicklung von Nutzungsmustern und -gründen über die Zeit ist abhängig von der Existenz vergleichbarer nationaler Langzeitstudien. Viele der Arbeiten, die explizit Longitudinalergebnisse zur Deutung von Entwicklungen nutzen, verweisen deshalb in ihren Publikationen auf Ergebnisse früherer Erhebungen und treffen Aussagen über die Entwicklung des Nutzungsverhaltens – teilweise zurückreichend bis in die 1970er Jahre.[4] In einigen Fällen enden die Forschungsanstrengungen auch nicht mit einer deskriptiven Darstellung der Entwicklung. Vor allem aus *SPPA*, *Les Pratiques Culturelles des Francais* und *Arts in England* werden einzelne Daten extrahiert und in multivariablen Zeitreihenanalysen tiefergehend analysiert.[5] Während in einigen weiteren Studien mittlerweile die Aufnahme von Langzeituntersuchungen erwähnt und begonnen wurde (z.b. in Belgien oder Österreich) gibt es in Deutschland bislang keine kohärente Langzeitforschung und auch keine Äußerung in den bestehenden Studien zur Erwünschtheit und Planung solcher Studien. Hier basieren tiefergehende Longitudinaldeutungen fast ausschließlich auf Sekundärdaten. So versucht Neuhoff (2001) mit Hilfe von Daten zum Konzertbesuch in Deutschland, Hinweise auf die Gültigkeit der Omnivorenthese in Deutschland zu identifizieren, Gerhards (2008) analysiert auf Basis von Daten einer Eurobarometer-Erhebung[6] die veränderte Gültigkeit der Homologiethese in Deutschland und Europa (Gerhards, 2008).

5.2 Unterschiede in der methodischen Qualität

Unterschiede der Methodik beziehen sich auf Erhebungsinstrumente, Datenqualität, Stichproben und allgemeine Fragen des Forschungsdesigns und die Ursachen hinter der jeweiligen methodischen Anlage der Studien. Im Allgemeinen ist anzuführen, dass alle Studien auf quantitativ-statistischen Verfahren der Datenerhebung und -auswertung beruhen, was sich aus dem Ziel der Erhebung, national repräsentative Daten zu erhalten, ergibt. Das Forschungsfeld vernachlässigt nahezu vollständig die Erhebung und Auswertung von Daten durch qualitative Methoden, was seit kurzem verstärkt und zu Recht kritisiert wird (vgl. Zahner, 2010).

Das dominierende Erhebungsinstrument ist der vollstandardisierte Fragebogen mit geschlossenen Fragen und Antwortkategorien. Lediglich die

---

4 Längsschnittstudien im Sample sind SPPA, Taking Part, Les Pratiques Culturelles des Francais, Culture-Lovers – Culture-Leavers, Patterns in Cultural Consumption and Participation, Attendance at Selected Cultural Venues/Events, New Zealanders and the Arts.
5 Exemplarisch ist hier u.a. die spezifische Analyse bzgl. der Auswirkung des Alters auf die kulturelle Nutzung aus Daten des SPPA zu nennen (vgl. Peterson et al., 2000).
6 Diese Studie befindet sich in unserer Datenbank, vgl. Eurobarometer Spezial (2007).

Erhebungsmethode variiert zwischen Face-to-Face-Interviews (meist CAPI), Telefoninterviews (CATI) sowie in je einem Fall einer postalischen Access-Panel-(*Gesellschaftliche Funktionen von Museen*) und einer Online-Erhebung (*Culture and the Arts Survey*). Die Länge der Fragebögen und Interviews variieren nach der inhaltlichen Ausgestaltung; die Spanne liegt zwischen 18 (*8. Kulturbarometer*) und 123 Fragen (*Les Pratiques Culturelles des Francais*), wobei ein längerer Fragebogen nicht mit einer kleineren Stichprobe korreliert. Die nähere Analyse der vorliegenden Fragebögen illustriert allerdings Differenzen hinsichtlich der Definition von Items und Datenskalierungen. Während Unterschiede im Skalenniveau (z.B. zwischen Ordinal- und Intervallskalen-Niveaus) bezüglich der soziodemografischen Daten keine großen Einschränkungen für Vergleiche darstellen (da die vorhandenen Intervallskalendaten auf Ordinalskalen-Niveau reduziert werden können), können unterschiedliche Nominalskalen-Definitionen (beispielsweise bzgl. Museumstypen oder Kulturgenres) einen internationalen Vergleich behindern. Trotz internationaler Standards wie z.B. der ICOM Klassifikation von Museumstypen[7] bestehen weitgehende Unterschiede. Exemplarisch seien hier die unterschiedlichen, sich in Teilen überschneidenden Definitionen von Museumstypen zwischen französischer und niederländischer Studie genannt: Während *Les Pratiques Culturelles des Francais* acht Museumstypen (Kunst, Moderne Kunst, Geschichte, Vorgeschichte, Natur & Technik, Völkerkunde, Spezialmuseen, Sonstige) unterscheidet, werden in *Culture-, Lovers – Culture-Leavers* fünf Kategorien (Kunst-, Geschichts-, Völkerkunde-, Naturgeschichts- und Naturwissenschafts-/Technikmuseen) abgefragt. Keine der beiden Studien richtet sich nach den gültigen ICOM-Vorgaben und auch für andere Genres ließe sich die Liste derartiger Divergenzen fast beliebig verlängern.

Trotzdem sind bezüglich der Qualität der Erhebungsinstrumente drei Studien hervorzuheben: *Cultuurkijker, Les Pratiques Culturelles des Francais* und *Taking Part Survey*. Alle formulieren längere, komplexe Fragebögen und erheben ihre Daten mittels Face-to-Face-Interviews (CAPI). Der *SPPA* nutzt

---

7   Durch die UNESCO und den Internationalen Museumsrat (ICOM) wurden 1985 9 Museumstypen festgelegt: „Local history, local Ethnography and regional Museums, Art Museums (including architectural Museums), Castles with Inventory, Natural History Museums, Science and Technology Museums, Archaeology and History Museums, Museums with Collections Covering several of the Points from 1. to 6., Cultural History museums on specialised Topics, Museum Complexes (different Museums in one Building)" (UNESCO/STC/Q 853).

ebenfalls einen komplexen und wohlstrukturierten Fragebogen, steht aber in puncto Datenerhebung (Telefoninterview) ein wenig zurück.

Bezüglich der Repräsentativität und der Größe der Stichprobe weisen die Studien ebenfalls zum Teil große Unterschiede auf. Zwar beanspruchen sie alle Repräsentativität auf nationaler Ebene, die Komplexität der Stichprobenauswahl ist aber divergierend. Während z.B. die australische Untersuchung *Attendance at Selected Cultural Venues and Events* ihre Daten aus routinemäßig erhobenen und standardisierten monatlich durchgeführten Multi-Purpose-Household-Surveys bezieht, wird in anderen Arbeiten eine bewusstere Stichprobenauswahl unternommen, um eine Repräsentativität der Grundgesamtheit zu gewährleisten: Neben der quotenmäßigen Auswahl nach der zumeist in den nationalen Statistikämtern vorhandenen realen soziodemografischen Verteilung werden weitere Aspekte wie die reale Abbildung der Bevölkerungsverteilung über Regionen und andere Agglomerationskategorien (vgl. u.a. *Les Pratiques Culturelles des Francais*, *SPPA*, *Arts in England*) bis hin zu ethnischen Aspekten mit berücksichtigt, um z.B. migrantische Kulturaktivitäten abbilden zu können (vgl. u.a. *SPPA*, *Culture-Lovers – Culture-Leavers*, *Taking Part Survey*). Bezüglich umfangreicher Überlegungen zur Auswahl und zur Größe der Stichprobe sind vier Studien hervorzuheben: *Cultuurkijker*, *Les Pratiques Culturelles des Francais*, *Taking Part Survey* und der *SPPA*; Letzterer weist mit Abstand die größte Stichprobe auf – über 18.000 Menschen wurden im Rahmen der Erhebung 2008 befragt.

Das Forschungsinteresse erklärt die unterschiedliche methodische Qualität. Ein Blick auf die Zwecke der jeweiligen Forschungsanstrengung (vgl. Tab. 2) zeigt deutliche Zusammenhänge zwischen Erkenntnisinteressen und dem Forschungsdesign hinsichtlich Stichprobenauswahl und -umfang, Breite und Tiefe der erhobenen Daten sowie der Qualität der statistischen Auswertung und der Interpretation. Dabei können die Zwecke mit den Begriffen ‚pragmatisch-anwendungsorientierte Forschung', ‚kulturpolitisch-gesellschaftliche Forschung' und ‚theoretische Grundlagenforschung' umschrieben werden.

Anwendungsorientierte Überblickstudien erfassen fast ausschließlich nur Daten zur Häufigkeit der Nutzung sowie einige soziodemografische Daten (kategoriale Daten zu Alter, Geschlecht, Bildung). Bezüge zu den (kultur-) theoretischen Grundlagen (vgl. Abschnitt 2) sind nicht vorhanden. Das Forschungsdesign orientiert sich stark an engen Fragen zu konkreten Themen. Der Fragebogen ist kurz, die Befragung von geringer Dauer und die Stichprobe verhältnismäßig klein. Die Datenauswertung verbleibt univariat, also deskriptiv; es gibt keine oder sehr wenige bi- oder multivariate Analysen. Beispiele dafür sind die Studien aus Australien, Singapur und der Schweiz.

Die kulturpolitisch-gesellschaftlichen Studien beinhalten diejenigen Arbeiten, die neben den o.g. Besuchs-, Nutzungs- und soziodemografischen Daten auch Daten zum kulturellen Geschmack, zur kulturellen Sozialisation und zu Motiven des Kulturbesuchs erheben. Diese Art von Erhebung erfasst und analysiert Beziehungen zwischen verschiedenen Daten, identifiziert Muster des kulturellen Verhaltens und thematisiert (gesamt-)gesellschaftliche Aspekte der Kulturnutzung. Diese Studien suchen nach Nutzergruppen und nach den Gründen, die die Besuchsentscheidung maßgeblich beeinflussen. Die Auswertungen dieser Studien sind komplexer und beinhalten grundsätzlich bi-, wenn nicht multivariate Auswertungsverfahren. Viele dieser Studien sind in Longitudinalanalysen eingebettet; das methodische Vorgehen orientiert sich an den Kriterien der empirischen Sozialforschung. In Bezug auf die Theoriengeleitetheit der Erklärungen des Kulturbesuchs bzw. der Kulturnutzung sind diese Studien allerdings weniger ausgearbeitet, wenn theoriegeleitete Interpretationen manchmal auch durch externe Wissenschaftler möglich werden; kultursoziologische Theorien der Kulturnutzung werden bei der Konstruktion der Studien aber nicht bewusst herangezogen (vgl. dazu weiter Abschnitt 5.3). Beispiele für diese Kategorie an Studien sind die zwei Studien *Les Pratiques Culturelles des Francais* und der *SPPA*.

Die dritte Gruppe umfasst vor allem die Studien, die deduktiv zur Theorieüberprüfung durchgeführt werden (im Einzelfall sind dies auch Studien, deren Ergebnisse im Nachhinein umfangreicher induktiv-theoretisch gedeutet werden). Im ersten Fall dieser Gruppe wird die Fragebogenkonstruktion eindeutig theoriegeleitet durch Hypothesen bestimmt und die Ergebnisse explizit zur Weiterentwicklung von Theorien oder theoretischen Ansätzen verwendet. Im zweiten Fall dieser Gruppe können die Ergebnisse zur Weiterentwicklung von Theorien oder theoretischen Ansätzen verwendet werden, auch wenn dies bei der Fragebogenkonstruktion so konkret nicht bedacht wurde. Beispiele für deduktiv theoriegeleitete Studien sind der Belgische *Cultuurkjiker*, die Britische Studie *From Indifference to Enthusiasm* und die deutsche Studie *Gesellschaftliche Funktionen von Museen*.

Gerade die letzte Unterscheidung von deduktiv und induktiv orientierten Studien zeigt auf, dass die Zuordnung der Studien zu den drei Gruppen idealtypisch zu verstehen ist. Vor allem bei der Abgrenzung zwischen der ersten und zweiten Gruppe gibt es Schwierigkeiten der Trennschärfe. Mehrere Arbeiten nehmen Zwischenpositionen zwischen anwendungsorientierten und kulturpolitisch-gesellschaftlichen bzw. kulturpolitisch-gesellschaftlichen und theorieorientierten Studien ein, was auf ineinandergreifende Forschungsmotive, Varianzen in der methodischen Gestaltung und unterschiedlich ausgerichteten Abschnitten in ein und derselben Studie zurückzuführen ist. Auch wenn eine präzise Festlegung in eine der drei Gruppen nicht immer eindeutig vorzunehmen ist – eine Positionierung zwischen den Polen ‚anwendungsorientiert' und ‚theoretisch' ist möglich. Diese Positionierung kann zumeist auf finanzielle Gründe zurückgeführt werden. Für die Studien der zweiten Gruppe, aber mehr noch für die Studien der dritten Gruppe (mit Langzeitanalysen, größeren Stichproben und vielen unabhängigen und abhängigen Variablen) muss ein vielfach höheres Budget zur Verfügung gestellt werden als für Studien, die nur eine einzelne oder wenige anwendungsbezogene Fragestellungen beantworten sollen.

Schon öffentliche Studien mit kulturpolitisch-gesellschaftlichen Fragestellungen verlangen aufgrund ihrer politischen Prägnanz im öffentlichen Kontext methodisch und theoretisch höherwertige Studien, um potenziellen politischen Angriffen auf die Ergebnisse gewappnet zu sein. Noch qualitätsbewusster und somit anspruchsvoller (also auch umfangreicher und kostspieliger) sind die Studien der dritten Gruppe, also der akademisch-theoriegeleiteten Studien. Sowohl die deduktive Überprüfung theoretisch hergeleiteter Hypothesen wie die induktive Suche nach und Formulierung von bisher nicht bedachten theoretischen Bezügen bedarf einer sorgfältigen und kritischen Analyse umfangreicher und komplexer Daten. Nicht selten wird hier auch das Ziel der Erhebung longitudinaler Daten explizit formuliert, um theoretische Hypothesen zum Zusammenhang zeitlich variierender Kontext- und Kulturnutzungsvariablen überprüfen zu können. Im besten Fall sollen diese theoretischen Analysen nicht nur Entwicklungen aufzeigen, sondern sich dezidiert auch mit dem Zustandekommen von Nichtbesuchsentscheidung befassen – mit dem Ziel, haltbare Erklärungen für die gesamte Varianz von Stamm- über Gelegenheits- bis zu Nicht- bzw. Nie-Besuchern zu finden. In dieser Gruppe an Studien findet die wichtigste Forschung zur Kulturnutzung statt. Nur wenige der überprüften Studien können aber vollständig in diese Kategorie aufgenommen werden (*Cultuurkjiker, Gesellschaftliche Funktionen von Museen*). Allerdings entsprechen auch einige der elaborierten Studien aus der zweiten kulturpolitisch-gesellschaftlichen Kategorie in Teilen diesem Studientyp (z.B. *SPPA, Arts in England, Les Pratiques Culturelles des Francais*), da bei ihnen ex-post aus dem erhobenen Material, vor allem auch durch longitudinale Vergleiche, theoretische Ableitungen erzeugt werden können, die zu einem Theoriefortschritt beitragen.

Tabelle 2: Klassifizierung der Studien nach den Kategorien „pragmatisch-anwendungsorientierte Forschung", „kulturpolitisch-gesellschaftliche Forschung" und „theoretische Grundlagenforschung"

Kategorie	Studie	Primäre Kennzeichen
I. vor allem pragmatisch-anwendungs-orientierte Forschung	Singapore Cultural statistics 2004–2008. Culture and the arts survey 2007. Attendance at Selected Cultural Venues/Events. Achtes Kulturbarometer. Kulturverhalten in der Schweiz. Erhebung 2008. Erste Ergebnisse. Wozu Musik? Musikalische Verhaltensweisen, Vorlieben und Einstellungen der Österreicher.	Erhebung statistischer Daten zur Kulturnutzung und Soziodemographie. Ermittlung von Einflussfaktoren der Kultur(nicht)nutzung. Einzelne Untersuchungsschwerpunkte (Barrieren, Einstellungen, Genre etc.)
II. vor allem kulturpolitisch-gesellschaftliche Forschung	Patterns in Cultural Consumption and Participation. Culture-Lovers and Culture-Leavers. Trends in Interest in the Arts & Cultural Heritage in the Netherlands. New Zealanders and the Arts: Attitudes, Attendance and Participation in 2008. Arts in England 2003. Taking Part: The national	Umfassende Erhebung von Daten zur Kulturnutzung und zur Soziodemografie. Ermittlung von Einflussfaktoren und gesamtgesellschaftlichen Aspekten der Kultur(nicht)nutzung. Durchführung von Longitudinalvergleichen/ Gewinnung von Erkenntnissen über Entwicklungen des Kulturverhaltens.

	Survey of Culture, Leisure and Sports 2008/2009.	Ermittlung von Besuchsmustern und Nutzergruppen.
	Survey of Public Participation in the Arts 2008.	
	Les Pratiques Culturelles des Francais. Enquête 2008.	
III. Theoretische Grundlagenforschung	From Indifference to Enthusiasm: Patterns of Art Attendance in England. Gesellschaftliche Funktionen von Museen. Makro-, meso- und mikrosoziologische Perspektiven. Cultuurkjiker	Erhebung und/oder weiterführende Analyse von Daten zur Kulturnutzung. Überprüfung theoretischer Modelle und Hypothesen zum Kulturverhalten. Weiterentwicklung bestehender kultursoziologischer Theorien. Ermittlung von Ursachen des (Nicht)besuchs.

5.3 Unterschiede in der theoretischen Qualität

Nur sehr wenige Arbeiten weisen einen expliziten Theoriebezug auf. Bei den meisten Forschungsarbeiten sind ein gänzliches Fehlen von oder nur versteckte Bezüge zu den theoretischen (kultursoziologischen) Grundlagen des Kulturbesuchs bzw. der Kulturnutzung feststellbar. Die wichtigste Arbeit mit einem umfangreichen und empirisch qualitätsvollen theoretischen Rahmen ist die belgische Studie *Cultuurkijker*. Sie basiert auf einem kultursoziologischen Hypothesengerüst, das die Thesen der Homologie, der Individualisierung und der Omnivorenthese überprüfen will. Problemformulierung, Methodik und Analyse bauen dezidiert darauf auf, die entsprechenden Hypothesen werden getestet und bestätigt bzw. verworfen. So wurden u.a. sozialstrukturelle und individuell-utilitaristische Faktoren der Kulturnutzung gegenübergestellt und nachgewiesen, dass sich die Hochkulturorientierung in Flandern eher auf struktureller Basis erklären lässt und negativ mit individuellen Faktoren korreliert (vgl. hierzu auch die englischsprachige Folgepublikation Lievens & Van Eijck, 2008).

Die deutsche Studie *Gesellschaftliche Funktionen von Museen* bezieht ihren empirischen Teil (zum Besuch bzw. Nichtbesuch von Museen) explizit auf Theorien zwischen Makrolevel (Thesen zur McDonaldisierung (Ritzer, 1993) oder zur Erlebnisrationalität der Gesellschaft) und Mikrolevel (Thesen des Einflusses strukturalistischer Merkmale (Habitus), kulturalistischer Merkmale (Milieu) oder individualistisch-utilitaristischer Merkmale (Rational Choice)). In diesem Falle werden Gründe des Museumsbesuches anhand der Überprüfung von Hypothesen aus den Homologie-, Individualisierungs- und Omnivorentheorien erfasst.

Cultuurkijker und *Gesellschaftliche Funktionen von Museen* sind die beiden einzigen empirischen Arbeiten, die explizit auf einem Set mehrerer, auch gegensätzlicher theoretischer Ansätze beruhen. Es sind theoriegeleitete Studien, die auf Basis theoretischer Hypothesen begonnen, formuliert, durchgeführt und ausgewertet werden – ihr Zweck ist die theoretische Grundlagenforschung. Weiter gibt es aber auch kulturpolitisch-gesellschaftlich legitimierte Studien, deren Datenmaterial so elaboriert und umfassend ist, dass sie zur empirischen Überprüfung theoretischer Annahmen genutzt werden können. Zu dieser Gruppe gehören Studien wie *SPPA*, *Taking Part Survey* und *Les Pratiques Culturelles des Francais*.

Diese Studien können auf theoretische Grundlagen verweisen, benennen dies aber nicht explizit. Solche ex-post Ableitungen aus kultursoziologisch-theoretischen Hintergründen sind vor allem mit den Daten der Studie *Les Pratiques Culturelles des Francais* möglich, denn Bezüge zur französischen Kultursoziologie (Bourdieu, Homologiethese) lassen sich nachträglich aus den Ergebnissen ablesen. Trotz der hohen Standards dieser Studie in Bezug auf ihr empirisches Design und die Datenerhebung weist sie aber selbst keine ausformulierten Bezüge zur Überprüfung dieser oder anderer Theorien auf. Bezüglich der Erhebung 1998 werden Bezüge zu Bourdieu vor allem in späteren Sekundärveröffentlichungen (vgl. Donnat & Tolila, 2003) näher thematisiert. Ähnlich verhält es sich bei den Studien des amerikanischen *SPPA* und des britischen *Taking Part Survey*. So verwendet Peterson Daten aus mehreren *SPPA*-Erhebungen zur Formulierung und Überprüfung der Omnivorenthese (vgl. Peterson, 1992; Peterson & Rossman, 2007). In diesem Fall fand auf Basis der wissenschaftlichen Ergebnisse Petersons eine unmittelbare Anpassung späterer *SPPA*-Studien statt. Diese wurden nun mit Kenntnis und unter Berücksichtigung der Ergebnisse der Forschungen Petersons konstruiert. Auch die Erhebung des britischen *Taking Part* Surveys produziert Bezüge zu weiteren theoriegeleiteten Analysen. Die Untersuchung *From Indifference to*

Enthusiasm versucht auf Basis ihrer Daten Muster des kulturellen Besuchs durch den sozialen Status zu identifizieren. Unter Mitwirkung von John Goldthorpe und Tak Wing Chang (Goldthorpe & Chang, 2007; Chang, 2010) überprüfen die Forscher auf Basis des von Goldthorpe/Chang formulierten Ansatzes die Bedeutung des sozialen Status für den Kulturbesuch.

Die Vergleichbarkeit von Studien hinsichtlich theoriegeleiteter Hypothesen bedarf einer absoluten Übereinstimmung der Methodik der Datenerhebung und der erhobenen Variablen (z.b. Kulturgenres). Wenn es zu Diskrepanzen zwischen Studien, z.B. bei der Datenerhebung, kommt, können Unterschiede in den Ergebnissen zwischen diesen Studien nicht als Beweis für die Falsifizierung von Hypothesen (und damit der Hinfälligkeit einer Theorie) verstanden werden, sondern müssen auf Unterschiede der Datenerhebung zurückgeführt werden. Bestes Beispiel hierfür ist der Streit bezüglich der Gültigkeit der Omnivorenthese zwischen Peterson (2007) und Goldthorpe/Chan (2007). Letztere präsentierten Analysen von Kulturnutzungsdaten des britischen *Arts in England Surveys* (2001) und fassten ihre Ergebnisse dahingehend zusammen, dass es für die Gültigkeit omnivorer Besuchsmuster in England nur sehr wenige Hinweise gäbe. Peterson (2007) zweifelte dieses Ergebnis aufgrund der seines Erachtens nach falschen theoretischen Schlussfolgerungen an. Ein Blick auf die jeweils verwendeten Daten und Erhebungsmethoden zeigt aber, dass hier vor allem von einem Datenproblem ausgegangen werden kann. Während Peterson (1992) seine Omnivorenthese vor allem über einen Zusammenhang von sozio-demografischen Variablen (Berufsgruppen und Bildung) mit Musikgeschmack konstruiert, beweisen Goldthorpe und Chan (2007) ihre These über den Zusammenhang des sozialen Status (Statuswert über den ausgeübten Beruf) mit dem Besuch von Stätten der visuellen Kunst. Eine Widerlegung bzw. Abschwächung der Omnivorenthese kann also auf unterschiedliche abhängige Variablen (Kulturnutzung) und divergierende erklärende Variablen (Schicht- vs. Statuszuordnung) zurückgeführt werden.

Die Unterschiede zwischen diesen Studien, aber auch die augenscheinliche Vernachlässigung dieser Unterschiede bei der Formulierung theoretischer Aussagen, stellen gravierende Probleme bei der Überprüfung und der Weiterentwicklung von Theorien der Kulturnutzung dar. Eine Überprüfung der Wertigkeit von Theorien im Vergleich von Studien ist nur möglich, wenn die erhobenen Daten vergleichbar sind und die Hintergründe der ‚Erhebungsqualitäten' offengelegt werden. Ein ‚lockerer' Umgang mit Kulturnutzungsdaten aus unterschiedlichen Quellen mit unklaren motivierenden, methodischen und theoretischen Hintergründen macht eine sorgfältige Überprüfung theoretischer Hypothesen im Vergleich zurzeit nicht möglich.

Zusammenfassend betrachtet gibt diese Metaanalyse Hinweise auf Diskrepanzen und Gemeinsamkeiten inhaltlicher, methodischer und theoretischer Aspekte der betrachteten Studien zur Kulturnutzung durch die Bevölkerung. Idealtypisch werden drei Gruppen von Studien im Bereich der Kulturnutzungs- und Kulturbesuchsforschung ausgemacht, die unterschiedliche Grade an inhaltlicher, methodischer und theoretischer Qualität aufweisen. Die Qualitätsunterschiede sind insbesondere abhängig von den Forschungsmotiven, die determinieren, inwiefern die Studie in die Kategorie einer kurzfristig und örtlich beschränkten (nicht vergleichenden), pragmatisch-anwendungsorientierten' Forschung bis hin zu der Kategorie einer langfristig und international gültigen (vergleichenden) ‚theoretischen Grundlagenforschung' einzuordnen ist.

6. Fazit

Die Ergebnisse dieser Metaanalyse zeigen auf, dass es keine Studien zur Erfassung und Analyse der Kulturnutzung einer repräsentativen (nationalen) Bevölkerung im internationalen Maßstab gibt, die eine gleichermaßen hohe Qualität auf inhaltlicher, methodischer und theoretischer Ebene aufweisen und gleichzeitig die gegenseitige Überprüfung theoretischer Hypothesen ermöglichen.

Der Stand der repräsentativen Bevölkerungsforschung zur Kulturnutzung ist im internationalen Vergleich vor allem in Deutschland als unbefriedigend zu bewerten. Eine Beschäftigung mit dem Thema findet zwar statt und es gibt spezifische Studien; allerdings sind diese Studien in Deutschland zumeist transferorientierte und theoretisch relativ wenig fundierte ad hoc-Projekte, sowie untereinander kaum vergleichbar. Sie bilden meist Einzelaspekte ab und befinden sich methodisch und theoretisch nicht auf dem Niveau von Studien aus Belgien, Frankreich, Großbritannien oder den USA.

Insbesondere die flämische Studie des *Cultuurkijkers* zur Kulturnutzung einer repräsentativen Bevölkerungsstichprobe verdient das Prädikat ‚Benchmark-Studie'. Ähnliches gilt, mit Abstrichen, für den amerikanischen *Survey of Public Participation in the Arts*, den britischen *Taking Part Survey* und die französische Studie *Les Pratiques Culturelles des Francais*.

Allerdings gibt es bisher keine Studien, die es erlauben, detaillierte internationale Vergleiche zur Kulturnutzung zu tätigen. Ein solcher internationaler

Vergleich, der unter dem Gesichtspunkt der Konstruktion valider Theorien absolut notwendig ist (zum Beispiel bezüglich des Tests der Omnivoren- oder der Homologiethese) bedarf einer koordinierten Anstrengung vieler kulturwissenschaftlicher Experten auf internationaler akademischer Ebene. Eine Auswahl von Experten auf internationaler kulturpolitischer Ebene ist nicht ausreichend, da dies aller Voraussicht nach allein zu Studienkonstruktionen mit kulturpolitisch-gesellschaftlich befriedigender Qualität, aber nicht zu Studienkonstruktionen mit theorienfokussierter-hypothesenprüfender Qualität führen wird. Um diesen hohen Qualitätsstandard zu erreichen, muss es in den Staaten mit Interesse an einer Analyse der Kulturnutzung zu einer umfangreichen Revision und Ergänzung bestehender Studien kommen, um vergleichbar zu sein – z.B. zur Benchmark-Studie des flämischen *Cultuurkijkers*. Die dafür wichtigen unabhängigen und abhängigen Variablen müssen in ihrer Anzahl, ihrem Inhalt, ihrer Formulierung und in ihren Antwortvorgaben – soweit es geht – identisch operationalisiert werden, trotz unterschiedlicher Sprachen und der damit verbundenen Übersetzungsproblematik. Gleiches gilt für das Forschungsdesign, sprich den Theoriebezug, das Erhebungsinstrument, die Stichprobenziehung und die Auswertungsmethoden der beteiligten Studienprojekte.

Diese Forderungen sind realisierbar, wenn die folgenden Bedingungen erfüllt werden:

- Erstens muss sich in den Nationen, in denen ein Interesse an Kulturnutzungsforschung besteht, ein verstärktes Bewusstsein zur Existenz ähnlicher, häufig qualitativ besserer Bevölkerungsstudien anderer Länder entwickeln. Dieses Bewusstsein ist z.B. in Deutschland noch sehr unterentwickelt.
- Zweitens sollte es unter den Studienleitungen der Nationen eine Abstimmung zur Definition zentraler Konstrukte (zum Beispiel der Kulturgenres) geben. Ein positives Beispiel ist die Museumsklassifikation des Internationalen Museumsrates ICOM, die mittlerweile internationaler Standard ist.
- Drittens sollten trotz einer Betonung vergleichbarer quantitativer Erhebungen, also standardisierter Fragebögen, die Potenziale qualitativer empirischer Methoden für die Erklärung der Kulturnutzung nicht vernachlässigt werden – auch wenn dies nicht auf repräsentativer Ebene, wohl aber mit internationaler Vergleichbarkeit möglich werden sollte.
- Viertens können Metaanalysen wie dieser Vergleich die Diskussion einer verbesserten Vergleichbarkeit der Studien und ihrer Resultate vorantreiben; insbesondere können Metaanalysen die Existenz von Benchmark-

Studien nachweisen und dadurch in den Ländern mit ‚Nachholbedarf' die dringend notwendige Aufklärung über die Verbesserungsmöglichkeiten im Feld der Kulturforschung vorantreiben.

- Fünftens kann eine Qualitätssteigerung dieser Studien den Effekt haben, dass sie im akademischen und im kulturpolitischen Kontext mehr als bisher wahrgenommen und diskutiert werden, die Ergebnisse dadurch mehr Einfluss haben und daraufhin in Zukunft auch mehr Forschungsmittel für diesen Typ der empirischen Kulturforschung vorhanden sein werden.

Die dadurch verbesserten Bevölkerungsstudien zur Kulturnutzung im internationalen Vergleich können gleichzeitig zwei Zielrichtungen haben, die sich nicht widersprechen: Sie können sowohl von angewandtem wie theoretischem Nutzen sein – gute wissenschaftliche Forschung kann immer auch zum Praxistransfer, in diesem Falle zur fundierten Beratung der Kulturpolitik und des Kulturmanagements der diversen Kulturgenres beitragen. Wie die Klassifizierung der Studien zeigt, bauen die Bedürfnisse der Grundlagenforschung weitgehend auf den Informationsbedürfnissen der Praxis auf.

Literatur

Beck, U. & Beck-Gernsheim, E. (Hrsg.). (1994). *Riskante Freiheiten*. Frankfurt am Main: Suhrkamp.
Bertelsmann Stiftung (2006). Demografischer Wandel. In: *Forum. Das Magazin der Bertelsmann Stiftung, 1*, 4–13.
Bortz, J. & Döring, N. (2006). *Forschungsmethoden und Evaluation für Human- und Sozialwissenschaftler* (4. überarbeitete Auflage). Heidelberg: Springer.
Bourdieu, P. (1982). *Die feinen Unterschiede. Kritik der gesellschaftlichen Urteilskraft*. Frankfurt: Suhrkamp.
Bourdieu, P. & Darbel, A. (2006) [orig. 1969]. *Die Liebe zur Kunst. Europäische Kunstmuseen und ihre Besucher*. Konstanz: UVK.
Bryson, B. (2002). Symbolic Exclusion and Musical Dislikes. In: L. Spillman (Hrsg.), *Cultural Sociology* (108–119). Malden/Oxford: Blackwell.
Bryson, B. (1997). What about the Univores? Music Dislikes and Group-based Identity Construction among Americans with low Levels of Education. In: *Poetics, 25* (2–3), 141–156.
Chan, T. W. (Hrsg.). (2010). *Social Status and Cultural Consumption*. Cambridge: Cambridge University Press.
Deutscher Bühnenverein. (2002). *Auswertung und Analyse der repräsentativen Befragung von Nichtbesuchern deutscher Theater*. Köln.

Di Maggio, P. (1996). Are Art-Museum Visitors different from other People? The Relationship between Attendance and social and political Attitudes in the United States. In: *Poetics, 24* (2–4), 161–180.

Donnat, O. & Tolila, P. (Hrsg.). (2003): *Le(s) Public(s) de la Culture: Politiques Publiques et Equipements Culturels.* Paris: Presses de la fondation nationale des sciences politiques.

Friedrichs, J. (1998). Die Individualisierungs-These. Eine Explikation im Rahmen der Rational-Choice Theorie. In: Ders. (Hrsg.), *Die Individualisierungsthese* (S. 33–48). Opladen: Leske & Budrich.

Gans, H. (1999). *Popular Culture & High Culture. An Analysis of Taste.* New York: Basic Books.

Gembris, H. (2009). Entwicklungsperspektiven zwischen Publikumsschwund und Publikumsentwicklung. In: M. Tröndle (Hrsg.), *Das Konzert. Neue Aufführungskonzepte für eine klassische Form* (S. 61–81). Bielefeld Transcript.

Gerhards, J. (2008). Die kulturell dominierende Klasse in Europa: Eine vergleichende Analyse der 27 Mitgliedsländer der Europäischen Union im Anschluss an die Theorie von Pierre Bourdieu. In: *Kölner Zeitschrift für Soziologie und Sozialpsychologie, 60*, 723–748.

Glogner, P. & Föhl, P. S. (Hrsg.). (2010). *Das Kulturpublikum. Fragestellungen und Befunde der empirischen Forschung.* Wiesbaden: VS.

Goldthorpe, J. H. & Chan, T. W. (2007). Social Stratification and Cultural Consumption: The Visual Arts in England. In: *Poetics, 35* (2–3), 168–190.

Hamann, T. K. (2008). Der Einfluss der Bevölkerungsentwicklung auf Publikum und Konzertwesen. In: H. Gembris (Hrsg.), *Musik im Alter. Soziokulturelle Rahmenbedingungen und individuelle Möglichkeiten* (S. 195–211). Frankfurt: Lang.

Hartmann, P. H. (1999). *Lebensstilforschung.* Opladen: Leske & Budrich.

Hausmann, A. & Körner, J. (2009): *Demografischer Wandel und Kultur: Veränderungen im Kulturangebot und der Kulturnachfrage.* Wiesbaden: VS.

Heilbrun, J. & Gray, C.M. (2001a). Consumer demand: An introduction. In: Dies. (Hrsg.), *The Economics of Art and Culture* (S. 55–76). Cambridge/New York: Cambridge Univ. Press, Kap. 4 .

Heilbrun, J. & Gray, C.M. (2001b). The characteristics of arts demand and their policy implications. In: Dies. (Hrsg.), *The Economics of Art and Culture.* Cambridge/New York: Cambridge Univ. Press, Kap. 5.

Hood, M. G. (1983). Staying away. Why people choose not to visit Museums. In: Anderson, G. (Hrsg.), *Reinventing the Museum. Historical and Contemporary Perspectives on the Paradigm Shift* (S. 50–57). Lanham: AltaMira Press.

Huber, M. (2010). *Wozu Musik? Musikalische Verhaltensweisen, Vorlieben und Einstellungen der Österreicher/innen.* Wien: Institut für Musiksoziologie.

Katz-Gerro, T. (2002). Highbrow Cultural Consumption and Class Distinction in Italy, Israel, West Germany, Sweden, and the United States. In: *Social Forces, 81*, 207–229.

Kirchberg, V. (2009a). Annäherung an die Konzertstätte. Eine Typologie der (Un-)Gewöhnlichkeit. In: M. Tröndle (Hrsg.), *Das Konzert. Neue Aufführungskonzepte für eine klassische Form* (S. 155–171). Bielefeld: Transcript.

Kirchberg, V. (2009b). Das Museum als öffentlicher Raum in der Stadt. In: J. Baur (Hrsg.), *Museumsanalyse. Methoden und Konturen eines neuen Forschungsfeldes* (S. 231–266). Bielefeld: Transcript.

Kirchberg, V. (2009c). Virtues and Pitfalls of Arts and Cultural Statistics in Germany – A critique of official statistics and representative populations surveys on arts participation and consumption. In: *Itaú Cultural – Revista Observatório*. São Paulo.

Kirchberg, V. (2005). *Gesellschaftliche Funktionen von Museen. Makro, -meso und mikrosoziologische Perspektiven.* Wiesbaden: VS.

Kirchberg, V. (2004): Lebensstil und Rationalität als Erklärung des Museumsbesuchs. In: R. Kecskes, M. Wagner & C. Wolf (Hrsg.), *Angewandte Soziologie* (S. 309–328). Wiesbaden: VS Verlag für Sozialwissenschaften.

Kirchberg, V. (1996). Museum Visitors and Non-Visitors in Germany: A Representative Survey. In: *Poetics*, 24 (2–4), 239–258.

Kuchar, R. & Kirchberg, V. (2010). *The Survey of Surveys. A meta-analysis of Arts Participation Surveys.* Konferenzpaper ESA RNSA Surrey, 2010: Great Expectations: Arts and the Future.

Lahire, B. (2008).The Individual and the Mixing of Genres: Cultural Dissonance and Self-Distinction. In: *Poetics*, 36, 166–188.

Lievens, J., Waege, H. & De Meulemeester, H. (2006). *Cultuurkijker.* Antwerpen: De boeks.

Lievens, J. & Van Eijck, R. (2008). Cultural omnivorousness as a Combination of Highbrow, Pop, and Folk Elements: The Relation between Taste Patterns and Attitudes concerning Social Integration. In: *Poetics*, 36, 217–242.

Ministère de la Culture et de la Communication. (Hrsg.). (2009). *Les Pratiques Culturelles des Français à l'ére Numérique – Enquête 2008.* Paris: La Découverte.

Neuhoff, H. (2001). Wandlungsprozesse elitärer und populärer Geschmackskultur? Die „Allesfresser-Hypothese" im Ländervergleich USA/Deutschland. In: *Kölner Zeitschrift für Soziologie und Sozialpsychologie*, 53 (4), 751–772.

Otte, G. (2008). Lebensstil und Musikgeschmack. In: G. Gensch, E. M. Stöckler & P. Tschmuck (Hrsg.), *Musikrezeption, Musikdistribution und Musikproduktion. Der Wandel des Wertschöpfungsnetzwerks in der Musikwirtschaft* (S. 25–56). Wiesbaden: Gabler.

Peterson, R.A. (2007). Comment on Chan and Goldthorpe: Omnivore, what's in the Name, what's in the Measure? In: *Poetics*, 35, 301–305.

Peterson, R.A. (1992). Understanding Audience Segmentation: From Elite and Mass to Omnivore and Univore. In: *Poetics*, 21, 243–258.

Peterson, R.A. & Rossman, G. (2007). Changing Arts Audiences: Capitalizing on Omnivorousness. In: B. Ivey & S. Tepper (Hrsg.), *Engaging Art: The Next Great Transformation of American's Cultural Life* (S. 307–342). New York: Routledge.

Peterson, R.A., Hull, P.C. & Kern, M. (2000). Age and Arts Participation: 1982–1997. In: *NEA: Reseearch Report 42*. Santa Ana: Seven Locks Press.

Pronovost, G. (2002). *Statistics in the Wake of Challenges Posed by Cultural Diversity in a Globalization Context: A Review of Surveys on Cultural Participation.* Paper presented at International Symposium on Culture Statistics Montreal 2002. Verfügbar unter: www.colloque2002symposium.gov.qc.ca/PDF/Pronovost_paper_Symposium.pdf [27.04.2010].

Ritzer, G. (1993). *The McDonaldization of society: an Investigation into the changing Character of contemporary Social Life*. Thousand Oaks: Pine Forge Press.
Rössel, J. (2004). Von Lebensstilen zu kulturellen Präferenzen – Ein Vorschlag zur theoretischen Neuorientierung. In: *Soziale Welt, 55*, 95–114.
Rössel J. & Otte, G. (2010). Culture. In: German Data Forum (RatSWD) (Hrsg.), *Building on Progress. Expanding the Research Infrastructure for the Social, Economic, and Behavioral Sciences*. Opladen: Budrich Uni Press Ltd.
Sas, J. (2010). What can Museums learn from Repeat Visitors to attract New Visitors? Paper presented at the ICOM 22nd General Conference – Marketing & Public Relations Committee. Shanghai, November 9, 2010.
Schulze, G. (1992). *Die Erlebnisgesellschaft*. Frankfurt am Main: Campus Verlag.
Schulze, G. (2003). *Die beste aller Welten. Wohin bewegt sich die Gesellschaft im 21. Jahrhundert?* München: Hanser.
Stiftung Niedersachsen (Hrsg.). (2006). *Älter-Bunter-Weniger: die demografische Herausforderung an die Kultur*. Bielefeld: Transcript.
Wagner, B. (Hrsg.). (2008). *Jahrbuch für Kulturpolitik. Thema: Kulturwirtschaft und kreative Stadt*. Essen: Klartext. Herausgegeben für das Institut für Kulturpolitik der Kulturpolitischen Gesellschaft e.V.
Weber, M. (1972 [1922]). *Wirtschaft und Gesellschaft. Grundriß der verstehenden Soziologie* (5. revidierte Auflage). Tübingen: Mohr.
Zahner, N.T. (2010). Die Selektivität des Publikums zeitgenössischer Kunst als Herausforderung für die Rezeptionstheorie Pierre Bourdieus? In: S. Bekmeier-Feuerhahn, K. van den Berg, S. Höhne, R. Keller, B. Mandel, M. Tröndle & T. Zembylas. (Hrsg.), *Theorien für den Kultursektor. Jahrbuch für Kulturmanagement 2010* (S. 55–76). Bielefeld: Transcript.
Zentrum für Kulturforschung (Hrsg.). (2005). *8. Kulturbarometer*. Bonn.

Elektronische Quellen

Arts Council England (Hrsg.). (2008). *From indifference to enthusiasm: Pattern of Arts Attendance in England*. Verfügbar unter: www.artscouncil.org.uk/publi cation_archive/from-indifference-to-enthusiasm-patterns-of-arts-attendance-in -england/ [10.02.2010].
Arts Council of England (Hrsg.). (2004). *Arts in England 2003*. Verfügbar unter: http://www.artscouncil.org.uk/publication_archive/arts-in-england-2003-atten dance-participation-and-attitudes/ [12.01.2010].
Arts Council of New Zealand (Hrsg.). (2009). *New Zealanders and the Arts: Attitudes, Attendance and Participation in 2008*. Verfügbar unter: http://www.creativ enz.govt.nz/Portals/0/publications/NZers-and-the-arts-2008.pdf [17.02.2010].
Australian Bureau of Statistics (Hrsg.). (2007). *Attendance at Selected Cultural Venues and Events2005-06*. Verfügbar unter: http://www.abs.gov.au/ausstats/ abs@.nsf/mf/4114.0 [13.01.2010].
Bundesamt für Statistik (2009). *Kulturverhalten in der Schweiz. Erste Ergebnisse*. Verfügbar unter: http://www.bfs.admin.ch/bfs/portal/de/index/themen/16/22/ publ.html?publicationID=3634 [29.11.2009].

Department for Culture, Media and Sports (Hrsg.). (2010). *Taking Part: The National Survey of Culture, Leisure and Sport 2008/2009*. Verfügbar unter: http://www.culture.gov.uk/what_we_do/research_and_statistics/4828.aspx [10.02.2010].

Mandel, B. & Renz, T. (2010). *Nicht-Kulturnutzer. Eine qualitative empirische Annäherung.* Verfügbar unter: http://www.kulturvermittlung-online.de/pdf/onlinetext_nicht-besucher__renz-mandel_neueste_version10-04-26.pdf [26.05.2010].

Ministry of Information, Communications and the Arts (Hrsg.). (2009). Singapore *Cultural Statistics 2004–2008 in Brief.* Verfügbar unter: http://nac.gov.sg/sta/sta01.asp [22.01.2010].

National Endowment for the Arts (Hrsg.). (2009). *Survey of Public Participation in the Arts 2008.* Verfügbar unter: http://www.nea.gov/research/2008-SPPA.pdf [29.11.2009].

PSB Penn, Schoen & Berland Associates, Inc. (2007): *Culture and the Arts Survey 2007.* Verfügbar unter: http://www.laplacacohen.com/media/company/STUDIES/PSB_ToplineReport_120307 [12.01.2010].

Schulze, G. (2000). Was wird aus der Erlebnisgesellschaft? In: *Aus Politik und Zeitgeschehen, 12.* Verfügbar unter: http://www.bpb.de/publikationen/L0749F,0,Was_wird_aus_der_Erlebnisgesellschaft.html [20.03.2010].

Social and Cultural Planning Office (SCP) & Ministry of Education, Culture and Science (Hrsg.). (2005). *Culture-Lovers and Culture-Leavers. Trends in Interest in the Arts & Cultural Heritage in the Netherlands.* Verfügbar unter: http://www.scp.nl/english/Publications/Publications/Publications_2005/Culture_lovers_and_Culture_leavers [23.01.2010].

Statistics Canada (Hrsg.). (2000). *Patterns in Cultural Consumption and Participation.* Verfügbar unter: http://www.canadacouncil.ca/NR/rdonlyres/74E41055-65E2-4338-990D-A0462CF3583C/0/cult_consumpe.pdf [16.01.2010].

Wirkungsevaluation von Veranstaltungen zur themenspezifischen Sensibilisierung

Hansjörg Gaus, Christoph Müller

Zusammenfassung

In diesem Beitrag wird über die Problematik der kausalen Wirkungsevaluation von Veranstaltungen zur themenspezifischen Sensibilisierung im Kulturbereich berichtet. Dabei werden zunächst die methodischen Grundlagen der kausalen Wirkungsprüfung vor dem Hintergrund von Sensibilisierungsinterventionen dargestellt. Darauf folgend wird zur Illustrierung der mit der Wirkungsevaluation verbundenen Probleme ein Beispiel aus der Evaluationspraxis präsentiert. Hierbei handelt es sich um die quasi-experimentelle Wirkungsevaluation einer Maßnahme zur themenspezifischen Sensibilisierung von Verbrauchern zum Thema Klimaschutz, deren Ergebnisse und Implikationen allerdings problemlos auf den Kulturbereich übertragen werden können. Im Rahmen des Beispiels wird detailliert auf den Versuchsaufbau sowie auf die verwendeten Datenerhebungs- und Auswertungsmethoden eingegangen. Vor allem die Problematik von Selektionsprozessen wird dabei anhand der Beschreibung der Durchführung eines Propensity Score Matchings ausführlich behandelt.

1. Einleitung

Mit der Durchführung von Informations- und Aufklärungsmaßnahmen im Kulturbereich wird vonseiten der Veranstalter meist angestrebt, Wirkungen auf verschiedenen Ebenen zu erzielen. Während oftmals versucht wird, anhand der Umsetzung gezielter Aufklärungs- und Weiterbildungsinterventionen mit kulturellem Hintergrund oder der Bereitstellung kultureller Angebote (bspw. der Betrieb von Museen oder die Veranstaltung von Konferenzen) das Verhalten von Teilnehmern zu beeinflussen, begnügen sich zahlreiche Veranstaltungsmaßnahmen damit, weniger anspruchsvolle Ziele zu verfolgen bzw. solche, die dem beobachtbaren Verhalten vorgelagert sind. Ein Beispiel hierfür ist die themenspezifische Sensibilisierung von Veranstaltungsteilnehmern. Dieser Beitrag beschäftigt sich mit der Wirkungsevaluation derartiger Veranstaltungen, welche die themenspezifische Sensibilisierung ihrer Teilnehmer zum Ziel haben. Für den Begriff der themenspezifischen Sensibilisierung findet sich in der Literatur leider keine eindeutige Begriffsdefinition, weshalb er an dieser Stelle sehr breit ausgelegt wird. Dies hat den Vorteil, dass die nachfolgend beschriebenen methodischen Grundlagen der Wirkungsevaluation sowie das vorgestellte Praxisbeispiel leichter übertragbar und nicht zu sehr auf einen engen Anwendungsbereich beschränkt sind.

Aber was wird nun unter themenspezifischer Sensibilisierung verstanden? Grundsätzlich kann der Begriff der themenspezifischen Sensibilisierung vor einem Veranstaltungshintergrund dazu verwendet werden, verschiedene kognitive Reaktionen von Teilnehmern auf die Veranstaltungsteilnahme zu beschreiben. Dies kann auf einer unteren Ebene bspw. die bloße Kenntnisnahme einer Thematik sein. Aber auch der Zugewinn an themenspezifischem Wissen, die Steigerung des Interesses am Thema, die Erhöhung der persönlichen Relevanz einer Thematik oder sogar die Beeinflussung themenspezifischer Verhaltensmotivationen und -intentionen können unter dem Begriff der themenspezifischen Sensibilisierung subsumiert werden.

Mit der Durchführung von Veranstaltungen zur themenspezifischen Sensibilisierung wird also in der Regel angestrebt, bestimmte Wirkungen zu induzieren. Die Überprüfung von Veranstaltungswirkungen stellt daher auch eine elementare Aufgabe der Evaluation dar und erfüllt verschiedene Funktionen. Zunächst bildet die Identifikation von Wirkungen die Informationsgrundlage zur Legitimierung des Ressourceneinsatzes (monetär, personell, zeitlich etc.) nach innen und außen, da eine Intervention, welche völlig wirkungslos bliebe, ihren Mitteleinsatz nicht wert wäre. Zudem stellt die Evaluation durch die Überprüfung von Veranstaltungswirkungen Informationen für Entscheidungsträger, Planer und Entwickler themenspezifischer Sensibilisierungsmaßnahmen bereit, die zur Entscheidung über die Fortsetzung oder Terminierung einer Intervention herangezogen werden können.

Ausgehend von einer institutionellen Perspektive werden Aktivitäten zur themenspezifischen Sensibilisierung im Kulturbereich in einem formalen (Schule, Hochschule, Volkshochschule), meist aber in einem informellen Rahmen (Museen, öffentliche Vorträge oder sonstige Veranstaltungen im öffentlichen Raum) umgesetzt. Während die Wirkungsevaluation von Maßnahmen im formalen Rahmen meist auf umfassende Informationen bzgl. Art und Anzahl der Teilnehmer sowie der Gründe für die Teilnahme zurückgreifen kann, sieht sich die Wirkungsevaluation von Interventionen im informellen Rahmen schwerwiegenden methodischen Problemen gegenübergestellt.

Als Grundlage der Beschreibung der Probleme, mit denen die Wirkungsevaluation informell angelegter Maßnahmen verbunden ist, eignet sich der Rückgriff auf das Konzept des sog. ‚free-choice learning'. Falk & Dierking (1998, S. 2) beschreiben dieses als „free-choice, non-sequential, self-paced and voluntary". Grundsätzlich kann der Begriff des ‚free-choice learning' im Sinne von Falk (2005, S. 270) verstanden werden: „The term free-choice learning is used to refer to the type of learning that occurs when individuals exercise significant choice and control over their learning."

Der Kern des Konzepts des ‚free-choice learning' ist also in der Freiwilligkeit der Teilnahme an Interventionen in informellen Lernsettings und der damit verbundenen Selbstbestimmtheit bei der Aufnahme und Verarbeitung von Informationen zu sehen. Falk & Dierking (1998, S. 2) bezeichnen free-choice learning daher auch als „primarily driven by the unique intrinsic needs and interests of the learner". Diese Art des freiwilligen, selbstbestimmten Lernens kommt sehr häufig im Bereich der kulturellen Aufklärung und Sensibilisierung vor, bspw. im Rahmen von Museumsbesuchen (vgl. Falk & Dierking, 2000; Schauble, Leinhardt & Martin, 1997). Dem hier gefolgten Verständnis nach ist die themenspezifische Sensibilisierung ein wichtiger Aspekt des Lernens im Kulturbereich, weshalb davon ausgegangen werden kann, dass die Bewertung der Wirkungen von Maßnahmen zur themenspezifischen Sensibilisierung mit den gleichen Problemen konfrontiert ist wie diejenige der Bewertung des Lernerfolgs.

Die Probleme der Wirkungsevaluation in diesem Kontext resultieren vor allem daraus, dass Personen in informellen Lernsettings meist freiwillig an Veranstaltungen teilnehmen und die zufällige Zuteilung von Personen zu Versuchs- und Vergleichsgruppen damit verhindert wird. Zudem ist aufgrund der erläuterten free-choice Lernprozesse anzunehmen, dass Veranstaltungsteilnehmer aufgrund persönlicher Interessen und Bedürfnisse an kulturellen Veranstaltungen teilnehmen und daher nicht ohne Weiteres mit künstlich generierten Vergleichsgruppen verglichen werden können, da geschätzte Wirkungen dann verzerrt sein könnten. Schließlich spielen sich Interventionen in informellen Lernsettings häufig in sog. ‚turbulent action settings' ab (vgl. Bloom & Ford, 1979). Dies bedeutet, dass die Erhebungsszenarien, in denen sich Evaluatoren befinden, unübersichtlich sind und die methodisch saubere Durchführung von Wirkungsevaluationen weiter erschweren. So ist es in Settings wie bspw. Museen oder frei zugänglichen Veranstaltungen im öffentlichen Raum oftmals sehr schwierig oder sogar unmöglich, Vorhermessungen durchzuführen.

Der vorliegende Beitrag beschäftigt sich im folgenden Kapitel mit den methodischen Grundlagen der kausalen Wirkungsevaluation, welche auf den Untersuchungsgegenstand von Veranstaltungen zur themenspezifischen Sensibilisierung angepasst werden. In diesem Zusammenhang werden sowohl die Probleme, mit denen die kausale Wirkungsmessung in diesem Rahmen verbunden ist als auch entsprechende Lösungsansätze präsentiert. Im Anschluss an den methodischen Abschnitt wird dann ein Beispiel aus der Praxis vorgestellt. Hierbei handelt es sich um die Wirkungsevaluation einer Veranstaltung zur Verbraucheraufklärung zum Klimaschutz, welche unter schwierigen Bedingungen im Feld durchgeführt wurde. Da es sich bei der untersuchten Intervention um eine Veranstaltung zum Thema Klimaschutz handelt, welche im genannten Free-choice-Kontext implementiert wurde und deren Wirkungsevaluation trotz der thematischen Abweichung vom Kulturbereich mit den gleichen methodischen Problemen konfrontiert ist wie Wirkungsevaluationen kultureller Veranstaltungen, lassen sich sowohl die methodische Vorgehensweise als auch die für die Evaluationspraxis resultierenden Implikationen ohne Weiteres auf den Kulturbereich übertragen. Im Zusammenhang mit dem Praxisbeispiel wird ausführlich beschrieben, wie den forschungsmethodischen Problemen im Feld begegnet wurde, zu welchen Ergebnissen die Evaluation letztendlich kam und mit welchen Limitationen die Untersuchung verbunden war.

2. Methodische Grundlagen der kausalen Wirkungsprüfung

Die Beantwortung der Frage, ob eine Intervention zur themenspezifischen Sensibilisierung Wirkungen nach sich zieht oder nicht und wie stark potenzielle Wirkungen sind, ist gemäß der obigen Ausführungen eine der wichtigsten Aufgaben der Evaluation. Sie stellt zugleich aber auch „eine der größten Herausforderungen einer Evaluation dar" (Stockmann, 2006, S. 104), da die Wirkungsevaluation nur dann von Nutzen ist, wenn Wirkungen kausal interpretierbar sind. Die Möglichkeit einer fehlerfreien Attribuierung von Wirkungen auf die Interventionsteilnahme erfordert von Evaluatoren die Anwendung angemessener Untersuchungsdesigns und passgenauer Erhebungs- und Analysemethoden der empirischen Sozialforschung. Die Wahl der Vorgehensweise im Rahmen der Wirkungsevaluation muss dabei allerdings dem Evaluationsgegenstand und den situativen Randbedingungen angepasst werden (vgl. White, 2010).

Zur Problematik der kausalen Wirkungsmessung schreibt Stockmann (2006, S. 104): „Da das Ziel von Wirkungsevaluationen darin besteht, mit größtmöglicher Zuverlässigkeit festzustellen, ob eine Intervention die intendierten Wirkungen auslöst, sind die Einflüsse anderer Faktoren, die ebenfalls für die gemessenen Veränderungen verantwortlich sein könnten, auszuschließen." Aus forschungstheoretischer Perspektive bedeutet dies, dass alle Faktoren, die neben dem Treatment „Interventionsteilnahme" einen Einfluss auf die interessierenden Wirkungsvariablen haben, entweder kontrolliert werden müssen oder deren Einfluss eliminiert wird. Als streng kausale Wirkung kann daher eine Veränderung in einem bestimmten Merkmal aufgefasst werden, die ausschließlich auf das Treatment zurückzuführen ist.

Einen formalen Rahmen zur Beschreibung von Wirkungen bietet das sog. „Roy-Rubin-Modell" (Roy, 1951; Rubin, 1974), welches Wirkungen als Differenz in einer Wirkungsvariable zwischen dem faktischen und kontrafaktischen Zustand beschreibt. Übersetzt in die Sprache der Evaluation beschreiben Rossi, Lipsey & Freeman (2004, S. 234) die Vorgehensweise auf Basis des Konzepts von faktischem und kontrafaktischem Zustand folgendermaßen: „Evaluators assess the effects of social programs by comparing information about outcomes for program participants with estimates of what their outcomes would have been had they not participated."

Aus dem vorigen Zitat von Rossi et al. (2004) geht bereits deutlich hervor, dass es sich beim kontrafaktischen Zustand, also dem Zustand, in dem sich ein Untersuchungsobjekt befunden hätte, wenn es nicht dem Treatment ausgesetzt gewesen wäre, um einen rein hypothetischen Zustand handelt, der nicht simultan mit dem faktischen Zustand beobachtet werden kann. Die große Herausforderung für die Evaluation besteht nun darin, den kontrafaktischen Zustand künstlich und dabei möglichst fehlerfrei abzubilden.[1]

Die oft einfachste und kostengünstigste Möglichkeit hierzu besteht in der Anwendung eines Pretest-Posttest-Designs. Hierbei wird der Zustand eines Untersuchungsobjekts in einer interessierenden Wirkungsvariable vor der Interventionsteilnahme als kontrafaktischer Zustand aufgefasst. Die fehlerfreie Abbildung dieses Zustands in Form einer Vorhermessung ist allerdings nur dann möglich, wenn das entsprechende Untersuchungsobjekt zwischen den

---

1 Eine anwendungsbezogene Übersicht über verschiedene Untersuchungsdesigns, in denen die künstliche Herstellung des kontrafaktischen Zustands integriert ist, bietet bspw. Reinowski (2006).

Messzeitpunkten in allen Merkmalen stabil bleibt, so dass sich das Objekt zwischen den beiden Messzeitpunkten ausschließlich darin unterscheidet, ob es einem Treatment ausgesetzt war oder nicht (vgl. Reinowski, 2006). Veränderungen in einer interessierenden Wirkungsvariable zwischen den Messzeitpunkten dürfen demnach nicht durch Störeinflüsse (bspw. durch äußere Einflüsse oder durch die Interaktion des Untersuchungsobjekts mit dem Erhebungsinstrument) beeinflusst werden, da die durch den Evaluator gemessene Differenz ansonsten eine fehlerbehaftete und verzerrte Schätzung des Treatmenteffekts darstellen würde.

Alternativ kann der kontrafaktische Zustand durch die Verwendung einer Vergleichsgruppe hergestellt werden. In diesem Fall wird angenommen, dass eine Gruppe von Personen, die nicht an einer Intervention teilgenommen haben, den kontrafaktischen Zustand adäquat abbildet. Da sich Menschen aber prinzipiell in ihren Eigenschaften voneinander unterscheiden, kann durch die Verwendung von Kontroll- bzw. Vergleichsgruppen der kontrafaktische Zustand niemals fehlerfrei abgebildet werden. Sofern potenzielle Unterschiede in bestimmten Merkmalen zwischen den Gruppen auch einen Einfluss auf die Wirkungsvariable aufweisen, liegt eine Konfundierung vor und die geschätzten Treatmenteffekte sind verzerrt. Der Schätzfehler, der sich aufgrund von Konfundierung durch Merkmalsunterschiede zwischen den Gruppen ergibt, wird auch als „Selection Bias" bezeichnet (vgl. Heckman, Ichimura, Smith & Todd, 1998). Für den Umgang mit dem Selektionsfehler am besten geeignet ist die Technik der Randomisierung. Durch die randomisierte Zuweisung von Personen zu Teilnehmer- und Nichtteilnehmergruppen kann eine systematische Selektion in die Gruppen ausgeschlossen werden. Es sei an dieser Stelle allerdings darauf hingewiesen, dass auch die Durchführung eines Experiments den Selektionsfehler nicht verschwinden lässt. Jedoch führt die Randomisierung (zumindest bei großen Fallzahlen) zu einer Ausbalancierung von Merkmalsunterschieden zwischen Experimental- und Kontrollgruppe, weshalb sie sich bei der Berechnung von Treatmenteffekten gegenseitig aufheben und, zumindest bei ausreichend großer Fallzahl, zu einer Minimierung des Selektionsfehlers führen (vgl. Heckman & Smith, 1995).

Zum Umgang mit den Problemen, die sich aus der Verwendung von Vorhermessungen und Kontrollgruppen als künstlichen Abbildungen des kontrafaktischen Zustands ergeben, eignen sich zur kausalen Wirkungsevaluation am besten experimentelle Designs (vgl. Stockmann & Meyer, 2010; Shadish & Cook, 2009). Eines der Kennzeichen eines Experiments ist die randomisierte Zuteilung der Untersuchungsteilnehmer zu einer Experimental- und einer Kontrollgruppe. Durch die randomisierte Zuteilung ist das Auftreten systematischer Selektionsprozesse ausgeschlossen und der Selektionsfehler wird reduziert. Experimente zeichnen sich weiter durch die Durchführung einer Vorher- und einer Nachermessung aus. Das Ausgangsniveau in Wirkungsvariablen und somit auch potenziell verzerrende Prädispositionen werden auf diese Weise kontrolliert. Da Vorher- und Nachermessungen in beiden Gruppen vorgenommen werden und beide Gruppen den gleichen äußeren Bedingungen ausgesetzt sind, lassen sich auf diese Weise auch zwischenzeitliche Ereignisse von Außen kontrollieren.

Durch die kontrollierte Treatmentsetzung und Erhebungssituation können mit der Durchführung eines Experiments weitere Störfaktoren eliminiert werden. Aufgrund der umfassenden Eliminierung verschiedener Störeinflüsse wird dem Experiment generell eine hohe interne Validität zugeschrieben. Da Experimente aber oft unter künstlichen Bedingungen stattfinden und zudem Personen zufällig der Treatmentgruppe zugeteilt werden, die in der Realität dem Treatment vielleicht gar nicht ausgesetzt gewesen wären („randomization bias", Heckman & Smith, 1995), fällt die externe Validität und damit die Übertragbarkeit der Befunde häufig etwas geringer aus. Für den prinzipiellen Nachweis kausaler Wirkungen spielt dieser Sachverhalt allerdings keine Rolle.

Nun finden Veranstaltungen zur themenspezifischen Sensibilisierung allerdings häufig unter Rahmenbedingungen statt, die den Einsatz experimenteller Designs unmöglich machen. So ist bspw. anzunehmen, dass Interventionen zur themenspezifischen Sensibilisierung häufig nicht im formalen Rahmen von Schule und Hochschule, sondern meist in informellen Settings stattfinden, bei denen sich Lern- und Sensibilisierungseffekte in den bereits angesprochenen „free-choice" Lernsituationen ergeben.

Informelle Settings sind weiterhin mit der freiwilligen Teilnahme verbunden (vgl. Thøgersen, 2005). Diese verhindert die Umsetzung jeglicher Untersuchungsdesigns, die auf eine durch den Evaluator vorgenommene Zuteilung von Personen angewiesen ist. Der Einsatz der vielversprechenden „Regression-Discontinuity-Designs" (bspw. Imbens & Lemieux, 2007), aber auch die Nutzung der Technik der Randomisierung und damit die Durchführung von Experimenten sind aufgrund der freiwilligen Teilnahme nicht möglich. Stattdessen muss häufig auf die Anwendung quasi-experimenteller Versuchsanordnungen zurückgegriffen werden. Dies führt dazu, dass systematische Selektionsprozesse, welche die Zuteilung zu Versuchs- und Vergleichsgruppen beeinflussen, nicht grundsätzlich ausgeschlossen werden können.

Sofern diese Selektionsprozesse auch Einfluss auf die interessierende Wirkungsvariable haben, liegt Konfundierung vor und beobachtete Unterschiede zwischen Versuchs- und Vergleichsgruppe sind nicht mehr ausschließlich auf das Treatment „Veranstaltungsteilnahme", sondern auch auf unbeobachtete Drittvariablen zurückzuführen.

Wie bereits erwähnt, ist die Teilnahme an Veranstaltungen zur themenspezifischen Sensibilisierung meist freiwillig, weshalb vor allem mit der Thematik zusammenhängende Drittvariablen für die Validität der Schätzungen eine zentrale Rolle spielen. So ist anzunehmen, dass diejenigen Personen, die an einer Veranstaltung teilnehmen, ein Museum besuchen oder sonstige kulturelle Aktivitäten durchführen, dies aus bestimmten Gründen tun, die Gruppenzuteilung also einer Selbstselektion unterworfen ist. Sie können bspw. bereits ein gewisses Niveau an themenbezogenem Interesse aufweisen oder die Thematik besitzt für sie einen höheren Grad an persönlicher Relevanz. Es sollte an dieser Stelle intuitiv nachvollziehbar sein, dass Personen, die sich mehr für eine Thematik interessieren oder für die eine Thematik einen höheren Stellenwert einnimmt, auch einer themenspezifischen Sensibilisierung zugänglicher sein sollten. Die Gründe für diese Annahme sind weitgehend in einer gesteigerten Lernmotivation und der damit verbundenen höheren Konzentration, Informationsaufnahme und -verarbeitung zu sehen (vgl. Celsi & Olson, 1988). Wenn also bestimmte Merkmale wie bspw. ein höheres Themeninteresse dazu führen, dass Personen der Versuchsgruppe höhere Werte in einer Wirkungsvariable von Interesse aufweisen als Personen einer Vergleichsgruppe, so sind beobachtete Unterschiede in der Wirkungsvariable nicht nur auf die Veranstaltungsteilnahme, sondern auch auf unterschiedlich verteilte Merkmale zwischen den Personen der Gruppen zurückzuführen. Gemessene Unterschiede ausschließlich dem Treatment zuzuschreiben, würde also zu einer Überschätzung des Treatmenteffekts und damit zur Ableitung fehlerhafter Schlussfolgerungen führen.

Um unverzerrte Effektschätzungen zu erhalten, muss daher die sog. „Conditional Independence Assumption" (CIA) erfüllt sein. Diese besagt, dass Unterschiede in den interessierenden Wirkungsvariablen zwischen Treatment- und Vergleichsgruppe unabhängig von Konfundierungsprozessen sein müssen, also ausschließlich auf das Treatment zurückgeführt werden können (bspw. D'Orazio, Di Zio & Scanu, 2006). Da es im Rahmen quasi-experimenteller Wirkungsevaluation unbekannt ist, ob, welche und ggf. wie stark unbeobachtete Selektionsprozesse und Drittvariablen die Effektschätzungen verzerren, stellt der erforderliche Verzicht auf die randomisierte Gruppenzuteilung Evaluatoren vor große Probleme. Aber wie kann die Wirkungsevaluation mit dem Phänomen der Selbstselektion und dem damit verbundenen Risiko von Konfundierung umgehen? In der Regel wird dem Problem durch die Kontrolle von Drittvariablen (Kovariaten) begegnet. Das bedeutet, dass potenziell konfundierende Variablen bei der Schätzung von Treatmenteffekten berücksichtigt werden und deren Einfluss auf den Outcome anhand statistischer Adjustierungsverfahren „herausgerechnet" wird. Auf diese Weise können Alternativerklärungen, welche auf den kontrollierten Kovariaten basieren, ausgeschlossen werden. Während die Wahl des Adjustierungsverfahrens (bspw. Propensity Score-basierte Verfahren oder regressionsbasierte Techniken) für die Validität der Schätzungen von eher geringer Bedeutung ist, spielt die Auswahl der zu kontrollierenden Kovariaten eine ungleich wichtigere Rolle bei der Reduktion des Selektionsfehlers (vgl. Steiner, Cook, Shadish & Clark, 2010). Um die CIA erfüllen zu können, müssten theoretisch alle konfundierenden Drittvariablen kontrolliert werden, die einen Einfluss auf die Gruppenzuteilung und den Outcome haben. Da meist weder bekannt ist, welche potenziellen Konfundierungsfaktoren eine Rolle spielen und zudem die Erhebung unzähliger Kontrollvariablen in den meisten Evaluationsstudien aus Kapazitätsgründen nicht machbar ist, ist die Erfüllung der CIA praktisch nicht zu erreichen. Die Konsequenz daraus ist, dass bei der Effektschätzung (trotz Kontrolle bestimmter Kovariaten) immer ein nicht quantifizierbares Restrisiko verzerrter Schätzungen bestehen bleibt, welches auf den Einfluss unbeobachteter Kovariaten zurückzuführen ist.

Ob tatsächlich ein Selektionsfehler existiert und wie groß dieser bei einer gegebenen Auswahl an Kovariaten ist, kann in der quasi-experimentellen Wirkungsevaluation nicht überprüft werden, da unbekannt ist, ob, wie viele und welche Kovariaten zusätzlich einen konfundierenden Einfluss auf den gemessenen Outcome ausüben. Es ist jedoch möglich, anhand von Sensitivitätsanalysen zu überprüfen, wie stark ein unbeobachteter Konfundierungsfaktor bspw. die Wahrscheinlichkeit der Gruppenzugehörigkeit verzerren müsste, so dass geschätzte Gruppendifferenzen im Outcome vollständig das Produkt einer Konfundierung darstellen würden (vgl. Rosenbaum, 2002). Aufgrund des hohen Risikos verzerrter Effektschätzungen, sollte zur Erhöhung der Belastbarkeit der Befunde die Modellierung von Fehlerszenarien integraler Bestandteil der statistischen Kovariatenadjustierung darstellen.

Aus den Erhebungssituationen vor Ort kann sich ein weiteres Problem im Rahmen der Evaluierung von Veranstaltungen zur themenspezifischen Sensibilisierung ergeben. Wie bereits erwähnt, ist die Erfassung des Ausgangsniveaus in den Wirkungsvariablen eine wichtige Voraussetzung für die valide Schätzung von Treatmenteffekten. Auch bei quasi-experimentellen Wirkungsstudien sollte daher versucht werden, bereits vor der Teilnahme an Veranstaltungen zur themenspezifischen Sensibilisierung Daten zu erheben. Die Alternativerklärung, dass Unterschiede in einer Wirkungsvariable zwischen Versuchs- und Vergleichsgruppe bereits vor der Messung bestanden haben, kann auf diese Weise ausgeschlossen werden. Sofern die zu evaluierenden Veranstaltungen in einem Rahmen stattfinden, der die Erhebung von Daten bereits vor Veranstaltungsteilnahme erlaubt, sollte dieser Schritt also unbedingt durchgeführt werden.

Es wurde bereits angesprochen, dass sich Veranstaltungen zur themenspezifischen Sensibilisierung häufig in informellen Settings abspielen. Aufgrund der damit verbundenen freiwilligen Veranstaltungsteilnahme und den vielfach turbulenten und unübersichtlichen Handlungssituationen (vgl. Bloom & Ford, 1979) ist es oftmals nicht möglich, Vorhermessungen durchzuführen. Das Risiko verzerrter Effektschätzungen aufgrund unterschiedlicher Ausgangsniveaus in den Gruppen bleibt dann bestehen und muss ebenfalls im Rahmen der Sensitivitätsanalyse Berücksichtigung finden.

Zusammenfassend lässt sich festhalten, dass die Umsetzung quasi-experimenteller Designs zur Wirkungsevaluation von Veranstaltungen zur themenspezifischen Sensibilisierung mit zahlreichen Problemen verbunden ist. Um trotzdem belastbare und damit Nutzen stiftende Befunde zu erzielen, müssen Evaluatoren die beschriebenen Probleme ernst nehmen und ihnen mit angemessenen Untersuchungsdesigns sowie adäquaten Methoden der Datenerhebung und -auswertung begegnen. Wie mit den Problemen in der Evaluationspraxis umgegangen werden kann, wird anhand eines Beispiels aus der Praxis im nächsten Abschnitt ausführlich illustriert.

3. Praxisbeispiel: Klimabezogene Verbraucheraufklärung auf der Internationalen Automobilausstellung

Im Folgenden wird nun anhand eines Beispiels aus der Praxis erläutert, wie eine Veranstaltung zur themenspezifischen Sensibilisierung von Verbrauchern den obigen Ausführungen zufolge auf ihre Wirkungen und Wirkungsweisen hin überprüft wurde. Konkret handelt es sich bei der Maßnahme um eine

Veranstaltung, welche von verschiedenen Verbraucherzentralen der Bundesländer im Rahmen des vom Bundesministerium für Umwelt, Naturschutz und Reaktorsicherheit (BMU) geförderten Projekts „Starke Verbraucher für ein gutes Klima" umgesetzt wurde. Neben einer themenspezifischen Sensibilisierung im Bereich der klimafreundlichen Mobilität wurde mit der Veranstaltung vor allem angestrebt, das mobilitätsbezogene Handeln von Verbrauchern, insbesondere vor dem Hintergrund des Kaufs neuer Pkw, in einem für den Klimaschutz positiven Sinne zu beeinflussen.

Kernelement der Veranstaltung war das sog. Modellbahn-Rennen. Dieses kam zum ersten Mal im Sommer 2009 auf der „Internationalen Automobilausstellung" (IAA) in Frankfurt am Main zum Einsatz. Bei sechs Einsätzen in den Jahren 2009 und 2010 nahmen insgesamt mehr als 21.000 Verbraucher das Aufklärungsangebot in Anspruch.

Zentrales Element des Aufklärungskonzepts war eine vierspurige Modellbahn-Rennstrecke, auf der mit vier Modellautos im Maßstab 1:32 gleichzeitig Rennen ausgetragen werden konnten. Das innovative Element, welches das Modellbahn-Rennen als Eventaufklärungsmaßnahme so besonders machte, war die unkonventionelle Art des Antriebs der Modellautos: Sie wurden mit Muskelkraft betrieben. Anhand des Tretens der Pedale von vier angeschlossenen Fahrrädern wurden die Modellautos angetrieben. Die Möglichkeit, die Stärke des Widerstands beim Treten per Computersteuerung variieren zu können, war dabei essentiell für die Konzeption des Modellbahn-Rennens.

Grundlegendes Ziel der Eventaufklärungsmaßnahme ‚Modellbahn-Rennen' war es, die teilnehmenden Verbraucher für verschiedene Themen aus dem Bereich ‚Mobilität und Klima' zu sensibilisieren, ihnen Informationen zu vermitteln, sie zum Nachdenken anzuregen und wenn möglich zu einem klimaschonenderen Mobilitätsverhalten im Alltag zu bewegen. Kern der Konzeption war es, den Teilnehmern den Zusammenhang zwischen der Leistung eines Pkw und dem entsprechenden Ausstoß an CO_2-Emissionen zu verdeutlichen, womit hauptsächlich eine zukünftige Entscheidung beim Kauf eines Pkw, aber auch das Verkehrs- und Mobilitätsverhalten im Alltag positiv klimarelevant beeinflusst werden sollen.

Dies geschah zunächst, indem sich die teilnehmenden Verbraucher im Vorfeld des Rennens aus einer großen Palette ihr Modellauto persönlich aussuchen konnten. Die wählbaren Modellautos unterschieden sich dabei sehr stark in ihrer Leistung. Der Widerstand beim Treten wurde per Computersteuerung exakt an den CO_2-Ausstoß der originalen Vorbilder der Modellautos angepasst. Dies bedeutet, dass bspw. für die Bewegung eines Sportwagens von den Teilnehmern deutlich mehr Energie während des Tretens aufgebracht werden musste als dies für die Bewegung eines Kleinwagens der Fall gewesen wäre. Der Zusammenhang zwischen CO_2-Ausstoß der Modellautos und der erforderlichen Tretleistung wurde den Teilnehmern vor dem Rennen ausführlich vom Veranstaltungspersonal erläutert. Zudem waren die CO_2-Werte jedes am Rennen beteiligten Modells als eine Art Feedback-Mechanismus im Hintergrund auf einem Monitor zu sehen.

Durch die interaktive Betätigung, die persönliche Erfahrung und die begleitenden Informationen zu Pkw-Kauf und Verkehrsverhalten sollten die Teilnehmer ein Gefühl für den Zusammenhang zwischen der Leistung eines Pkw und seinem CO_2-Ausstoß bekommen. Die simultane Teilnahme mehrerer Teilnehmer erzeugte eine Konkurrenzsituation, die gezielt die Emotionen der Teilnehmer ansprechen sollte. Das Erleben von Spaß und die spielerische Information über ein häufig als unbequem empfundenes Thema war dabei explizites Ziel der Aufklärungsmaßnahme Modellbahn-Rennen.

3.1 Wirkungshypothesen

Die Entwicklung und Durchführung von Aufklärungsmaßnahmen ist generell, so auch im Klimabereich, mit der Zielsetzung verbunden, Wirkungen bei den Teilnehmern der Aufklärungsmaßnahme zu entfalten. Die durch die Teilnahme induzierten Wirkungen können sich prinzipiell auf verschiedene Ebenen beziehen. So kann die Teilnahme bei den Teilnehmern bspw. dazu führen, dass diese ihren Wissensstand zum Thema erhöhen oder ihre themenbezogenen Einstellungen überdenken und ggf. anpassen. Auf einer höheren Ebene ist es sogar denkbar, dass die Teilnahme die Teilnehmer zu einer positiven Verhaltensänderung veranlasst. Die folgende Wirkungsüberprüfung konzentriert sich auf die dem konkreten Verhalten vorgelagerte Stufe der Verhaltensabsichten (vgl. Ajzen, 1991). Aufgrund der Befragung der Teilnehmer unmittelbar nach ihrer Teilnahme am Modellbahn-Rennen konnte kein selbst berichtetes Verhalten abgefragt oder tatsächliches Verhalten beobachtet werden. Unter dem Begriff ‚Wirkung' wird in diesem Zusammenhang daher eine positive Beeinflussung klimabezogener Verhaltensintentionen der Maßnahmenteilnehmer verstanden. Zur Wirkungskontrolle der Intervention wurden die Wirkungsvariablen aus den Zielen des Veranstalters abgeleitet, also nicht aufgrund theoretischer Vorüberlegungen spezifiziert. Im Rahmen von Auftragsforschung wird häufig auf diese Vorgehensweise zurückgegriffen (vgl. Chen & Rossi, 1983).

Ein erstes Ziel, welches mit dem Modellbahn-Rennen verfolgt wurde, war die positive Beeinflussung der Verhaltensbereitschaft, beim nächsten Pkw-Kauf den CO_2-Ausstoß des Modells stärker zu berücksichtigen. Da Einstellungen offenbar Einfluss auf die Kaufentscheidung von Pkw haben (Lane & Potter, 2007) und Einstellungen durch die informationsbasierte Veränderung zugrundeliegender Überzeugungen und Meinungen durch klimabezogene Aufklärung verändert werden sollen, wird folgende Wirkungshypothese postuliert:

WH1: Die Teilnahme am Modellbahn-Rennen stärkt die Verhaltensintention, in Zukunft beim Kauf eines Autos den CO_2-Ausstoß stärker zu berücksichtigen.

Ein weiteres Ziel der Aufklärungsintervention war es, die Teilnehmer für ein klimaschonenderes Verhalten im Alltagsverkehr zu sensibilisieren, da die Eventaufklärungsmaßnahme Zusammenhänge zwischen der Pkw-Nutzung und dem daraus resultierenden CO_2-Ausstoß vermittelt und den Teilnehmern verschiedene Handlungsoptionen vorschlägt, auf welche Art und Weise diese ein klimaschonenderes Verkehrsverhalten erreichen können. Die zweite zu prüfende Wirkungshypothese lautet:

WH2: Die Teilnahme am Modellbahn-Rennen stärkt die Verhaltensintention, zukünftig mehr auf ein klimaschonendes Verhalten im Verkehr zu achten.

Die folgenden Wirkungshypothesen WH3 und WH4 werden gemeinsam dargestellt und erläutert, da sie sich in den vermuteten Wirkmechanismen ähneln. Beide Wirkungshypothesen beziehen sich auf den vermuteten Zusammenhang zwischen der Teilnahme an der Maßnahme und einer dadurch positiv beeinflussten Absicht, sich beim Veranstalter der Maßnahme zum Thema „klimafreundlicher Verkehr" beraten zu lassen oder sich über die Beratungsangebote des Veranstalters zu informieren. Während die in WH1 und WH2 enthaltenen Verhaltensabsichten bei Umsetzung direkt zu einer CO_2-Minderung beitragen können, würde die Umsetzung der Verhaltensabsichten in WH3 und WH4 lediglich in eine indirekte Wirkung münden. Durch die der Teilnahme an der Veranstaltung zeitlich nachgelagerte Inanspruchnahme von Beratungs- und Informationsangeboten können die Teilnehmer ihr Wissen über ein klimagerechtes Verkehrsverhalten vergrößern. Zudem ist es denkbar, dass Einstellungsvariablen durch die Inanspruchnahme von Beratungsleistungen positiv beeinflusst werden und somit zu einer Verhaltensänderung führen. Die beiden zu prüfenden Hypothesen lauten entsprechend:

WH3: Die Teilnahme am Modellbahn-Rennen stärkt die Verhaltensintention, sich beim Veranstalter zum Thema klimafreundlicher Verkehr beraten zu lassen.

WH4: Die Teilnahme am Modellbahn-Rennen stärkt die Verhaltensintention, sich im Internet über die Beratungsangebote des Veranstalters zu informieren.

3.2 Methodisches Vorgehen

Im vorliegenden Fall war eine zufällige Auswahl der Versuchspersonen nicht möglich, was einerseits daran lag, dass die Entscheidung zur Teilnahme am Modellbahn-Rennen nicht vom Forscher bestimmt werden konnte. Andererseits standen an den entsprechenden Orten keine Informationen wie bspw. Teilnehmerlisten oder Angaben über Hintergrund und Anzahl von Teilnehmern zur Verfügung, die eine zufällige Auswahl ermöglicht hätten. Auch die randomisierte Zuordnung zu Experimental- und Kontrollgruppe war nicht durchführbar, da die Teilnahme freiwillig erfolgte. Schließlich war aufgrund der Gegebenheiten vor Ort die Durchführung eines Pretests nicht möglich, weshalb auf Informationen über Prädispositionen in den Outcomevariablen verzichtet werden musste.

Als Untersuchungsanordnung wurde daher auf ein quasi-experimentelles Querschnittsdesign mit Vergleichsgruppe zurückgegriffen (vgl. Gaus & Müller, 2011). Die Erhebung der Daten erfolgte via Face-to-Face-Befragung mit standardisierten Fragebögen. Die Teilnehmer wurden unmittelbar nach Beendigung ihrer Teilnahme am Modellbahn-Rennen befragt. Dabei konnten die Teilnehmer auf einer Skala von 1 („trifft überhaupt nicht zu") bis 5 („trifft voll und ganz zu") den vom Interviewer vorgelesenen Aussagen zustimmen bzw. diese ablehnen. Um selektive Stichproben zu vermeiden, wurde versucht, alle Teilnehmer des Modellbahn-Rennens innerhalb des Untersuchungszeitraums zu befragen, es wurde demnach eine Vollerhebung angestrebt. Bei den Personen der Vergleichsgruppe wurde zur Vermeidung einer selektiven Auswahl darauf geachtet, dass immer die 15te vorbeigehende Person befragt wurde.

Insgesamt konnten 66 Teilnehmer des Modellbahn-Rennens und 59 Personen zur Bildung einer Vergleichsgruppe befragt werden. Die generierten Stichproben für Versuchsgruppe und Vergleichsgruppe sind ihrer Art nach Gelegenheitsstichproben. Obwohl die Verwendung solcher Stichproben nicht als ideal gelten kann, werden sie in Anbetracht der situativen Restriktionen als akzeptable Lösung betrachtet.

Zur künstlichen Abbildung des kontrafaktischen Zustands wurde auf ein quasi-experimentelles Design unter Verwendung eines Propensity Score Matching zurückgegriffen (vgl. Gaus & Müller, 2011). Dieses Verfahren, welches auf Rosenbaum & Rubin (1983) zurückgeht, balanciert verschiedene beobachtete Kovariaten zwischen den Gruppen von Teilnehmern und Nichtteilnehmern aus und versucht auf diese Weise, die Stichproben einander ähnlich zu machen und potenzielle Selektionsfehler zu reduzieren. Der Propensity Score selbst ist ein eindimensionales Maß, welches als die bedingte Wahrscheinlichkeit der Teilnahme an einer Intervention auf Basis beobachteter Merkmale definiert ist.

Auf der Grundlage berechneter Propensity Scores können verschiedene Matching-Algorithmen zur Abschätzung von Treatmenteffekten zur Anwendung kommen (vgl. bspw. Caliendo & Kopeinig, 2008). Zur Schätzung von Propensity Scores wurden von den Teilnehmern und Nichtteilnehmern via Face-to-Face-Interviews zusätzlich zu den in Form von Fünfpunkt-Ratingskalen erhobenen Verhaltensintentionen soziodemografische Merkmale erhoben, von denen angenommen wird, dass sie einen Zusammenhang mit umweltrelevanten Einstellungs- oder Verhaltensaspekten aufweisen. Konkret wurden Alter, Geschlecht, Bildungsabschluss, Wohnort und Arbeitsverhältnis der Befragten erhoben (vgl. Poortinga, Steg & Vlek, 2004; Zelezny, Poh-Pheng & Aldrich, 2000; Straughan & Roberts, 1999).

Die Schätzung von Propensity Scores erfolgte anhand eines Probit-Modells, wobei, abgesehen vom Alter der Personen, die einzelnen Ausprägungen der kategorialen und ordinalen Kovariaten als Binärvariablen in das Modell eingingen. Als präferierter Matching-Algorithmus wurde das sog. ‚Radius-Matching' ausgewählt (vgl. Dehejia & Wahba, 2002). Beim Radius-Matching werden nur diejenigen Personen der Vergleichsgruppe zum Matching herangezogen, die sich in einem definierten Abstandsbereich („caliper") des Wertes des Propensity Scores der zu matchenden Versuchsperson befinden. Für die Durchführung des Radius Matching wird ein Abstandsbereich von 0.2 verwendet. Durch die Verwendung des Radius-Matching wird ein Kompromiss zwischen der Reduktion des Bias, der durch die abweichenden Propensity Scores zwischen Teilnehmern und Nichtteilnehmern resultiert und der Reduktion der Varianz des Schätzers, welche aus dem Einbeziehen von zusätzlichen Informationen in die Berechnung der Treatmenteffekte resultiert, eingegangen.[2]

---

2   Alle Berechnungen wurden zudem mit einem k-Nearest-Neighbour-Matching (k=2) und einem Kernel-Matching (Gauss-Kern, Bandbreite=0.06) durchgeführt,

Für den Matching-Prozess wurden dabei ausschließlich diejenigen Fälle berücksichtigt, welche sich im Bereich des „Common Support" befanden. Hierunter versteht man den Wertebereich, „where the balancing score has positive density for both treatment and comparison units. No matches can be formed to estimate the TT [treatment] parameter (or the bias) when there is no overlap between the treatment (control) and comparison groups" (Diaz & Handa, 2006, S. 325).

Im letzten Schritt der Analyse wird anhand einer Sensitivitätsanalyse schließlich überprüft, wie robust die Schätzungen der Treatmenteffekte gegenüber unbeobachteten Selektionseffekten sind. Hierzu wird auf die von Rosenbaum vorgeschlagenen sog. „Rosenbaum Bounds" zurückgegriffen (vgl. Rosenbaum, 2002). Die anhand dieser Vorgehensweise berechneten Signifikanzgrenzen erlauben die Ableitung von Aussagen darüber, wie stark ein unbeobachteter Konfundierungsfaktor, welcher sowohl die Gruppenzugehörigkeit als auch den Outcome beeinflusst, die Odds-Ratio (Γ) der Zuteilung zu Treatment- und Vergleichsgruppe verzerren müsste, damit ein geschätzter Effekt nicht mehr auf das Treatment, sondern maßgeblich auf unbeobachtete Konfundierung zurückzuführen ist. Ein $\Gamma = 1$ modelliert dabei eine Odds-Ratio von 1:1. In diesem Fall lägen keine Selektionsprozesse vor und die CIA wäre erfüllt. Es ist allerdings anzumerken, dass es sich bei der Sensitivitätsanalyse lediglich um die Modellierung möglicher Fehlerszenarien handelt. Ob tatsächlich Selektionsprozesse existieren, kann statistisch nicht überprüft werden.

3.3 Ökonometrische Analyse

Die nachfolgende Tabelle 1 zeigt zunächst die Mittelwerte und Standardabweichungen der Items der Verhaltensintentionen in den beiden Gruppen, bevor die Kovariaten anhand des Propensity Score Matching ausbalanciert wurden. Es ist deutlich zu erkennen, dass sich die Gruppenmittelwerte lediglich in der Absicht, sich beim Veranstalter zum Thema beraten zu lassen, signifikant voneinander unterscheiden. Diese Ergebnisse würden zunächst darauf hindeuten, dass die Teilnahme am Modellbahn-Rennen nur bedingt zu Wirkungen in den erfassten themenspezifischen Verhaltensintentionen führt.

---

um die Sensitivität einzelner Algorithmen zu berücksichtigen. Da sich keine nennenswerten Unterschiede in der Stärke der Treatmenteffekte zwischen den Algorithmen ergaben, kann angenommen werden, dass die Treatmenteffekte insensitiv gegenüber dem Matching-Algorithmus sind.

Tabelle 1: Mittelwertvergleich von Teilnehmern (T) und Nichtteilnehmern (NT)

Verhaltensintention	$\bar{y}_{(T)}$ (SD)	$\bar{y}_{(NT)}$ (SD)	Δ	t
„In Zukunft werde ich beim Kauf eines Autos den CO_2-Ausstoß stärker berücksichtigen." (VI1)	3.621 (1.250)	3.407 (1.428)	0.214	0.90
„Zukünftig werde ich mehr auf ein klimaschonendes Verhalten im Verkehr achten." (VI2)	3.394 (1.036)	3.373 (1.258)	0.021	0.10
„Ich werde mich beim Veranstalter zum Thema klimafreundlicher Verkehr beraten lassen." (VI3)	2.621 (1.225)	1.932 (1.158)	0.689***	3.22
„Ich werde mich im Internet über die Beratungsangebote des Veranstalters informieren." (VI4)	2.591 (1.202)	2.475 (1.356)	0.116	0.51

*** = p < 0.01 (einseitiger Test)
$n_{(T)} = 66$; $n_{(K)} = 59$

Da bisher keinerlei Selektionsprozesse kontrolliert wurden und eine mögliche Konfundierung aufgrund von unbeobachteten Drittvariablen nicht auszuschließen ist, sind die Ergebnisse aus Tabelle 1 nur bedingt belastbar und mit Vorsicht zu interpretieren. Um bestimmte Alternativerklärungen ausschließen zu können, wurde im nächsten Analyseschritt für jede Person ein Propensity Score geschätzt. Das Probit-Modell zur Schätzung des Propensity Score findet sich in nachfolgender Tabelle 2. Die Kovariaten „Großstadt", „Ausbildung" und „Hauptschule" wurden aufgrund von Kollinearität aus dem Modell entfernt.

Tabelle 2: Schätzung des Propensity Score (Probit-Regression)

Kovariate	Koef.	SE	z	p
Konstante	1.339	.799	1.68	.094
Alter	-.055	.016	-3.45	.001
Kleinstadt	-.103	.353	-0.29	.770
Land	.724	.380	1.91	.056
Vollzeit	-.557	.453	-1.23	.219
Teilzeit	-.519	.691	-0.75	.453
Realschule	-.303	.467	-0.65	.517
Abitur	-.333	.473	-0.70	.482
Hochschule	-.450	.501	-0.90	.369
Geschlecht	1.216	.500	2.43	.015
LR-χ^2	41.90			.000
Pseudo-R^2	.280			
n	108			

Das Bestimmtheitsmaß Pseudo-R^2 = .280 deutet auf eine mittlere Heterogenität in den Kovariaten zwischen den Gruppen hin. Zur Vorhersage der Gruppenzugehörigkeit eignen sich vor allem die Kovariaten „Alter", „Geschlecht" sowie der Wohnort „Land". Die mittlere Heterogenität ist auch in nachfolgender Abbildung 1 zu erkennen, in der die gruppierten Verteilungen des Propensity Score in Form von Histogrammen dargestellt sind.

Abbildung 1: Gruppierte Verteilung des Propensity Score

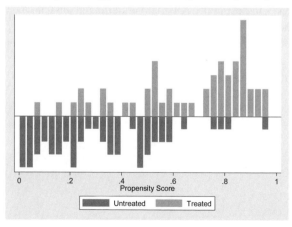

Im nächsten Analyseschritt werden nun die Treatmenteffekte anhand des Radius-Matchings auf Basis des Propensity Score geschätzt. Als Schätzer wird der „Average Treatment Effect on the Treated" (ATT) verwendet. Bei der Schätzung des Maßnahmeneffekts wird im Rahmen der Berechnung des ATT lediglich der kontrafaktische Zustand der Teilnehmergruppe mit einbezogen (vgl. Caliendo & Kopeinig, 2003).

Wie in Tabelle 3 zu erkennen ist, verändern sich durch die Kontrolle der demografischen Kovariaten auf Basis eines Radius Matchings die Schätzungen der Treatmenteffekte (ATT) deutlich gegenüber den Mittelwertdifferenzen (Δ) aus Tabelle 1. Während sich in der Verhaltensintention VI3 die mittlere Differenz zwischen den Personen der Teilnehmer- und Nichtteilnehmergruppe nahezu verdoppelt, erhöhen sich auch die Effekte bzgl. der Intentionen VI1 und VI4 deutlich und sind nach dem Matching signifikant auf dem 10%-Niveau. Die Schätzung des Propensity Score auf Basis demografischer Merkmale harmonisierte also die beiden Stichproben und führte dazu, dass konfundierende Einflüsse auf Basis dieser demografischen Merkmale ausgeschlossen wurden. Es wird daher davon ausgegangen, dass die Teilnahme am Modellbahn-Rennen die Intentionen, beim Kauf eines Pkw den CO_2-Ausstoß stärker zu berücksichtigen, weitere Informationen zum Thema beim Veranstalter einzuholen und sich weiter zum Thema beim Veranstalter beraten zu lassen, positiv beeinflusst. Lediglich in Bezug auf die Intention VI2 zeigt sich, wie bereits beim Mittelwertvergleich im ungematchten Zustand, kein signifikanter Treatmenteffekt.

Alle Treatmenteffekte wurden zusätzlich zur Verwendung des Propensity Score Matchings auf Basis einer simplen OLS-Regression geschätzt, bei der wiederum, abgesehen von der Kovariate Alter, alle anderen Kovariaten sowie der Treatmentfaktor als binäre Variablen ins lineare Modell integriert wurden. In Übereinstimmung mit den Ergebnissen von Steiner et al. (2010) und Shadish, Clark & Steiner (2008) zeigte es sich, dass die Verwendung des deutlich einfacher anzuwenden OLS-Verfahrens nur zu geringen Abweichungen im Rahmen der Schätzungen der Treatmenteffekte führte.

Tabelle 3: Treatmenteffekte (ATT) in den Verhaltensintentionen

Intention	$\bar{y}_{(T)}$	$\bar{y}_{(NT)}$	ATT	S.E.	t	Γ_{max}
VI1: Berücksichtigung CO_2-Ausstoß beim Pkw-Kauf	3.706	3.067	0.638*	.405	1.58	2.1
VI2: Zukünftig klimafreundlichere Verkehrsteilnahme	3.431	3.427	0.004	.351	0.01	n.s.
VI3: Inanspruchnahme weiterer Beratung zum Thema	2.667	1.538	1.128***	.338	3.34	4.8
VI4: Weitere Information beim Veranstalter zum Thema	2.569	1.980	0.589*	.338	1.55	2.0

*** = $p < .01$; * = $p < .1$ (einseitiger Test)
Algorithmus: Radius Matching (Caliper = 0.2)
$n_{(T)} = 51$, $n_{(NT)} = 56$

Durch die Kontrolle der beschriebenen demografischen Kovariaten haben sich die Schätzungen der Treatmenteffekte in den einzelnen Verhaltensintentionen zum großen Teil deutlich verändert, konfundierende Einflüsse auf Basis der demografischen Kovariaten wurden ausgeschlossen. Aus der einschlägigen Fachliteratur ist allerdings bekannt, dass die ausschließliche Verwendung demografischer Kovariaten lediglich zu einer Reduktion des Selektionsfehlers von 34% bis 47% führte, je nach angewendetem statistischen Verfahren (Steiner et al., 2010). Es ist daher nicht ausgeschlossen, dass weitere, nicht kontrollierte Kovariaten konfundierende Einflüsse ausüben und die Effektschätzungen verzerren. Wie stark solche unbeobachteten Kovariaten verzerrend wirken müssten, damit ein geschätzter Effekt vollständig auf Konfundierung zurückzuführen wäre, wird anhand der Sensitivitätsanalyse modelliert. Zusätzlich zu den geschätzten Treatmenteffekten finden sich daher in Tabelle 3 die Werte von Γ_{max}. Dieser Parameter gibt an, wie stark die Odds-Ratio der Zuteilung zu Treatment- und Vergleichsgruppe gerade noch verzerrt sein darf, damit die Nullhypothese „ATT ≤ 0" noch mit p < .1 abgelehnt werden kann.

Die Betrachtung der Werte von Γ_{max} liefert ein differenziertes Bild. Da der Treatmenteffekt bzgl. der Intention VI2 aufgrund des ATT von 0.004 praktisch nicht überschätzt werden kann, kann die H_0 „ATT ≤ 0" unter keinen Umständen verworfen werden. Dies bedeutet lediglich, dass ein nicht existenter Treatmenteffekt auch nicht überschätzt werden kann. Anders verhält es sich mit den Intentionen VI1 und VI4. Hier müsste eine unbeobachtete Kovariate das Chancenverhältnis, in der Treatmentgruppe zu sein, mit mindestens 2:1 verzerren, was auf eine mittlere Robustheit gegenüber unbeobachteter Selektion hindeutet. Der geschätzte Treatmenteffekt zu VI3 weist dagegen eine sehr geringe Sensitivität gegenüber verzerrenden Kovariaten auf, da eine unbeobachtete Kovariate das Chancenverhältnis, in der Treatmentgruppe zu sein, mindestens mit 4.8:1 verzerren müsste. Da dies unwahrscheinlich ist, kann dieser Effektschätzung eine hohe Robustheit zugeschrieben werden.

Die Güte der Matching-Ergebnisse hängt schließlich maßgeblich davon ab, ob die sog. „Balancing Property" erfüllt ist. Diese sagt aus, dass Untersuchungsobjekte mit demselben Propensity Score dieselbe Verteilung von beobachteten (und unbeobachteten) Charakteristika unabhängig davon aufweisen, ob sie der Versuchs- oder Vergleichsgruppe angehören. Ein erster Test folgt Sianesi (2004). Hierbei werden der LR- χ^2-Test und das Pseudo-R^2 jeweils vor und nach dem Matching berechnet. Tabelle 5 zeigt, dass das Pseudo-R^2 nach dem Matching deutlich niedriger ist als davor, die Heterogenität zwischen Treatment- und Kontrollgruppe durch das Matching also abgenommen hat. Auch der LR- χ^2-Test ist nach dem Matching nicht mehr signifikant, weshalb die Nullhypothese „keine Kovariate hat einen Effekt" nicht abgelehnt werden kann.

Tabelle 5: Überprüfung der Matching-Qualität

Sample	Pseudo-R^2	LR-χ^2	p
Ungematcht	.280	41.90	.000
Gematcht	.054	7.59	.576

Zur Überprüfung der Balancing Property wurden in einem zweiten Schritt die Kovariatenmittelwerte zwischen den Gruppen vor und nach dem Matching anhand zweiseitiger t-Tests miteinander verglichen (vgl. Rosenbaum & Rubin, 1985). Dabei zeigte sich (siehe Tabelle 6), dass es nach dem Matching in keiner Kovariate signifikante Unterschiede (α = 10%) zwischen Interventionsteilnehmern (T) und Nichtteilnehmern (NT) gab, während sich vor dem Matching insgesamt sechs der Kovariaten signifikant ($p < .1$) zwischen den Gruppen unterschieden. Es wird aufgrund dieser Ergebnisse angenommen, dass die Balancing Property näherungsweise als erfüllt gelten kann.

Tabelle 6: Balance-Test

Kovariate		$\bar{x}_{(T)}$	$\bar{x}_{(NT)}$	|t|	p
Großstadt	Ungematcht	26.92%	26.79%	0.02	.987
	Gematcht	27.45%	42.88%	1.64	.105
Kleinstadt	Ungematcht	36.54%	48.21%	1.22	.224
	Gematcht	37.26%	23.75%	1.48	.141
Land	Ungematcht	36.54%	25.00%	1.30	.197
	Gematcht	35.29%	33.38%	0.20	.840
Vollzeit	Ungematcht	55.77%	80.36%	2.82	.006
	Gematcht	56.86%	60.72%	0.39	.696
Teilzeit	Ungematcht	7.69%	12.50%	0.82	.414
	Gematcht	7.84%	4.32%	0.74	.462
Ausbildung	Ungematcht	36.54%	7.14%	3.96	.000
	Gematcht	35.29%	34.97%	0.03	.937
Hauptschule	Ungematcht	15.39%	10.71%	0.72	.475
	Gematcht	15.69%	21.52%	0.75	.454
Realschule	Ungematcht	25.00%	32.14%	0.81	.417
	Gematcht	23.53%	16.79%	0.84	.401
Abitur	Ungematcht	48.08%	32.14%	1.70	.093
	Gematcht	49.02%	49.55%	0.05	.958
Hochschule	Ungematcht	11.54%	25.00%	1.81	.073
	Gematcht	11.77%	12.14%	0.06	.954
Geschlecht	Ungematcht	96.15%	78.57%	2.79	.006
	Gematcht	96.08%	94.33%	0.41	.684
Alter	Ungematcht	29.096	39.929	5.46	.000
	Gematcht	29.255	31.463	1.22	.225

3.4 Bedeutung der Ergebnisse

Im vorangegangenen Teilabschnitt wurden die Ergebnisse quasi-experimenteller Wirkungsanalyse mittels Propensity Score Matching zur Überprüfung von Wirkungen der Aufklärungsmaßnahme „Modellbahn-Rennen" präsentiert. Die grundsätzliche Tendenz der Analysen deutet stark darauf hin, dass diese Intervention dazu im Stande ist, Wirkungen in bestimmten themenbezogenen Verhaltensintentionen auf Seiten der Teilnehmer hervorzurufen. Die Intervention scheint demnach prinzipiell ein probates Mittel zu sein, um Verbraucher für die Thematik der klimafreundlichen Mobilität zu sensibilisieren und zu motivieren.

Eine differenzierte Interpretation der Resultate führt zwar nicht zu einer grundlegend anderen Einschätzung, kann jedoch verschiedene Besonderheiten hervorheben und zu einem besseren Verständnis der Resultate beitragen. So ist zunächst anzumerken, dass die Analysen robuste und mittelstarke bis starke Wirkungseffekte auf Verhaltensintentionen hervorrufen, welche nur indirekt klimaschonendes Verhalten betreffen. Die Stärkung der Verhaltensbereitschaften und -motivationen, weitere Beratungsleistungen in Anspruch zu nehmen und weitere Informationen einzuholen, ist durch die Intervention offenbar eher zu erreichen als die positive Beeinflussung von Verhaltensintentionen, welche direkt klimaschonendes Verhalten betreffen. So ist die Maßnahme zwar darin erfolgreich, die Teilnehmer zur zukünftigen stärkeren Berücksichtigung des CO_2-Ausstoßes beim Kauf eines Pkw zu motivieren. Die Absicht, in Zukunft klimafreundlicher am Verkehr teilzunehmen, kann hingegen nicht durch die Teilnahme gestärkt werden. Dies dürfte maßgeblich damit zusammenhängen, dass die Aufklärungsmaßnahme Modellbahn-Rennen inhaltlich eher auf die Beeinflussung des Verhaltens beim Pkw-Kauf ausgerichtet ist.

Aufgrund der nichtexperimentellen Anlage der beschriebenen Untersuchung liegt eine gewisse Unsicherheit in den Ergebnissen, die bei der Interpretation berücksichtigt werden muss. So trägt vor allem die Annahme, dass die für die Matching-Prozedur verwendeten Kovariaten zur Bildung des kontrafaktischen Zustands erschöpfend sind, zur Unsicherheit der Ergebnisse bei. Obwohl davon auszugehen ist, dass die verwendeten Kovariaten einen bestimmten Einfluss auf Outcome und Teilnahme an der Aufklärungsmaßnahme haben, sollten die Treatmenteffekte eher als Annäherung denn als unumstößliche Tatsachen begriffen werden.

Weitere Limitationen der Wirkungsanalyse liegen in der Stichprobengröße und im Auswahlverfahren der Versuchspersonen begründet. Während die Stichprobengröße für explorative Untersuchungszwecke akzeptabel ist, beschränkt vor allem das gezwungenermaßen relativ willkürliche Auswahlverfahren die Möglichkeiten einer Generalisierung der Ergebnisse. Zwar wurde versucht, durch die Umsetzung einer Vollerhebung während des Untersuchungszeitraums bei den Teilnehmern und die Erhebung von Daten bei jedem x-ten vorbeigehenden Nichtteilnehmer selektive Stichproben auszuschließen, den Kriterien einer zufälligen Stichprobenziehung entspricht diese Vorgehensweise dennoch nicht. Streng genommen kann der Inferenzschluss von der Stichprobe auf die Grundgesamtheit aller Teilnehmer des Modellbahn-Rennens mit Fehlern behaftet sein. Im Prinzip beschränkt sich die Gültigkeit der kausalen Analyse daher auf die Stichprobe.

4. Zusammenfassung und Fazit

Der vorliegende Beitrag berichtete über die Wirkungsevaluation von Veranstaltungen zur themenspezifischen Sensibilisierung. Dabei wurde erläutert, mit welchen Problemen die Wirkungsevaluation derartiger Veranstaltungen verbunden ist, vor allem wenn die zu evaluierenden Interventionen im informellen Rahmen durchgeführt werden. Anhand eines auf die Kultur sowie auch andere Politikfelder übertragbaren Beispiels aus dem Bereich der verbraucherbezogenen Aufklärung zum Klimaschutz wurde dargestellt, wie mit den durch die situativen Rahmenbedingungen und der Art des Evaluandums induzierten methodischen Schwierigkeiten adäquat umgegangen werden kann.

Eine der größten Herausforderungen im Rahmen kausaler Wirkungsevaluation ist es, einen Großteil der potenziellen Alternativerklärungen beobachteter Wirkungen auszuschließen. Dies liegt vor allem daran, dass Untersuchungsanordnungen mit hoher interner Validität wie bspw. Experimente oder Regression-Discontinuity-Designs aufgrund der Rahmenbedingungen im Feld nicht umgesetzt werden können. Störfaktoren wie Selektionseffekte oder der verzerrende Einfluss von Prädispositionen, die aufgrund der unübersichtlichen Erhebungssituationen häufig ebenfalls nicht gemessen werden können, können daher die Verlässlichkeit kausaler Aussagen erheblich beeinträchtigen. Nicht zuletzt ist es im Feld häufig nicht möglich, die zu befragenden Personen zufällig und damit repräsentativ auszuwählen.

Trotz der genannten Probleme kann auf die Wirkungsevaluation von Veranstaltungen zur themenspezifischen Sensibilisierung nicht verzichtet werden. Die Informationen darüber, ob eine Veranstaltung zur Steigerung der Wahrnehmung eines Themas, zu einer erhöhten Neugierde, zur Reflexion über Zusammenhänge oder zur positiven Beeinflussung anderer Lernaspekte geführt hat, bilden eine wichtige Entscheidungsgrundlage dafür, ob eine Veranstaltung fortgesetzt, ausgeweitet oder ggf. sogar terminiert wird. Die Wirkungsevaluation von Veranstaltungen zur themenbezogenen Sensibilisierung darf trotz der oft schwierigen Bedingungen im Feld deshalb nicht resignieren, sondern muss nach alternativen Lösungsansätzen suchen und sich in ihrem Vorgehen an die situativen Gegebenheiten des Evaluationsgegenstandes anpassen. Dabei sollte immer beachtet werden, dass die Wirkungsevaluation unter schwierigen Bedingungen häufig als Annäherung an die Wahrheit zu verstehen ist und weniger als präzise Messung kausaler Effekte. Im vorangegangenen Praxisbeispiel wurde dargestellt, wie es trotz der gegebenen Unmöglichkeit der randomisierten Zuordnung von Personen zu einer Versuchs- und einer Vergleichsgruppe und der Abstinenz einer Vorhermessung möglich ist, zu belastbaren Aussagen über die Wirkungen einer Veranstaltung zu gelangen. Dabei wurde deutlich gemacht, mit welchen Unsicherheiten die Anwendung eines quasi-experimentellen Designs und die Anwendung ökonometrischer Verfahren verbunden sind. Es wurde erläutert, dass weniger die Wahl des statistischen Verfahrens, sondern vielmehr die Auswahl relevanter zu kontrollierender Drittvariablen von Bedeutung ist, um die Qualität von Wirkungsschätzungen zu erhöhen.

Letztendlich ist es für die Wirkungsevaluation von Veranstaltungen zur themenspezifischen Sensibilisierung von entscheidender Bedeutung, dass sich die Evaluatoren über die mit der Umsetzung der gewählten Versuchsanordnung verbundenen Unsicherheiten im Klaren sind und diese realistisch einschätzen können. Denn nur durch die Fähigkeit, die Bandbreiten der gegebenen Unsicherheit abschätzen zu können, ist es möglich, die Güte und Belastbarkeit geschätzter Wirkungen zu bewerten und die Sensitivität gegenüber unbeobachteter oder unkontrollierter Störfaktoren zu beurteilen.

Literatur

Ajzen, I. (1991). The theory of planned behavior. In: *Organizational Behavior and Human Decision Processes*, 50, 179–211.
Bloom, P.N. & Ford, G.T. (1979). Evaluation of consumer education programs. In: *Journal of Consumer Research*, 6, 270–279.
Caliendo, M. & Kopeinig, S. (2008). Some practical guidance for the implementation of propensity score matching. In: *Journal of Economic Surveys*, 22, 31–72.
Celsi, R.L. & Olson, J.C. (1988). The role of involvement in attention and comprehension processes. In: *Journal of Consumer Research*, 15, 210–224.
Chen, H.-T. & Rossi, P.H. (1983). Evaluating with sense: The theory-driven approach. In: *Evaluation Review*, 7, 283–302.
Dehejia, R., H. & Wahba, S. (2002). Propensity score-matching methods for nonexperimental causal studies. In: *Review of Economics and Statistics*, 84, 151–161.

Diaz, J.J. & Handa, S. (2006). An assessment of propensity score matching as a non-experimental impact estimator: Evidence from Mexico's PROGRESA program. In: *Journal of Human Resources*, 41, 319–345.

D'Orazio, M., Di Zio, M. & Scanu, M. (2006). *Statistical matching. Theory and practice*. Chichester [u.a.]: Wiley.

Falk, J.H. (2005). Free-choice environmental learning: Framing the discussion. *Environmental Education Research*, 11, 265–80.

Falk, J.H. & Dierking, L.D. (1998). Free-choice learning: An alternative term to informal learning? In: *Informal Learning Environments Research Newsletter*, 2, 2.

Falk, J.H. & Dierking, L.D. (2000). *Learning from museums: Visitor experiences and the making of meaning*. Walnut Creek: Alta Mira Press.

Gaus, H. & Müller, C.E. (2011). Mikroökonometrische Evaluation eines Angebots zur Verbraucherberatung unter Anwendung von Propensity Score Matching. In: *Zeitschrift für Evaluation*, 10, 249–264.

Heckman, J.J. & Smith, J.A. (1995). Assessing the case for social experiments. In: *Journal of Economic Perspectives*, 9(2), 85–110.

Heckman, J.J., Ichimura, H., Smith, J.A. & Todd, P. (1998). Characterizing selection bias using experimental data. In: *Econometrica*, 66, 1017–1098.

Imbens, G.W. & Lemieux, T. (2007). Regression discontinuity designs: A guide to practice. In: *Journal of Econometrics*, 142, 615–635.

Lane, B. & Potter, S. (2007). The adoption of cleaner vehicles in the UK: exploring the consumer attitude-action gap. In: *Journal of Cleaner Production*, 15, 1085–1092.

Poortinga, W., Steg, L. & Vlek, C. (2004). Values, environmental concern and environmental behavior: A study into household energy use. In: *Environment and Behavior*, 36, 70–93.

Reinowski, E. (2006). Mikroökonometrische Evaluation und das Selektionsproblem – Ein anwendungsorientierter Überblick über nichtparametrische Lösungsverfahren. In: *Zeitschrift für Evaluation*, 5, 187–226.

Rosenbaum, P.R. (2002). *Observational studies* (2nd ed.). New York: Springer.

Rosenbaum, P.R. & Rubin, D. B. (1983). The central role of the propensity score in observational studies for causal effects. In: *Biometrika*, 70, 41–55.

Rosenbaum, P. R. & Rubin, D. B. (1985). Constructing a control group using multivariate matched sampling methods that incorporate the propensity score. In: *American Statistician*, 39, 33–38.

Rossi, P.H., Lipsey, M.W. & Freeman, H.E. (2004). *Evaluation. A systematic approach* (7th ed.). Thousand Oaks: Sage Publications.

Roy, A. (1951). Some thoughts on the distribution of earnings. In: *Oxford Economic Papers*, 3, 135–145.

Rubin, D.B. (1974). Estimating causal effects of treatments in randomized and nonrandomized studies. In: *Journal of Educational Psychology*, 66, 688–701.

Schauble, L., Leinhardt, G., & Martin, L. (1997). A framework for organizing a cumulative research agenda in informal learning contexts. In: *Journal of Museum Education*, 22 (2/3), 3–8.

Shadish, W.R. & Cook, T.D. (2009). The renaissance of field experimentation in evaluating interventions. In: *Annual Review of Psychology*, 60, 607–629.

Shadish, W. R., Clark, M. H. & Steiner, P. M. (2008). Can nonrandomized experiments yield accurate answers? A randomized experiment comparing random to nonrandom assignment. In: *Journal of the American Statistical Association*, 103, 1334–1344.

Sianesi, B. (2004). An evaluation of the Swedish system of active labour market programmes in the 1990s. In: *Review of Economics and Statistics*, 86, 133–155.

Steiner, P.M., Cook, T.D., Shadish, W.R. & Clark, M.H. (2010). The importance of covariate selection in controlling for selection bias in observational studies. In: *Psychological Methods*, 15, 250–267.

Stockmann, R. (2006). *Evaluation und Qualitätsentwicklung: Eine Grundlage für wirkungsorientiertes Qualitätsmanagement.* Münster: Waxmann.

Stockmann, R. & Meyer, W. (2010). *Evaluation – eine Einführung.* Opladen [u.a.]: Barbara Budrich.

Straughan, R.D. & Roberts, J.A. (1999). Environmental segmentation alternatives: A look at green consumer behavior in the new millennium. In: *Journal of Consumer Marketing*, 16, 558–575.

Thøgersen, J. (2005). How may consumer policy empower consumers for sustainable lifestyles? In: *Journal of Consumer Policy*, 28, 143–178.

White, H. (2010). A contribution to current debates in impact evaluation. In: *Evaluation*, 16, 153–164.

Zelezny, L.C., Poh-Pheng, C. & Aldrich, C. (2000). Elaborating on gender differences in environmentalism. In: *Journal of Social Issues*, 56, 443–457.

Entwicklung eines kulturraumsensiblen Monitoringinstruments – Möglichkeiten und Grenzen!?

Ute Marie Metje, Peter Jablonka

Zusammenfassung

Innerhalb des Goethe-Instituts ist der Bereich *23/Besucherprogramm* für die jährlich in großem Umfang und in verschiedenen Zusammenhängen zu konzipierenden, zu organisierenden und durchzuführenden Reisen für ausländische Gäste verantwortlich. Im Zuge der Qualitätsentwicklung fiel hausintern die Entscheidung, diese Deutschlandreisen, an denen 400 bis 500 ausländische Gäste pro Jahr teilnehmen, ab Januar 2012 selbst zu evaluieren. Die Entwicklung des entsprechenden Monitoringinstruments wurde extern in Auftrag gegeben und ist Gegenstand dieses Artikels.

An das zu entwickelnde Monitoringinstrument wurden vonseiten des Goethe-Instituts vorab mehrere Anforderungen gestellt. Die besondere Herausforderung lag aber in dem Anspruch, dass dieses kulturraumsensibel sein soll, d.h. es galt zu berücksichtigen, dass Menschen vieler verschiedener Kulturen mit sehr unterschiedlichen Wert- und Normvorstellungen das Instrument nutzen werden. Deshalb hielten wir es für wichtig einen Ansatz zu wählen, der mögliche kulturraumsensible Fallen minimiert und der darauf gerichtet ist, dem Goethe-Institut als Reiseveranstalter Erkenntnisse zu liefern, die sinnvolle Hinweise zur Nachsteuerung im Sinne einer kontinuierlichen Qualitätsentwicklung bieten.

1. Einleitung

Innerhalb des Goethe-Instituts ist der Bereich *23/Besucherprogramm* für die jährlich in großem Umfang und in verschiedenen Zusammenhängen zu konzipierenden, zu organisierenden und durchzuführenden Reisen für internationale Gäste verantwortlich. Im Zuge der Qualitätsentwicklung fiel hausintern die Entscheidung, diese Deutschlandreisen, an denen 400 bis 500 Gäste aus aller

Welt pro Jahr teilnehmen, ab Januar 2012 selbst zu evaluieren.[1] Die Entwicklung des entsprechenden Monitoringinstruments wurde extern in Auftrag gegeben und ist Gegenstand dieses Artikels.

Die Ziele der Besucherreisen liegen darin, den Gästen die Gelegenheit zu bieten, persönlich mit Kollegen und Experten aus allen Wissensdisziplinen in Kontakt zu treten sowie bereits bestehende Kooperationen zu vertiefen und zu erweitern. Darüber hinaus liefern die Reisen und initiierten Gespräche Ansatzpunkte, um das existierende Deutschlandbild der Besucher positiv zu verstärken. Alle Reisen werden maßgeschneidert und sind auf die jeweiligen Bedürfnisse der Gäste abgestimmt. Die Anzahl der Teilnehmenden variiert stark und reicht von einer Person über Kleingruppen von zwei bis fünf Personen bis hin zu Gruppen von ungefähr 20 Personen. Während manche Reisen für Besucher aus spezifischen Regionen oder Ländern durchgeführt werden, kommen die Gäste anderer, meist größerer Besuchergruppen von verschiedenen Kontinenten und aus unterschiedlichen Ländern.

Bei den Besuchern handelt es sich in der Regel um die klassischen Zielgruppen des Goethe-Instituts, und zwar um Künstler, Kulturmanager sowie Bildungsexperten. Das Goethe-Institut kooperiert projektbezogen mit solchen ausländischen Partnern und generiert gemeinsame Anliegen und gemeinsame Arbeitsprozesse, die auf ein konkretes Ereignis abzielen, wie z.B. die Inszenierung eines deutschen Theaterstücks in einem bestimmten Land. Als Beispiel seien hier Stücke des Grips-Theaters genannt, die zurzeit mit großem Erfolg in Mexico aufgeführt werden. Wenn solche Projektpartner zu einer Deutschlandreise eingeladen werden, stehen Themen im Fokus, die nicht nur den beruflichen Interessen der Gäste entsprechen, sondern auch den aktuellen Arbeitsvorhaben der Goethe-Institute.

Die Reisen stehen also in einem Geflecht von Beziehungen und Kooperationen vor und nach dem Deutschlandaufenthalt, in dem das Goethe-Institut zentraler und treibender Akteur ist. In dieser Prozesskette ist die Reise lediglich *ein* Glied, das durch optimale Qualität das weitere gemeinsame Handeln zwischen dem jeweiligen Goethe-Institut und dem ausländischen Partner befördern soll. Eine gelungene Reise ist ebenso ein wichtiger Beitrag zur

---

1   Diese Reisen wurden bisher nicht evaluiert. Zugleich organisiert der Bereich *23/Besucherprogramm* weitere Deutschlandreisen in umfassendem Maße für Gäste aus der ganzen Welt, die über das Auswärtige Amt (AA) eingeladen werden. Diese Reisen werden bereits im Auftrag des AA kontinuierlich evaluiert.

Erfüllung von Zielvereinbarungen, die die Goethe-Institute mit dem Vorstand und dem AA treffen.[2]

2. Anforderungen an das Instrument

An das zu entwickelnde Monitoringinstrument wurden vonseiten des Goethe-Instituts vorab mehrere Anforderungen gestellt:
Das Instrument soll die Bewertung von Effizienz und Effektivität der Besucherreisen ermöglichen. Die zentrale Frage lautet also: Inwieweit werden die mit dem Programm verbundenen Ziele tatsächlich realisiert? Dabei sind drei Perspektiven zu unterscheiden: Erstens geht es um relativ allgemeine Zielsetzungen, die von der übergeordneten Aufgabenstellung des Goethe-Instituts abzuleiten sind. Dann ist anzunehmen, dass die jeweiligen Goethe-Institute im Ausland, die als Initiatoren der Reisen auftreten, spezifische Erwartungen mit dem Besuchsprogramm verbinden. Und schließlich stehen die besonderen Anforderungen und Interessen der Gäste selbst im Fokus der geplanten Erhebungen. Bei der Entwicklung des Monitoringinstruments war es uns ein Anliegen, diese unterschiedlichen Aspekte jeweils möglichst umfassend und differenziert abzubilden.

2.1 Vorüberlegungen

2.1.1 Methode

In Anbetracht der o.g. Fragestellung „inwieweit werden die mit dem Programm verbundenen Ziele tatsächlich realisiert?" stehen zwei Gruppen im Zentrum der Befragungen: (1) die Initiatoren der Besucherreisen, also die Goethe-Institute im Ausland sowie (2) die internationalen Gäste. Das heißt, es waren zwei Instrumente zu entwickeln, die sich demselben Gegenstand (den Besucherreisen) aus zwei Perspektiven widmen. Dabei galt zu berücksichtigen, dass wir es auf Seiten der Besucher mit einer – z.B. hinsichtlich des kulturellen und sozialen Hintergrundes, der Profession und auch der Beherrschung der deutschen Sprache – sehr heterogenen Gruppe zu tun haben.

Gefordert war zudem, und dies ist angesichts der angestrebten Wirkungsanalyse auch sinnvoll, dass sich jede Gruppe an zwei Befragungen (ex-ante und ex-post) beteiligen soll: Eine findet vor der Reise nach Deutschland

---

2 S. Leistungsbeschreibung des Goethe-Instituts vom 10.03.2011, S. 3.

statt und thematisiert die Anforderungen und Erwartungen (Bedarfsanalyse). Die zweite soll nach Abschluss der Reise folgen und widmet sich der Zufriedenheit mit dem in Deutschland durchlaufenen Programm. Ein Abgleich der Ergebnisse beider Erhebungen ermöglicht die Effektivitätsprüfung (Realisierung der angestrebten Ziele). Weiterhin sollte das Instrument so gestaltet werden, dass nicht nur Zielabweichungen zuverlässig ermittelt und auch unerwünschte Wirkungen identifiziert, sondern ebenso Hinweise auf die bedingenden Faktoren gegeben werden können. Die Ergebnisse können dann genutzt werden, um – im Sinne einer Organisationsentwicklung – zur Sicherung und Steigerung der innerinstitutionellen Qualität im Prozessmanagement beizutragen.

Die besondere Herausforderung bei der Entwicklung der Befragungsmethodik lag aber in dem Anspruch, dass diese kulturraumsensibel sein soll, d.h. es galt zu berücksichtigen, dass Menschen vieler verschiedener Kulturen mit sehr unterschiedlichen Wert- und Normvorstellungen das Instrument nutzen werden. Dieser Aspekt muss sowohl bei der Gestaltung des Instruments als auch bei der Interpretation der Daten Berücksichtigung finden. Unsere Aufgabe lag darin, eine Befragungsmethodik zu entwickeln, die für unterschiedliche Gruppen jeweils zuverlässige und valide Ergebnisse zulässt, die darüber hinaus auch gruppenübergreifend (wenn auch in Grenzen) vergleichbar sind.

Spätestens zu diesem Zeitpunkt betraten wir methodisch Neuland, da unserer Kenntnis nach bisher den kulturraumspezifischen Aspekten in quantitativen Befragungen nur wenig Beachtung geschenkt wird. Wenn überhaupt, dann existieren Befragungen, die *einen* Kulturraum oder *ein* Land berücksichtigen, die jedoch nicht weltweit einsetzbar sind. Üblicherweise werden bis heute Erhebungsinstrumente verwendet, in der selbstverständlich von einer eurozentristischen Perspektive ausgegangen wird, d.h. die Fragestellungen selbst und Antwortoptionen basieren auf unserer westlichen Art des Denkens, Handelns und Fühlens. Dabei bleibt unberücksichtigt, dass z.B. Gäste aus dem asiatischen Raum eher selten, wenn überhaupt, direkte Kritik gegenüber ihrem Gastgeber (hier das Goethe-Institut) äußern würden. Oder aber, dass Fragen nach einem reibungslosen Verlauf solcher Reisen keine Relevanz haben, da für viele Gäste der perfekte Ablauf einer Reise keinen Wert an sich darstellt. Gleichwohl können die Art des Transports oder aber die Auswahl eines Restaurants und des Essens Irritationen oder Befremden bei den Besuchern hervorrufen, was den weiteren Verlauf der Reise negativ beeinflussen könnte.

Exkurs: Kulturraumsensibilität

Um unsere Herangehensweise zu verdeutlichen, soll im Folgenden kurz auf die Begriffe *Kultur* und *Kulturraumsensibilität* sowie deren Bedeutung für die Entwicklung eines weltweit einzusetzenden Monitoringtools eingegangen werden.

Im Kern geht es darum, mit einem solchen Instrument die Zufriedenheit der ausländischen Gäste mit ihrem Aufenthalt in Deutschland und den Ergebnissen dieser Reise zu erfassen. Dabei ist die Zufriedenheit nicht nur von den eigenen Erfahrungen während und nach der Reise abhängig, sondern sie variiert auch mit den Erwartungen und Ansprüchen der Reisenden. Diese wiederum sind in erheblichem Maße kulturell erlernt und geprägt.

Diese kulturspezifisch erlernten Werte bedingen kulturelle Unterschiede und kommen in verschiedenen Kulturkomponenten[3] zum Ausdruck, wie z.B. in der Art und Weise, wie in einer Kultur mit Hierarchien *(Machtdistanz-Hierarchie)* umgegangen wird, d.h. ob eher eine starke oder schwach ausgeprägte Akzeptanz von hierarchischen Strukturen bevorzugt wird. In diesem Kontext kommen Verhaltensweisen zum Tragen, die sich z.b. auf Aspekte wie Respekt gegenüber Vorgesetzten oder höher gestellten Personen beziehen, oder aber auf geltende altershierarchische Strukturen, d.h. auf den Umgang von jüngeren Personen gegenüber älteren Menschen und umgekehrt. So nehmen im Unterschied zu den westlichen Industrienationen in vielen Kulturen Ansehen und Respekt gegenüber Menschen mit steigendem Lebensalter zu, da deren Lebenserfahrungen wertvoll für die Gemeinschaft sind.

Weiterhin ist von Bedeutung, ob Menschen in Kulturen aufwachsen, die kollektivistisch oder individualistisch *(Kollektivismus-Individualismus)* ausgerichtet sind, d.h. stellt die Tatsache, individuell eigenständig Entscheidungen zu treffen einen positiven Wert dar, oder ist eher Konsensfähigkeit positiv konnotiert? Und auch die Art und Weise, wie die Geschlechterrollen verteilt sind *(Gender)*, wie mit Zeit umgegangen *(Zeitverständnis)* und welche *Religion* gelebt wird sowie das Ausmaß, in dem Angehörige einer Kultur durch Regelsysteme Unsicherheiten zu vermeiden suchen *(Regelsysteme-Struktur)*, sind kulturell bedingt.

All diesen genannten Kulturkomponenten sind Werte und Normen, Moralvorstellungen und innere Haltungen immanent, die im Laufe der Sozialisa-

---

3 Diese Unterscheidungsmerkmale werden von Hofstede (2006), der sie entwickelt hat, als „Kulturstandards" bezeichnet. Den Begriff finden wir jedoch zu statisch und festschreibend, weshalb wir uns für den Begriff Kulturkomponenten entschieden haben.

tion erlernt und verinnerlicht werden. Sie äußern sich häufig in kleinen Dingen des Alltags, sind zudem meist unbewusst und werden erst wahrgenommen, wenn ein Mensch die vertraute Umgebung verlässt. Die Besucherreise des Goethe-Instituts stellt eine solche Situation dar, in der ggf. kulturspezifische Werte bei den Gästen angesprochen werden, die während ihres Aufenthaltes in Deutschland unerwartet bewusst werden (können).

Die folgende Abbildung soll die einzigartige Prägung und deren Bedeutung für die kulturelle Identität eines jeden Individuums veranschaulichen. Hofstede nennt das die drei Ebenen der mentalen Programmierung des Menschen:

Abbildung 1: Kulturelle Identität[4]

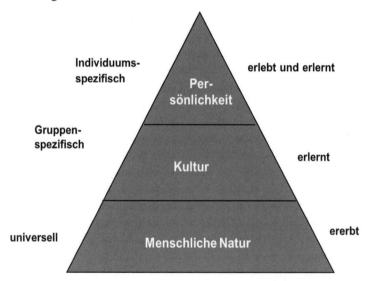

Die unterste Ebene, die *menschliche Natur* repräsentiert das Universelle, das, was alle Menschen gemeinsam haben, was uns verbindet und was wir mit unseren Genen geerbt haben. Die menschliche Natur umfasst z.B. unsere Grundbedürfnisse und die Fähigkeit, Angst, Wut, Liebe, Freude etc. zu empfinden. Auf welche Art und Weise diese Bedürfnisse aber befriedigt oder wie Gefühle empfunden und zum Ausdruck gebracht werden, wird durch die Kultur beeinflusst.

---

4 Quelle: Hofstede, 2006, S. 4.

Diese zweite Ebene der *Kultur* ist also erlernt und im Unterschied zur menschlichen Natur nicht universell, sondern gruppen- oder kategorienspezifisch. Das, was in einer Kultur mit gut bewertet wird, kann in einer anderen Kultur schlecht sein, und das, was für die einen richtig und gesellschaftlich akzeptiert ist, kann in einer anderen Kultur inakzeptabel sein. „Kultur ist immer ein kollektives Phänomen, da man sie zumindest teilweise mit Menschen teilt, die im selben sozialen Umfeld leben oder lebten, d.h. dort, wo diese Kultur erlernt wurde" (Hofstede, 2006, S. 4).

Die dritte Ebene der Kulturpyramide bezieht sich auf die *Persönlichkeit*, die individuumsspezifisch ist und die sich aus individuellen Erfahrungen und Erlerntem speist. Hier spielen Aspekte wie die soziale Schicht, in die jemand hineingeboren wurde, das Geschlecht, die Erziehung, der Bildungsstand und anderes eine Rolle. Alle drei Ebenen stellen den Menschen Denk-, Fühl- und Handlungsmuster bereit, die von Hofstede als *Software of the mind* (mentale Software) bezeichnet werden. Einige der Muster teilen wir mit allen Menschen, andere mit wenigen und manche mit niemandem.

Hier zeigt sich das Spannungsfeld, in dem sich die Beschäftigung mit Kultur und Kulturraumsensibilität bewegt. Wir Menschen sind gleich und verschieden, uns verbinden grundlegende menschliche Bedürfnisse nach Geborgenheit, Glück und Liebe und zugleich sind die Wege, wie wir diese Bedürfnisse befriedigen sehr verschieden. Kultur ist einerseits eine erfahrbare soziale Realität und gleichzeitig auch ein Konstrukt und Differenzmarker. Kultur ist also ein Modell zur Erklärung von Differenz, nicht aber dessen Ursache. Die Gefahr liegt u.a. darin, Kultur bzw. kulturelle Identität als statisch zu verstehen, als etwas, was einmal erlernt wird und ein Leben lang Gültigkeit besitzt. Diese Auffassung von Kultur bzw. kultureller Identität bereitet den Nährboden für Pauschalisierungen und führt zu Aussagen wie *die Deutschen, die Franzosen* oder *die Amerikaner*. In der Ethnologie wird schon lange ein dynamischer Kulturbegriff favorisiert, in dem die Prozesshaftigkeit von Kultur im Vordergrund steht: „… der Mensch (ist) ein Wesen, das in selbstgesponnene Bedeutungsgewebe verstrickt ist, wobei ich Kultur als dieses Gewebe ansehe. Ihre Untersuchung ist daher keine experimentelle Wissenschaft, die nach Gesetzen sucht, sondern eine interpretierende, die nach Bedeutungen sucht" (Geertz, 1987, S. 9).

Die Menschen sind von der Kultur in ihrer Wahrnehmung, Sprache, im Denken und Fühlen geformt und formen gleichzeitig ihre Kultur, die zudem ständig im Wandel begriffen ist und sich fortlaufend verändert. In diesem

Spannungsfeld von *Gleichheit und Differenz*, das nicht zu überwinden ist, bewegt sich also die Beschäftigung mit Kultur.

Deshalb sollen abschließend die Gemeinsamkeiten der Gäste benannt werden und das, was diese Gruppe trotz aller kulturellen Unterschiede teilt: Die Gäste des Goethe-Instituts sind durchweg im Bildungsbereich oder kulturellen Sektor tätig und gehören vorwiegend der Bildungselite in ihren Ländern an. Sie haben sich für ein speziell für diese Gruppe konzipiertes Programm und für eine Reise entschieden, auf der sie alles miteinander teilen, die inhaltliche Ausrichtung und den Themenschwerpunkt (Theater, Film, Fernsehen etc.), die Reisebegleiter und Gespräche mit ausgewählten Experten, die Besichtigungen, Hotels und das Essen und nicht zuletzt der zur Verfügung stehende Freiraum.

Aus allen diesen Überlegungen heraus und mit Blick auf unsere Aufgabe hielten wir es für wichtig einen Ansatz zu wählen, der mögliche kulturraumsensible Fallen minimiert und der darauf gerichtet ist, dem Goethe-Institut als Reiseveranstalter Erkenntnisse zu liefern, die sinnvolle Hinweise zur Nachsteuerung im Sinne der Qualitätsentwicklung bieten.

2.1.2 Theoretischer Ansatz

Im Prinzip ging es bei dem zu entwickelnden Instrument um die Erfassung der Kundenzufriedenheit bezogen auf eine spezifische Dienstleistung, die Planung und Durchführung einer Reise. Speziell aus dem Bereich der Marktforschung gibt es zur Definition und Messung der Kundenzufriedenheit eine Vielzahl von mehr oder weniger theoretisch fundierten bzw. empirisch erprobten Modellen (vgl. Simon, H. & Homburg, C., 1998; Kaiser, M.-O., 2005). Vorherrschend ist dabei eine Orientierung am *Disconfirmation Paradigm*, das heißt, Zufriedenheit wird als Ergebnis eines Abwägungsprozesses zwischen erwarteter und tatsächlich erfahrener Leistung verstanden. Vereinfacht ausgedrückt: Ein Kunde ist zufrieden, wenn seine Anforderungen an ein Produkt bzw. eine Dienstleistung erfüllt (oder gar übererfüllt) werden, und er ist unzufrieden, wenn die Leistung seinen Ansprüchen nicht genügt. Vielfach werden daher Ansprüche an ein Produkt und Zufriedenheit damit unabhängig erfasst – so wie in der geplanten Befragung zu den Besucherreisen ex-ante die Erwartungen und ex-post die bewerteten Erfahrungen ermittelt werden sollen. Dabei wird die Beurteilung eines Produkts oder einer Dienstleistung in der Regel nicht nur in Bezug auf ein einzelnes Merkmal vorgenommen, sondern es werden mehrere Produkt-Eigenschaften bewertet. Diese unterschiedlichen, für den Kunden relevanten Merkmale, sind zu identifizieren und messbar zu machen. Das heißt, die zentralen Treiber der Qualität eines Produkts, die sog. *key driver* müssen bestimmt werden.

Die Umsetzung dieses Konzepts der merkmalsorientierten Messung der Kundenzufriedenheit erschien uns aber im Zusammenhang mit der anstehenden Untersuchung problematisch. Bekannt ist, dass insbesondere Fragen zur Zufriedenheit mit bestimmten Sachverhalten besonders kultursensibel sind – in einzelnen Kulturen (insbesondere im asiatischen Raum) gelten die explizite Äußerung von Unzufriedenheit und offene Kritik als unangemessen. Entsprechende Ergebnisse würden im statistischen Sinne kaum Varianz aufweisen, sie wären wenig aussagekräftig.

Aus dem Grund haben wir das Messmodell um den ereignisorientierten Ansatz ergänzt (vgl. Stauss, B. & Seidel, W., 1998). Diesem Ansatz liegt die Annahme zugrunde, dass die Wahrnehmung und Bewertung von Dienstleistungen im Rahmen einer episodischen Informationsverarbeitung erfolgt. Das heißt, zufriedenheitsbildende Erfahrungen mit Dienstleistungen werden nicht kontextungebunden erlebt und gespeichert, sondern eingebunden in räumliche und zeitliche Bezüge als Ereignis wahrgenommen. Und die Wahrnehmung eines Ereignisses strukturiert wiederum die Bewertung der weiteren, im Verlaufe des Dienstleistungsprozesses folgenden Episoden.

Basis der ereignisorientierten Zufriedenheitsmessung ist daher die analytische Zerlegung eines Dienstleistungs- oder Transaktionsprozesses in einzelne Episoden. Für die Kennzeichnung jeder Episode ist die Identifizierung von Kontaktpunkten wesentlich. Ein Kontaktpunkt (*Moment of Truth*) ist zeitlich, räumlich und durch die Angabe der Person(en), die mit dem Kunden in Kontakt tritt (bzw. treten), definiert. Bezogen auf jeden Kontaktpunkt sind dann die wesentlichen (zufriedenheitsbestimmenden) Merkmale zu erfassen. Selbstverständlich kann in der Praxis keine Transaktion in beliebiger Tiefe in Episoden und Kontaktpunkte zerlegt werden, für die dann wiederum sehr umfassend einzelne Merkmale erhoben werden. Es kommt in jedem Falle darauf an, einen Kompromiss zwischen wünschenswerter Detailgenauigkeit und vertretbarem Aufwand (auch begrenzter Belastbarkeit der zu befragenden Personen) zu schließen.

Von besonderer Bedeutung ist, dass im Vordergrund der Einschätzung der einzelnen Kontaktpunkte nicht die Zufriedenheit mit einem Ereignis steht, sondern die Frage nach der konkreten Ausgestaltung: Also nicht „Wie zufrieden waren Sie mit der Pünktlichkeit?" Sondern „Wurde der vereinbarte Termin eingehalten? Und falls ‚nein': Welche Verzögerung/Verspätung gab es?"

Dabei wird die Bewertung der Ereignisse gesondert vorgenommen:

- Durch eine interne Begutachtung: Welchen Standard können bzw. wollen wir gewährleisten? Wo sind unsere Grenzen? Wie können wir diese Grenzen kommunizieren?
- Durch zusätzliche Erhebungen: Welche (kritischen) Ereignisse werden vom Kunden (noch) akzeptiert? Welche führen zum Überdenken bzw. zum Abbruch der Geschäftsbeziehungen?
- Durch Datenanalyse: Welchen Effekt hat der wahrgenommene Sachverhalt auf die (zusätzlich erfasste) globale Zufriedenheit mit einem Kontaktpunkt bzw. einer Episode?

Dieser Ansatz hat aus unserer Sicht zwei Vorteile: Ein Großteil relevanter Informationen wird gesammelt, ohne dass explizit auf Bewertungen Bezug genommen wird, so dass in dieser Hinsicht weitestgehend kulturunabhängige Reaktionen erwartet werden können. Und zum Zweiten bewegen wir uns damit auf einer sehr konkreten, und damit unmittelbar Maßnahme relevanten Ebene, so dass direkt zentrale Treiber der Dienstleistungsqualität identifiziert und damit Hinweise auf mögliche Optimierungen der Struktur- und Prozessqualität abgeleitet werden können.

2.1.3 Technische Umsetzung

Neben der inhaltlichen Konzeption und Umsetzung des Instruments galt es zudem, technische und organisatorische Aspekte der Durchführung der Befragungen zu bedenken. Dies betrifft auf der einen Seite die Erhebung der Daten, die per Internet durchgeführt werden soll. Selbstverständlich ist, dass das Instrument – von der Länge der Befragung, über die Formulierung der Fragen und die Gestaltung der Formulare bis zur Sicherung des Datenschutzes – optimal auf die Befragten abzustimmen ist („Anwenderfreundlichkeit"). Weiterhin war zu überlegen, auf welchem Wege die Befragtengruppen Zugang zu dem Instrument erhalten und zu welchen Zeitpunkten sie um eine Teilnahme gebeten werden sollen.

Auf der anderen Seite mussten Fragen zur Auswertung der Erhebungen bedacht werden: Wer führt zu welchen Zeitpunkten welche Auswertungen und Analysen durch? Gibt es nach jeder Reise entsprechende Auswertungsberichte oder sollen diese in einem bestimmten Rhythmus (halbjährlich, jährlich) ausgewertet werden? Hierfür mussten entsprechende Verfahren entwickelt und Vereinbarungen getroffen werden. Weiterhin galt zu klären: Wie wird gesichert, dass einerseits Ergebnisse auf einzelne Reisen zu beziehen und damit konkrete Optimierungsmaßnahmen abzuleiten sind, dass zugleich aber die Vertraulichkeit der Angaben bewahrt bleibt? Und wie kann oder soll eine Rückmeldung an die unterschiedlichen Gruppen der Datengebenden, die Initiatoren und Gäste erfolgen (mit welchem Aufwand, in welchem Umfang und in welcher Form)?

2.1.4 Vorgehen/Arbeitsprozess

Bevor wir uns der Konzeption des Monitoringinstruments widmeten, waren einige vorbereitende Arbeitsschritte eingeplant, um a) die Komplexität solcher Besucherreisen annähernd erfassen und b) relevante kritische Momente in der Prozesskette identifizieren zu können.

Zu den vorbereitenden Arbeitsschritten gehörte das Studium der vorhandenen Materialien, wie die Unterlagen über anstehende Besucherreisen, d.h. Informationen vonseiten des Goethe-Instituts für die Gäste, Reiseablauf, Kontaktadressen und weitere wichtige Informationen. Weiterhin wurde uns der vom Bereich *23/Besucherprogramm* erarbeitete Leitfaden für die Mitarbeiter zur Verfügung gestellt, in dem detailliert die einzelnen Schritte der Besucherreisen beschrieben sind. Die Lektüre dieses Leitfadens war außerordentlich wichtig, da sie einen sehr guten Eindruck über die einzelnen Schritte in der Vorbereitung, Durchführung und Nachbereitung der Reisen vermittelte. Zusätzlich nahmen wir als Gäste hospitierend an drei solcher Reisen statt und erhielten damit die Möglichkeit, sowohl mit einigen Gästen selbst als auch mit den Reisebegleitern direkt ins Gespräch zu kommen.

Außerdem führten wir mit den Reisekoordinatoren einen zweistündigen Workshop durch, in dem es darum ging herauszuarbeiten, was ihrer Erfahrung nach die unterschiedlichen Beteiligten (Initiatoren, Gäste, Goethe-Institut und AA) von den Besucherreisen erwarten, und zwar im Hinblick auf (a) Inhalte und Ablauf der Reise selbst und (b) Wirkungen im Nachhinein. Inwieweit entsprechen die Reisen den Ansprüchen? Weiterhin ging es um die Frage, an welchen Stellen es Kontakte zwischen (a) den Initiatoren und (b) den Besuchern einerseits und dem Bereich *23/Besucherprogramm* sowie weiteren Personen/Stellen im Rahmen der Planung, Durchführung und Nachbereitung einer Reise andererseits gibt. Welche ‚kritischen' Ereignisse können auftreten? Welche Kontaktpunkte sind besonders anfällig für kritische Ereignisse, mit anderen Worten: „Wo kann am ehesten etwas schiefgehen?" Und schließlich war uns wichtig zu erfahren, was die Koordinatoren von dem Befragungsinstrument erwarten. Welche Erkenntnisse sind für sie besonders interessant und wie kann eine mögliche Umsetzung aussehen? Wann in welcher Form und in welchem Umfang wünschen sie sich eine Information über die Ergebnisse?

Aufgrund der knapp bemessenen Zeit für den Workshop kam der Karten- und Punktabfrage neben der Diskussion eine besondere Bedeutung zu. Die nachfolgende Abbildung verdeutlicht die diversen Kontaktpunkte zwischen Initiatoren und Koordinatoren.

Abbildung 2: Kontaktpunkte zwischen Initiator und Koordinator

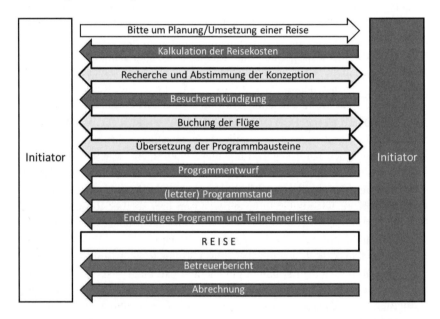

Ein weiterer vorbereitender Schritt lag in der Durchführung telefonischer Interviews mit zwei Initiatoren der Reisen. In diesen Gesprächen ging es wie bei dem Workshop mit den Koordinatoren darum, die Perspektive der Initiatoren zu erfahren, und zwar in Bezug auf a) ihre Erfahrungen mit den Besucherreisen selbst, b) relevanten Kontaktpunkten und möglichen kritischen Ereignissen, c) Wirkungen im Nachhinein und d) ihren Erwartungen an das Instrument.

Und schließlich fanden mehrere Treffen mit den Projektverantwortlichen des Besucherprogramms statt, in denen das Vorgehen immer wieder abgestimmt und die konzipierten Erhebungsinstrumente gemeinsam besprochen und inhaltlich festgelegt wurden.

Alle Schritte dienten dem Zweck, die komplexen Abläufe der Besucherreisen vom Zeitpunkt der Anfrage bis zur Durchführung und Nachbereitung zu verstehen und zugleich zentrale Fragekomplexe zu identifizieren. Also: Welche Momente der Reise – in der Vorbereitung, Durchführung oder Nachbereitung – sind besonders anfällig für kritische Ereignisse? Zugleich war es uns wichtig, ein Gespür für die Reisen und die Atmosphäre zu erhalten: Welche Anforderungen stellen sich den Reisebegleitern, was erwarten die Reisenden von ihrem Besuch in Deutschland, was passiert, wenn etwas nicht nach Plan läuft etc.? Durch die Gespräche mit den Gästen und Reisebegleitern während unserer Reisehospitationen erhielten wir einen sehr guten Einblick in diese Form der Reisen und deren Dynamik. Und auch der Workshop mit den Koordinatoren der Reisen sowie die Telefoninterviews waren sehr hilfreich, um auf spezifische fehleranfällige Momente aufmerksam zu werden.

3. Monitoringinstrument

Nachdem diese Arbeitsschritte abgeschlossen und die Fragebögen mit den Projektverantwortlichen des Goethe-Instituts abgestimmt waren, führten wir eine Pilotphase durch. Dafür wurden die Fragebögen für die Gäste (zunächst) ins Englische übersetzt und online gestellt.[5] Die Befragungen für die Initiatoren wurden ebenfalls freigeschaltet und für die Pilotphase freigegeben. Zu dem Zeitpunkt boten sich zwei Reisen an, sodass uns für die Pilotphase insgesamt elf Gäste sowie drei Initiatoren[6] zur Verfügung standen, um das Instrument zu testen. Allerdings handelte es sich bei den Initiatoren in zwei Fällen um Teilnehmende aus Goethe-Instituten, die nicht die Federführung bei der Initiierung der Reise innehatten, weshalb diese zwei Personen einige der Fragen nicht beantworten konnten. Aus dem Grund konnten sie auch nicht an der Zweitbefragung teilnehmen, sodass der Rücklauf in der Pilotphase auf Seiten der Initiatoren drei Personen betrug, die sich an der Erstbefragung beteiligten und lediglich einer Person, die an der Zweitbefragung teilnahm. Deshalb werden wir im Folgenden nicht auf das Befragungsinstrument dieser Gruppe eingehen, das zudem für die Konstruktion eines kulturraumsensiblen Instruments keine Rolle spielte.

---

5   Dieser Online-Fragebogen wurde nicht auf die Plattform des Goethe-Instituts gestellt, sondern die Besucher erhielten über einen Link Zugang zum Fragebogen auf dem Server des Dienstleisters (2ask).
6   Häufig kooperieren die Goethe-Institute einer Region als Initiatoren einer ausgewählten Reise, wobei aber jeweils ein Institut die Federführung übernimmt.

Relevanter ist in diesem Zusammenhang das Befragungsinstrument für die Gäste, von denen acht Personen an der Erstbefragung und sieben Personen an der Zweitbefragung teilgenommen haben. Zwar handelt es sich auch hier um eine insgesamt sehr kleine Fallzahl, sodass die Erkenntnisse eher im Sinne von ersten Hinweisen zu verstehen sind. Trotzdem konnten wir nach Auswertung der vorhandenen Daten einige relevante Rückschlüsse das Monitoringinstrument betreffend ziehen.

3.1 Vorgehensweise

Durch ein geeignetes Verfahren war sicherzustellen, dass die Datensätze der Erst- und Zweitbefragung beider Gruppen zusammengespielt werden konnten. Denn nur so war es möglich, die Realisierung von Erwartungen an die Reise und mögliche Veränderungen (insbesondere des Deutschlandbildes) zu analysieren. Zudem sollten die Ergebnisse der Befragungen beider Gruppen (Initiatoren und Besucher) aufeinander bezogen werden können.

Daher wurde die Erhebung in Form einer nichtanonymen Online-Befragung mit Zugangscodes durchgeführt. Die Vertraulichkeit der Angaben ist durch die Auswertung sichergestellt: Es werden keine auf einzelne Personen oder Reisen bezogenen Daten ausgewertet, sondern es wird in allen Analysen nur auf innerhalb eines längeren Zeitraumes anfallende Daten für mehrere Reisen und deren Teilnehmer Bezug genommen.

Konkret heißt dies: In einem Abstand von ca. zwei bis vier Wochen vor der Reise wurden die Initiatoren und die Besucher per Email kontaktiert und um Teilnahme an der Befragung gebeten. In diesem Zusammenhang wurde ihnen auch ein persönlicher Zugangscode zum Online-Fragebogen mitgeteilt. Zugleich wurden sie bereits darüber informiert, dass man nach Abschluss der Reise erneut an sie herantreten würde, um eine zweite Befragung durchzuführen.

Über die Zugangscodes konnten dann im Nachhinein die Daten der Erst- und Zweitbefragung für jeden Befragten zusammengeführt werden. Allerdings war es von vornherein möglich (und dies war in der Tat auch der Fall), dass nicht alle, die sich an der Erstbefragung beteiligten, auch an der zweiten Erhebung noch teilnahmen, und ebenso konnten Personen erst bei der Zweitbefragung einsteigen – ohne bereits den Online-Bogen der Ersterhebung ausgefüllt zu haben. Für Analysen, die auf individuelle Veränderungen zwischen der Erst- und Zweitbefragung (also vor und nach der Reise) abstellen, steht damit zwar ein reduzierter Datensatz zur Verfügung, für Querschnittsauswertungen dagegen kann auf entsprechend größere Stichproben zurückgegriffen werden.

3.2 Befragung der Besucher

3.2.1 Erstbefragung

Die Erstbefragung der Besucher umfasst die folgenden fünf Themenkomplexe:

- Kontakte zum Goethe-Institut
- Zustandekommen der Reise und Status der Reisevorbereitung
- Erwartungen an die Reise
- Deutschlandbild[7]
- Persönliche Merkmale

Im Folgenden werden wir lediglich beispielhaft auf die zwei Fragekomplexe „Erwartungen an die Reise" und „Deutschlandbild" eingehen, um unseren Ansatz zu verdeutlichen. Hinsichtlich der Erwartungen, die von Seiten der Besucher an die Reise gestellt werden, haben wir zwischen den Anforderungen an den Verlauf und die Durchführung der Reise selbst und den (auch längerfristigen) Folgen und Ergebnissen im Anschluss an die Reise unterschieden.

Diese Fragen sind insofern von zentraler Bedeutung für die Evaluation der Besucherreisen, als hier – durch einen Vergleich der Ergebnisse von Erst- und Zweitbefragung, bei denen jeweils die gleichen Aspekte thematisiert werden – Wirkungen der Besucherreisen analysiert werden können. Dabei ist allerdings zu berücksichtigen, dass festgestellte Veränderungen auf der individuellen Ebene nicht ausschließlich auf Effekte der Besucherreise zurückgeführt werden können – denkbar wären auch in der Untersuchung nicht kontrollierte Einflüsse anderer Art, z.B. durch weitere Kontakte, spezifische Erfahrungen oder auch politische Ereignisse.

---

7   Streng genommen dürfte die Frage nach *dem Deutschlandbild* nicht Bestandteil dieses Befragungsinstruments sein. Da es sich hierbei jedoch um ein Ziel handelt, das Bestandteil des Rahmenvertrages mit dem AA ist, haben wir diese Frage mit aufgenommen. Darin heißt es: „... und die Vermittlung eines umfassenden Deutschlandbildes ..." (Goethe-Institut – Bereich 23/Besucherprogramm: Leitfaden für die Mitarbeiterinnen und Mitarbeiter, S. 16f.).

Eine zusätzliche Frage dieses Themenkomplexes spricht die Erwartungen hinsichtlich der Intensität der Begleitung und Betreuung während des Aufenthaltes in Deutschland an: Wünscht man eher eine „Rund-Um-Vollversorgung" oder legt man mehr Wert auf Freiräume zur eigenständigen Gestaltung der Reise.

Die Erfassung des Deutschlandbildes besteht in der Erstbefragung aus zwei Komponenten:

Zunächst wird nach den Grundlagen der eigenen Vorstellungen von Deutschland gefragt: War man bereits in Deutschland – und gegebenenfalls wie häufig und wann zuletzt? Und wie schätzt man seine eigenen Kenntnisse des Landes ein: Hat man ein eher vages oder bereits ein klares Vorstellungsbild von Deutschland? Anschließend wird den Befragten eine (relativ lange) Liste von Eigenschaften mit der Bitte vorgelegt einzuschätzen, in welchem Maße sie auf das eigene Bild von Deutschland und seiner Bevölkerung zutreffen.

Da beide Fragen auch in der Zweitbefragung – nach Abschluss der Reise – erneut gestellt werden, ergibt sich in der Analyse nicht nur eine Momentaufnahme des selbst wahrgenommenen Informationsstandes und des Deutschlandbildes, sondern es lassen sich auch – durch die Besucherreise zumindest mitbewirkte – Veränderungen feststellen: In welchem Ausmaße und in welche Richtung ist eine Entwicklung zu erkennen?

3.2.2 Zweitbefragung

Die Zweitbefragung der Besucher umfasst vier Themenkomplexe:

- die Umsetzung der Reise, also die Einschätzung des Aufenthalts in Deutschland,
- die (ersten) Ergebnisse und Folgen der Reise,
- das Deutschlandbild und
- die Gesamtzufriedenheit.

Im Folgenden werden wir näher auf die Fragekomplexe der „Umsetzung der Reise" sowie das „Deutschlandbild" eingehen und an einigen Beispielen den ereignisorientierten Ansatz verdeutlichen.

Von zentraler Bedeutung für die Umsetzung der Besucherreisen und damit die Erfüllung der Erwartungen der Gäste dürfte die Frage sein, inwieweit das angekündigte Programm tatsächlich realisiert wurde. Um hier zu generalisierbaren und über die unterschiedlichen Reisen hinweg vergleichbaren Ergebnissen zu kommen, wird in der Befragung nicht das spezifische Programm der jeweiligen Reise zum Maßstab genommen, sondern es werden allgemeine Angebotsformate abgefragt: Was davon wurde entsprechend der Ankündigung umgesetzt? Wo gab es Abweichungen vom Programm, indem ein Angebot mehr oder aber weniger Raum einnahm als ursprünglich bekanntgegeben? Entsprechend dem ereignisorientierten Ansatz der Studie wurde dabei nur auf die Realisierung der einzelnen Programmpunkte abgestellt; auf die Frage nach der Zufriedenheit der Gäste mit einer möglichen Abweichung vom Programm dagegen wurde bewusst verzichtet. Die Bewertung von Programmänderungen (ob sie sinnvoll bzw. notwendig oder einer unzureichenden Planung anzulasten waren) bleibt somit dem Veranstalter überlassen.

Abb. 3 Umsetzung des Programms

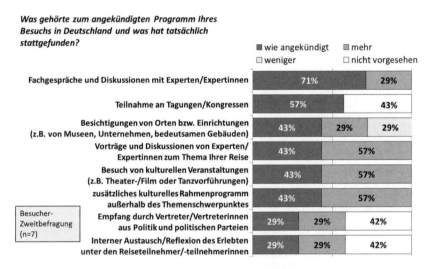

In weiteren Fragenkomplexen geht es um den Transport der Gäste sowie deren Verpflegung und Unterbringung. Alle diese Aspekte werden relativ ausführlich untersucht, da bei deren Wahrnehmung und Beurteilung in besonderem Maße auch kulturelle Besonderheiten unterschiedlicher Besuchergruppen zum Tragen kommen. So können Strecken, die zu Fuß oder mit öffentlichen Verkehrsmitteln zurückgelegt werden (müssen), für manche Gäste aus Asien oder aus den arabischen Ländern unzumutbar oder befremdlich sein. Als Angehörige der Bildungselite nutzen sie solche Fortbewegung(smittel) in ihren Ländern nicht. Und auch die Auswahl der Restaurants und Speisen bergen mögliche Fehlgriffe, wenn z.B. Gäste ein schnelles Essen bei McDonald's einem langwierigen Menü in einem gehobenen Restaurant vorziehen. Aus dem Grund haben wir diesen Fragen besondere Aufmerksamkeit gewidmet.

Im Einzelnen geht es um Folgendes:
Verkehrsmittelwahl: Welche Verkehrsmittel wurden genutzt? Hätte man eine andere Verkehrsmittelwahl bevorzugt? Und falls ja: Aus welchen Gründen? Besonders thematisiert wird zudem die Bewältigung von längeren Strecken zu Fuß: Ist dies vorgekommen, und war es aus Sicht der Befragten akzeptabel?

Essen und Trinken: Hier werden die Häufigkeit der Mahlzeiten und die Zeit, die dafür zur Verfügung stand, die Menge und Qualität des Essens sowie die Auswahl und Menge an Getränken abgefragt.

Unterkünfte: Bei der Einschätzung der Unterkünfte der Gäste werden fünf Aspekte angesprochen, und zwar Komfort und Ausstattung der Hotels, Größe und Ausstattung der Zimmer, Sauberkeit, Freundlichkeit des Personals sowie die Lage bzw. Umgebung der Hotels.

Die folgende Abbildung verdeutlicht exemplarisch, wie die Ergebnisse der Erstbefragung zu den Erwartungen an die Reise den tatsächlichen Erfahrungen während des Deutschlandaufenthalts gegenübergestellt werden.

Abbildung 4: Erwartungen und Ergebnisse (I)

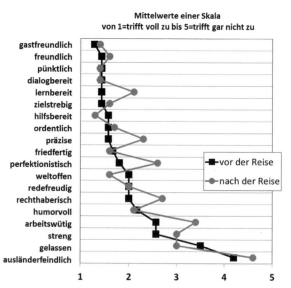

Entwicklung eines kulturraumsensiblen Monitoringinstruments

Abbildung 5: Deutschlandbild

Auf entsprechende Weise – und als Beispiel für eine Wirkungsanalyse – lässt sich das Deutschlandbild der Besucher vor und nach ihrer Reise miteinander vergleichen: Lassen sich Veränderungen feststellen? Und in welche Richtung gehen diese? Wie an anderer Stelle schon erwähnt, lassen sich entsprechende Unterschiede der Ergebnisse von Erst- und Zweitbefragung nicht gesichert bzw. nicht allein den Effekten der Besucherreise zuschreiben. Eine fundierte Wirkungsanalyse wäre letztlich nur im Rahmen eines experimentellen Kontrollgruppendesigns möglich.

4. Schlussfolgerungen

Der bisherige Rücklauf vonseiten der Gäste und der Initiatoren lässt den Rückschluss zu, dass alle Themenkomplexe angemessen und für die jeweilige Zielgruppe relevant sind. Die Fragen wurden durchgehend beantwortet und lassen auf umfassende und vertiefte Erkenntnisse in Bezug auf die Qualitätsentwicklung und -sicherung der Besucherreisen hoffen. Insofern erscheint auch die Form der Onlinebefragung als geeignet für die Untersuchungszwecke.

Der Frage, ob gegebenenfalls spezifische Momente innerhalb der Prozesskette der Besucherreisen bisher fehlen und noch nicht Teil des Monitoringinstruments sind, kann erst nach einer weiteren, auf umfangreicherem Datenmaterial basierenden Auswertung nachgegangen werden. Insbesondere wären hier Erfahrungen mit der Umsetzung der Befragungsergebnisse heranzuziehen: Inwieweit sind die Ergebnisse so gehaltvoll und aussagekräftig, dass sich Maßnahmen zur Optimierung der Reisen ableiten lassen?

Des Weiteren sollte nach einem Jahr Laufzeit überprüft werden, ob und inwieweit spezifische Fragestellungen überhaupt relevant für das Goethe-Institut sind. Sollte sich beispielsweise herausstellen, dass die Gäste in überwiegendem Maße keine Veränderungswünsche hinsichtlich der Vorabinformationen zur Reise oder aber in Bezug auf die Betreuung durch die Reisebegleiter äußern, könnte auf diese Fragekomplexe gegebenenfalls verzichtet werden. Auch wird zu überprüfen sein, ob und inwiefern manche Antwortoptionen, z.B. das Deutschlandbild betreffend, wegfallen können, da sie redundant sind oder nur eine sehr geringe Varianz aufweisen.

Auch der Anspruch an das Instrument, dieses kulturraumsensibel zu gestalten wird in seinem Gelingen erst in der nächsten Auswertungsphase mit einer höheren Fallzahl an Teilnehmenden und einer größeren Heterogenität im Hinblick auf die beteiligten Herkunftsländer und Kulturkreise zu beantworten sein. Festzuhalten ist, dass auf spezifische kulturraumspezifische Aspekte wie z.B. die Art des Transports und die Auswahl, Art und Häufigkeit der Verpflegung besonders intensiv eingegangen wird. Zudem ist der Fragebogen derart gestaltet, dass nicht Zufriedenheitswerte abgefragt werden, sondern nach der Einschätzung der Gäste gefragt wird, z.B. in Bezug auf die Vortragenden, die Einschätzung der Kompetenz der Reisebegleiter u.a. mehr. Die Antwortoptionen ermöglichen so sehr konkrete Erkenntnisse darüber, inwieweit die Besucherreisen den Erwartungen und Bedürfnissen der Gäste entsprechen und an welchen Stellen Nachbesserungsbedarf besteht.

Literatur

Geertz, C. (1987). Dichte Beschreibung. Beiträge zum Verstehen kultureller Systeme. Frankfurt a.M.: Suhrkamp Verlag.
Goethe-Institut – Bereich 23/Besucherprogramm (ohne Jahreszahl): Leitfaden für die Mitarbeiterinnen und Mitarbeiter. Berlin: edition8.
Hofstede, G. (2006). Lokales Denken, globales Handeln. Interkulturelle Zusammenarbeit und globales Management (3. Auflage). München: dtv.

Simon, H. & Homburg, C. (Hrsg.). (1998). Kundenzufriedenheit. Konzepte – Methoden – Erfahrungen. Wiesbaden: Gabler, S. 201–224.

Kaiser, M.-O. (2005). Erfolgsfaktor Kundenzufriedenheit. Dimensionen und Messmöglichkeiten. Berlin: Erich Schmidt Verlag.

Stauss, B. & Seidel, W. (1998). Prozessuale Zufriedenheitsermittlung und Zufriedenheitsdynamik bei Dienstleistungen, in: H. Simon & C. Homburg (Hrsg.). (1998), Kundenzufriedenheit. Konzepte – Methoden – Erfahrungen. Wiesbaden: Gabler, S. 201–224.

Autorinnen und Autoren

Prof. Dr. Gesa Birnkraut, 1971, Diplom Kauffrau und Diplom Kulturmanagerin, Professorin für strategisches Management in Nonprofit Organisationen an der Hochschule Osnabrück, Geschäftsführende Gesellschafterin der Kulturmanagement Beratung BIRNKRAUT PARTNER, Vorstandsvorsitzende des Instituts für Kulturkonzepte Hamburg e.V. Forschungs- und Arbeitsschwerpunkte: Evaluation in der Kultur, strategisches Management, Prozessoptimierung, Ehrenamtsmanagement.

Dr. Hansjörg Gaus, 1965, Dipl.-Kfm., Senior Researcher am Centrum für Evaluation, Universität des Saarlandes. Forschungsschwerpunkte: Evaluation von Projekten und Programmen zu Umweltschutz, Konsumentenverhalten und Nachhaltigkeit, Wirkungskontrolle von Events, Markenforschung.

Dr. Vera Hennefeld, 1976, Soziologin, Geschäftsführerin des Centrums für Evaluation, Koordinatorin des Arbeitsbereichs Bildung und Kultur, Dozentin im Masterstudiengang Evaluation der Universität des Saarlandes und Gründungsmitglied sowie Sprecherin des Arbeitskreises Evaluation von Kultur und Kulturpolitik der DeGEval – Gesellschaft für Evaluation. Forschungsschwerpunkte: Evaluationsforschung, Methoden der empirischen Sozialforschung, Bildungspolitik sowie (Auswärtige) Kulturpolitik.

Peter Jablonka, 1951, Dipl.-Soziologe, Geschäftsführer der SALSS-Sozialwissenschaftliche Forschungsgruppe GmbH, Bonn/Berlin, Lehrbeauftragter der Hochschule Wismar, Mitglied im Sprecherteam des AK „Berufliche Bildung" der Gesellschaft für Evaluation (DeGEval), Arbeitsschwerpunkte: Berufsbildungsforschung, wissenschaftliche Begleitung und Evaluation von Programmen und Projekten im Bereich der Berufsbildung sowie Sozial- und Arbeitspolitik.

Prof. Dr. Armin Klein, 1951, nach Studium der Germanistik, Politikwissenschaft und Philosophie ab 1979 Leitender Dramaturg am Theater am Turm in Frankfurt. Von 1981 bis 1994 Kulturreferent der Universitätsstadt Marburg. Seit 1994 Professor für Kulturwissenschaft und Kulturmanagement und Leiter des Instituts für Kulturmanagement in Ludwigsburg. Autor zahlreicher Standardwerke zum Kulturmanagement, u.a. *Kompendium Kulturmanagement* (3. Auflage 2011, München), *Der Exzellente Kulturbetrieb* (3. Auflage 2011),

Kulturmarketing (3. Auflage 2011). Seit 2006 Vorstandsmitglied der *Kulturpolitischen Gesellschaft*.

Prof. Dr. Volker Kirchberg, 1956, Professor für Kulturvermittlung und Kulturorganisation an der Fakultät Kulturwissenschaften der Leuphana Universität Lüneburg. Arbeits- und Forschungsschwerpunkte: Museums- und Kulturforschung, Kultur und Stadtentwicklung, Kreativität und Nachhaltigkeit in der Stadt, Netzwerkanalysen von Kultureinrichtungen.

Robin Kuchar, M.A., 1981, Kulturwissenschaftler, Promovend an der Fakultät Kulturwissenschaften der Leuphana Universität Lüneburg. Forschung und Arbeitsschwerpunkte: Kultur- und Musiksoziologie, Produktion von Kultur und Musik, Kultur und urbaner Raum, Besucherforschung im Kulturbereich.

Prof. Dr. Kurt-Jürgen Maaß, 1943, Dr. iur. (Hamburg), Honorarprofessor am Institut für Politikwissenschaft der Universität Tübingen, ehem. Generalsekretär des Instituts für Auslandsbeziehungen, Stuttgart; Forschungs- und Arbeitsschwerpunkte: Außenkulturpolitik, Euro-islamischer Dialog, Außenpolitikberatung.

PD Dr. Ute Marie Metje, 1956, Ethnologin, Kulturwissenschaftlerin und Mediatorin; Privatdozentin an der Universität Bremen, Institut für Ethnologie und Kulturwissenschaft; selbstständig; Konzeption und Durchführung wissenschaftlicher Begleitforschung, Evaluationen und Forschungsstudien mit den thematischen Schwerpunkten Kultur und Kulturpolitik, Bildung und Interkultur; stellvertretende Sprecherin des AK „Kultur und Kulturpolitik" der Gesellschaft für Evaluation (DeGEval); Arbeitsschwerpunkte: Evaluationsforschung, qualitative Methoden der empirischen Sozialforschung, formative und partizipativ ausgerichtete Evaluationen, Mediation.

Christoph Emanuel Müller, 1982, B.A., M.Eval., Wissenschaftlicher Mitarbeiter am Centrum für Evaluation und Doktorand am Lehrstuhl für Soziologie der Universität des Saarlandes. Forschungsschwerpunkte: Methoden der Wirkungsevaluation, Quantitative Methoden der empirischen Sozialforschung, Statistik, Evaluation im Umweltbereich.

Prof. Dr. Vanessa-Isabelle Reinwand, 1979, Professorin für Kulturelle Bildung am Institut für Kulturpolitik der Universität Hildesheim und Direktorin der Bundesakademie für kulturelle Bildung Wolfenbüttel. Forschungs- und Arbeitsschwerpunkte: Bildungstheorie, Ästhetische und Kulturelle Bildung, Frühkindliche Kulturelle Bildung, Methoden der Wirkungsforschung.

Prof. Dr. Reinhard Stockmann, 1955, Soziologe, Leiter des Centrums für Evaluation an der Universität des Saarlandes, Leiter des Studiengangs ,Master of Evaluation', Geschäftsführender Herausgeber der ,Zeitschrift für Evaluation', Forschungs- und Arbeitsschwerpunkte: Evaluationsforschung, Methoden der empirischen Sozialforschung, Entwicklungspolitik/-soziologie, Bildungssoziologie.

Sozialwissenschaftliche Evaluationsforschung
herausgegeben von Reinhard Stockmann

Band 6
Reinhard Stockmann (Hrsg.)
Handbuch zur Evaluation
Eine praktische Handlungsanleitung

2007, 368 Seiten, br., 29,90 €
ISBN 978-3-8309-1766-3

Kompakt und nutzerfreundlich werden Grundkenntnisse für die Anwendung von Evaluationsverfahren und -methoden vermittelt. Dabei greift dieses Buch auf die inhaltlichen Konzepte und Unterlagen aus zahlreichen Einführungs- und Schulungskursen des Centrums für Evaluation sowie für den Aufbau von Monitoring- und Evaluationssystemen zurück. Das Buch richtet sich an Personen, die im Bereich der Evaluation erst über wenige Kenntnisse verfügen und sich in diesem Aufgabenfeld weiterbilden möchten.

Aus der Sicht eines Praktikers ist der Band ein überaus nützliches und aktuelles Kompendium, das für alle an Evaluierungen Beteiligten immer wieder als handliches Repetitorium und Nachschlagewerk dienen kann und ihnen genau dafür empfohlen wird.
Theo Mutter in: Peripherie, 116/2009.

Sozialwissenschaftliche Evaluationsforschung
herausgegeben von Reinhard Stockmann

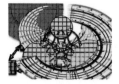

Band 10

Stefan Silvestrini

Ex-ante-Evaluation

Ein Planungsansatz für die
Entwicklungszusammenarbeit

2011, 312 Seiten, br., 34,90 €
ISBN 978-3-8309-2565-1

Ziel des Buches ist es, durch die systematische Verknüpfung des Gegenstandsbereichs verschiedener Analyseansätze einen ganzheitlichen und theoretisch fundierten Bewertungsrahmen sowie einen methodisch ausgearbeiteten Verfahrensvorschlag für die Ex-ante-Evaluation von Programmen zu vermitteln.

Ausgezeichnet mit dem Nachwuchspreis der DeGEval 2011.